图书在版编目(CIP)数据

国际金融危机再认识 / 李宝伟，张云著. —天津：南开大学出版社，2013.12

(中国产业发展论丛)

ISBN 978-7-310-04352-1

Ⅰ.①国… Ⅱ.①李…②张… Ⅲ.①国际金融—金融危机—研究 Ⅳ.①F831

中国版本图书馆 CIP 数据核字(2013)第 274494 号

南开大学出版社出版发行

出版人：孙克强

地址：天津市南开区卫津路 94 号 邮政编码：300071

营销部电话：(022)23508339 23500755

营销部传真：(022)23508542 邮购部电话：(022)23502200

*

天津市蓟县宏图印务有限公司印刷

全国各地新华书店经销

*

2013 年 12 月第 1 版 2013 年 12 月第 1 次印刷

230×155 毫米 16 开本 14.875 印张 4 插页 208 千字

定价：35.00 元

如遇图书印装质量问题，请与本社营销部联系调换，电话：(022)23507125

中国产业发展论丛

主编　段文斌

国际金融危机再认识

李宝伟　张　云　著

南开大学出版社
天　津

中国产业发展论丛编委会

总 序

全球经济格局演化与中国发展转型：1970～2020年[①]

2008年的国际金融危机和随后伴生的欧美债务危机，将成为经济史中的一个大事件。这场危机是在经济全球化深入发展、国与国相互依存日益紧密的大背景下发生的，是全球经济失衡、经济虚拟化和国际金融体系重大缺陷共同作用的结果，充分暴露了世界经济发展方式不可持续的突出问题。揭示危机的前因后果和来龙去脉，需要前溯布雷顿森林体系崩溃后发达国家以经济虚拟化为特征的新发展模式、中国在20世纪80年代再次融入国际分工体系后的新发展阶段，以及“中心—外围”格局下的国际产业转移。

这场危机又与中国发展方式转变、经济结构调整的关键时期不期而遇，新的挑战与既有矛盾相互交织。不仅如此，它将对国际产业分工和国际金融体系产生深远影响，中国发展的重要战略机遇期的内涵和条件随之发生很大变化。中国面临的机遇，不再是简单纳入全球分工体系、扩大出口、加快投资的传统机遇，而是倒逼中国扩大内需、提高创新能力、促进经济发展方式转变的新机遇。

一、经济虚拟化与国际产业转移

国际金融危机是对全球经济失衡的强制平衡，而美国经济全面转型

---

① 2009年末，南开大学产业经济课题组承担了教育部重大课题攻关项目——全球金融危机对我国产业升级和产业转移的影响及对策研究（批准号09JZD0018）。在研究过程中我们发现，若不对全球经济格局演化做出清晰的描述，则难以使研究工作取得实质性进展。因此，我们把这部分研究成果放在前面，作为丛书的总序。

是导致全球失衡的首要前提。20 世纪 70 年代初，美元与黄金脱钩，美国经济开始发生转型。至 80 年代初，美国经济出现了两个根本性变化，由此走上了新式发展道路，并形成了新的发展模式。

其一，美国的产业结构发生了根本性变化（参见图 1），“去工业化”和经济虚拟化成为其发展模式的鲜明特征。1980～2008 年，美国实体经济部门增加值占 GDP 的比重由 40%降为 28%（其中的制造业由 20%降为 11%），传统服务业增加值的比重稳定在 24%～26%之间，虚拟经济部门增加值的比重则由 22%升至 33%[①]。

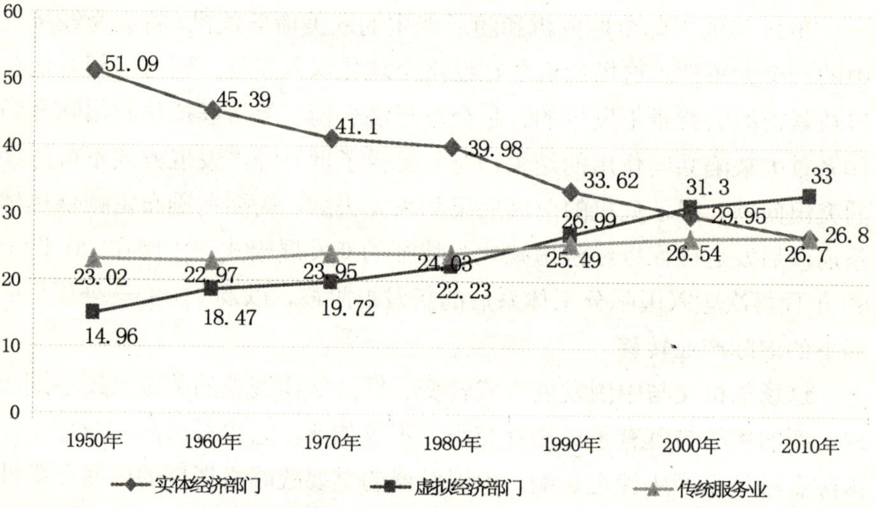

图 1 美国各产业的 GDP 占比（%）

资料来源：美国商务部，http://www.bea.gov/index.htm。

其二，美国的国际收支发生了根本性变化（参见表 1）。与 1960～1982 年相比，1983 年以来经常项目由顺差转为逆差，这意味着美国由“世界工厂”变为全球“净消费者”。同时，资本项目由逆差转为顺差，境外美元资产膨胀。“去工业化”、经济虚拟化与贸易失衡、境外美元资产膨胀，是美国经济转型的统一过程。

① 实体经济部门包括农业、采矿、公用、建筑、制造、运输仓储、信息等产业，虚拟经济部门包括金融、房地产、职业服务等产业，传统服务业包括教育、医疗、救助、娱乐、休闲、餐饮、批发、零售等产业。

表1 1960～2010年美国国际收支（百万美元）

年份	经常项目	资本项目	年份	经常项目	资本项目
			1983	-38692	21026
			1984	-94345	75672
			1985	-118155	99479
			1986	-147176	116607
			1987	-160655	167804
1960	2824	-1805	1988	-121153	138260
1961	3822	-2833	1989	-99486	47187
1962	3387	-2263	1990	-78969	50903
1963	4414	-4053	1991	2898	38703
1964	6823	-5917	1992	-51614	95388
1965	5431	-4974	1993	-84806	78492
1966	3031	-3660	1994	-121612	123126
1967	2583	-2378	1995	-113567	82616
1968	611	-1049	1996	-124764	134469
1969	399	1117	1997	-140726	218721
1970	2330	-2111	1998	-215062	66957
1971	-1432	11212	1999	-300778	233972
1972	-5795	7674	2000	-416371	477700
1973	7140	-4486	2001	-397158	413452
1974	1961	482	2002	-458074	500374
1975	18116	-22833	2003	-520668	531058
1976	4295	-13430	2004	-630488	535380
1977	-14335	17985	2005	-747591	713832
1978	-15142	5145	2006	-802636	807362
1979	-285	-25361	2007	-718094	638542
1980	2317	-24930	2008	-668854	583862
1981	5030	-28463	2009	-378432	215935
1982	-5536	-32826	2010	-470242	233843

资料来源：美国商务部，http://www.bea.gov/index.htm。

与美国“去工业化”和经济虚拟化相伴随的是“就业创造”与“GDP 创造”的背离。2009 年，虚拟经济部门、实体经济部门和传统服务业的 GDP 创造均值依次为 19.29 万美元/人、13.74 万美元/人和 6.11 万美元/人。可见，虚拟经济部门的 GDP 创造能力明显高于实体经济部门和传统服务业。进一步，对比 2009 年不同产业部门的 GDP 贡献率与就业贡献率可以发现：（1）虚拟经济部门的 GDP 贡献率最高，而就业贡献率最低，分别为 33.58%和 17.94%；（2）传统服务业的 GDP

贡献率最低，而就业贡献率最高，分别为25.94%和43.72%；（3）实体经济部门的GDP贡献率与就业贡献率依然大体相当，分别为26.87%和20.15%，但是已远低于1950年51.09%和47.78%的水平（参见图2）。

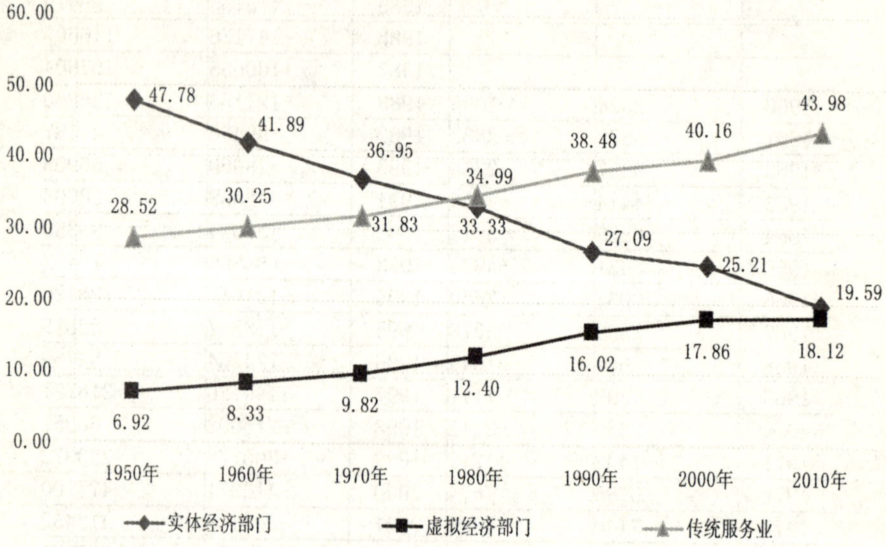

图2 美国不同产业的就业贡献度（%）

注：就业人数是指该行业全职工作人员（Full-time equivalent employees）与兼职工作人员（Part-time equivalent employees）的总和。

资料来源：根据美国商务部相关数据整理。

可见，实体经济虽然在拉动经济增长的同时带动了就业增加，然而一方面“去工业化”已大大削弱了美国实体经济的GDP创造能力（即在国民经济中的比重），进而其就业创造能力随之大幅降低；另一方面实体经济本身的“智能化”、“数字化”使其就业创造能力下降。2009年以来，美国经济逐渐走出衰退并实现复苏，然而失业率依然居高不下（参见图3）。其症结在于“就业创造”与“GDP创造”的背离。若要增加就业，则须扩大对传统服务业的投资，然而与虚拟经济部门相比它并不具有吸引力。对于虚拟经济主导下的美国经济，“奥肯定律”已然失效，凯恩斯主义适用于20世纪30年代工业化时期的大危机，但难以解释当代的“无就业复苏”。

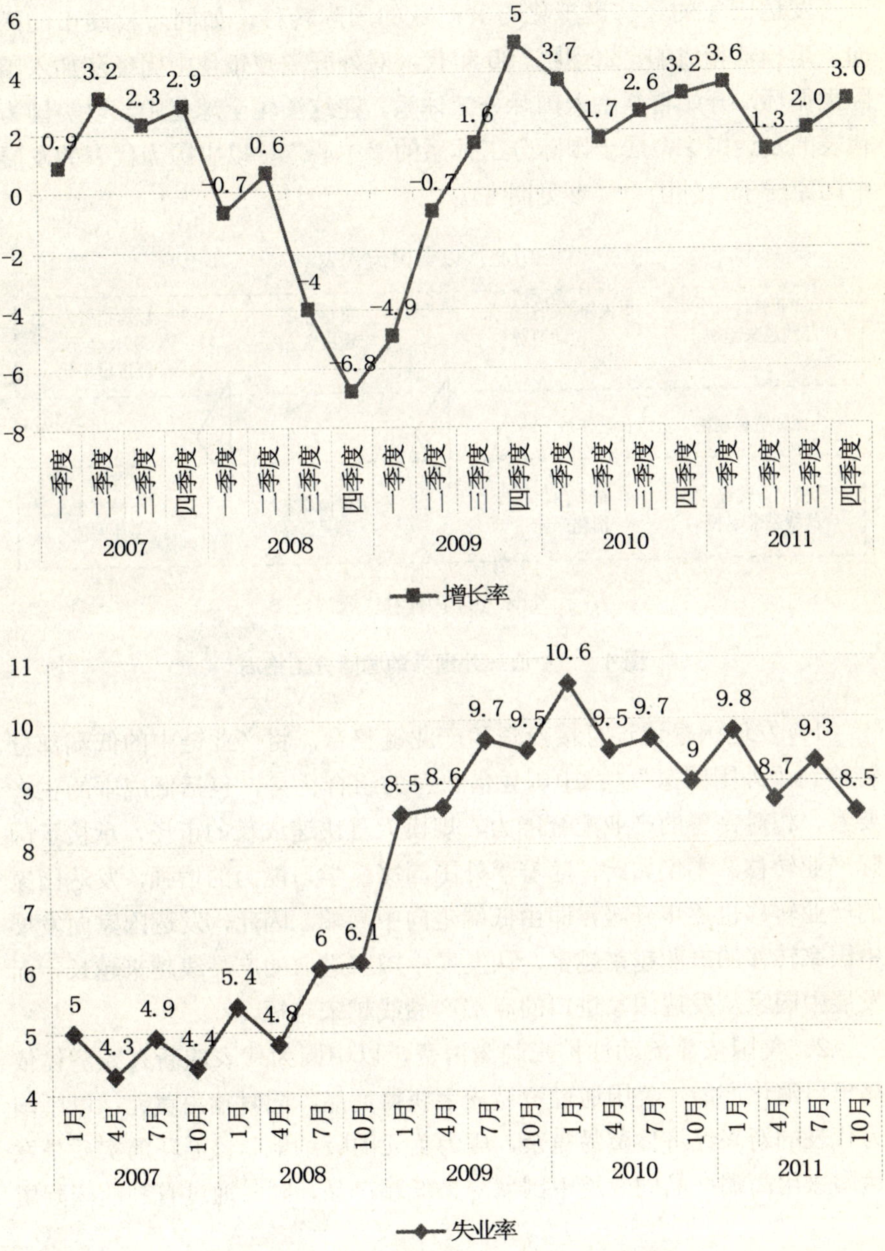

图3 美国经济增长率和失业率（%）

资料来源：国际劳工组织（http://laborsta.ilo.org）和美国商务部（http://www.bea.gov）。

发达国家的经济虚拟化与其产业的国际转移，如同一枚硬币的两面，是相辅相成的。20世纪80年代，对外开放政策使中国经济加入国际大循环，开始再次融入国际分工体系。在这一轮全球化中，以美国为代表的发达国家，居于国际分工体系的“中心”，以中国为代表的发展中国家居于“外围”（参见图4）。

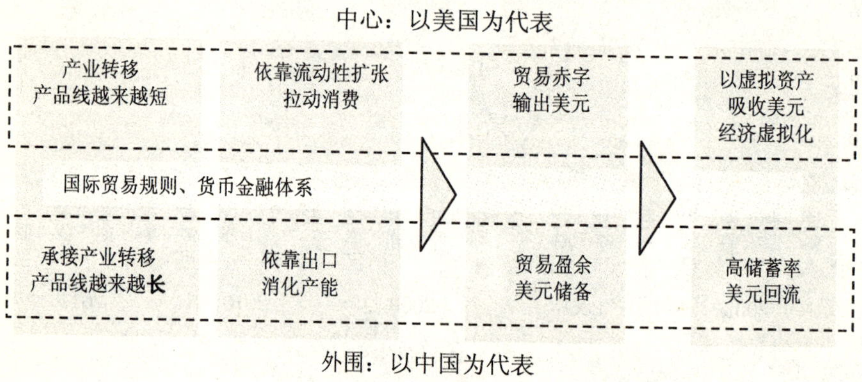

图4 “中心—外围”的国际分工格局

1．发达国家通过直接投资和产业链整合，将产业链中的低端部分转移到“外围国家”[①]；中国凭借自身的组合优势，包括低成本的生产要素、相对完善的产业配套能力、规模大且快速成长的市场，承接了国际产业转移。不仅如此，随着“外围国家”学习能力的增强，发达国家的产业转移也逐步升级，即由低端走向中高端。因此，发达国家向发展中国家转移的产业越来越多，从发展中国家进口的产品线越来越长，而发展中国家从发达国家进口的高端产品线越来越短。

2．美国依靠流动性扩张刺激消费，以中国为代表的新兴经济体依靠出口消化产能。美国通过贸易赤字获得商品，同时输出美元；以中国为代表的新兴经济体贸易盈余，成为美元的吸纳地。该循环的实质是发达国家用高端产品同发展中国家交换低端产品，同时通过有利的国际贸

① 从国际投资头寸来看，美国仍是世界上最大的对外直接投资（FDI）净头寸持有方。2007年底，美国通过FDI吸收资金2.4万亿美元，而同时对外直接投资3.3万亿美元，FDI净头寸达9100亿美元。

易规则和货币金融体系，最大限度地从这种交换中获取福利。

3．高储蓄率的贸易顺差国（特别是中国），需要将外汇储备转换为美元资产，从而美元回流；美国依靠虚拟资产吸收境外美元，从而经济虚拟化，并进一步支撑了其流动性扩张。

可见，中心国家与外围国家相互间形成了“路径依赖”。美国通过经常项目的持续逆差向外输出美元，而且规模越来越大。美国贸易赤字的根源在于不断扩大的国内储蓄与投资间的缺口，是其私人与政府低储蓄和透支未来的结果。包括中国等新兴经济体在内的其他国家的资本流入美国，实质上是为美国的贸易赤字融资，美国则是通过在国际金融市场上大量融资来维持投资和消费水平。

“主导”与“挤压”是理解当代“中心—外围”的关键。一方面，以美国为代表的“中心国家”主导着经济全球化、国际分工格局和全球增长模式，“外围国家”生产什么、产品卖到哪里去这些带有根本性的经济问题，在很大程度上是由“中心国家”主导的。另一方面，“外围国家”对“中心国家”形成挤压，在发展中国家承接发达国家失去竞争优势的产业或产业环节的过程中，发达国家的产业链须向高端拉伸或培育出新兴产业，然而即使信息技术革命都难以让美国用高端产品交换所需的低端产品。因此，必然依靠虚拟资产吸收境外美元，从而导致经济虚拟化和经济失衡。

二、中国的奇迹：1978～2008年的经济增长

1978～2008年的30年间，中国创造了经济持续高增长的奇迹(参见图5)。30年的高增长是通过发挥要素组合优势和承接国际产业转移实现的。

低成本的生产要素、相对完善的产业配套能力、规模大且快速成长的市场，共同构成了要素组合优势。（1）中国的劳动力不仅成本低而且性价比高，具有分阶段的动态成本优势，其竞争力体现为从农民工到承接服务外包和研发国际化的延续；（2）高储蓄率和低利率政策使资本成本长期维持在低水平（个别年份甚至是负的实际利率），银行呆坏账的冲销和“债转股”还使得企业可以不必偿还本金；（3）只反映开发成本

的能源和资源价格长期偏低，加之低污染成本，这些共同构成了生产要素的低成本竞争优势；（4）在计划经济中建立的相对完整的工业体系和体制转轨中对基础产业与基础设施的大规模投资，使中国具备了相对完善的产业配套能力；（5）作为发展中大国，不仅人口多、市场规模大，而且随着居民收入的增长，市场快速成长。

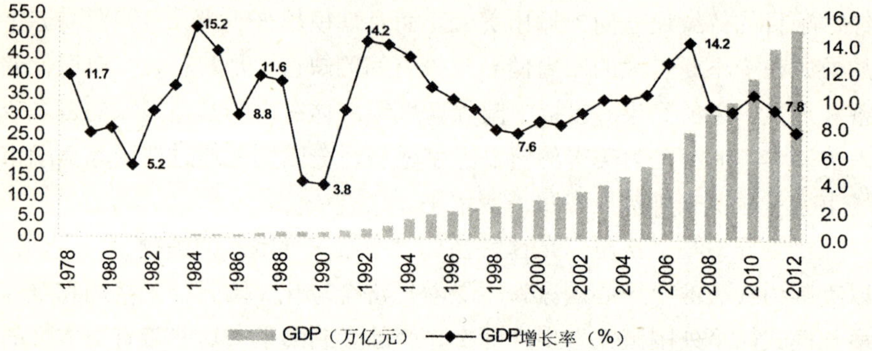

图 5　1978～2012 年中国 GDP 及增长速度

说明：GDP 按现价计算，增长速度按不变价计算。
数据来源：国家统计局，http://www.customs.gov.cn。

20 世纪 80 年代第二轮国际产业转移兴起，发达国家发展以信息和生物技术、新材料、新能源为主的高新技术产业，加快传统产业改造，而把失去比较优势的传统产业和部分低附加值的技术密集型产业转移出去。在对外开放中，中国的要素组合优势与 80 年代的产业跨国转移相契合，引进了资本、技术和营销网络等，历史性地承接了国际产业转移。

改革开放对经济增长的推动作用，就在于把要素组合起来并形成比较优势，而这种组合比较优势正是中国经济持续高增长的原因所在。中国 30 年经济增长的以下特征就是要素组合优势的反映。

1. 充分利用“人口红利”的二元增长。体制转轨使中国的人口由不流动转为流动，进而在二元增长格局中形成“人口红利”——延缓了资本报酬递减的过程，为经济增长提供了额外的源泉。人口抚养比是人口结构的生产性指标，1982～2000 年中国的人口抚养比持续下降，对人均 GDP 增长的贡献率超过 1/4。投资和出口对中国经济增长的持续拉动，实质上就是以劳动力的充分供给和低廉的劳动力成本为前提的。劳动力的充分供给使得工资水平缺乏弹性，从而一方面保证了资本积累率，另一方面造就了出口产品的竞争优势。

2. 主导产业驱动的增长。在体制转轨中，消费需求成为产业成长的出发点和归宿，国内消费结构的梯度升级成为产业结构升级的动力。30年间中国的消费结构依次经历了：80年代由衣（纺织品）食（食品）到手表、自行车、缝纫机（所谓“老三样”），90年代再到彩电、冰箱、洗衣机（所谓“新三样”）和空调、电脑，2000年以来进一步到汽车、住宅、旅游、教育的升级过程。相应地，主导产业也经历了由轻纺工业到新一代家电产品、基础产业和基础设施，再到汽车、住宅、通讯、城市基础设施等先导性产业，钢铁、建材、化工、机械等中间投入品行业，以及能源、运输等基础行业的升级过程，并且主导产业成为经济增长的主要驱动力。

3. 主要依靠要素投入、低成本竞争和市场外延扩张的粗放型增长。中国的改革是在较低的发展水平上起步的增量改革。一方面，面对着“人往哪里去”和“钱从哪里来”的难题，发展非公有制经济就成为破解难题的理性选择。另一方面，广阔的增长空间引发了“先进入优势”，从而使非公有制经济的发展不仅必要而且成为可能。因此，中国经济增长就表现为：高成长产业中先进入的企业取得优势，获得高回报→进入者不断增加，竞争加剧→企业间展开以低成本为基础的价格竞争→市场外延扩张。经济增长主要依赖要素投入和成熟技术的引进和扩散[①]。技术引进的渠道主要是通过创办外资企业和设备引进来“以市场换技术”。因此，大多数产业中以中低技术为主，以引进模仿为主，企业的核心能力并不在技术研发而在市场外延扩张上。

4. 出口拉动的增长。在对外开放中，中国通过FDI发挥比较优势，融入全球生产网络，成为全球重要的劳动密集制造基地和低成本制成品出口大国，被认为是“经济全球化最大的发展中赢家”。实质上，超过一半的FDI是将中国作为出口基地的出口导向型项目，中国产业体系在国际分工中处于“二传手”的位置，即从发达国家和东亚新兴经济体进

① 中国单位能源使用产生的GDP只有发达国家的1/5~1/6；1美元GNP消耗的煤电资源是美国的4.3倍，德国和法国的7.7倍，日本的11.5倍；用水量是全球平均水平的4倍，接近美国的10倍，日本的24倍。

口上游关键零部件，在国内完成劳动密集环节的组装加工，向全球（主要是美、欧、日等发达国家）出口[①]。中国的外贸依存度已经由20世纪90年代的30%上升到60%，贸易格局依然是“两头在外，大进大出”（参见图6）。这反映了国内要素组合在国际分工中的比较优势和竞争优势，劳动密集型产品出口的竞争优势实质是劳动力优势的输出。

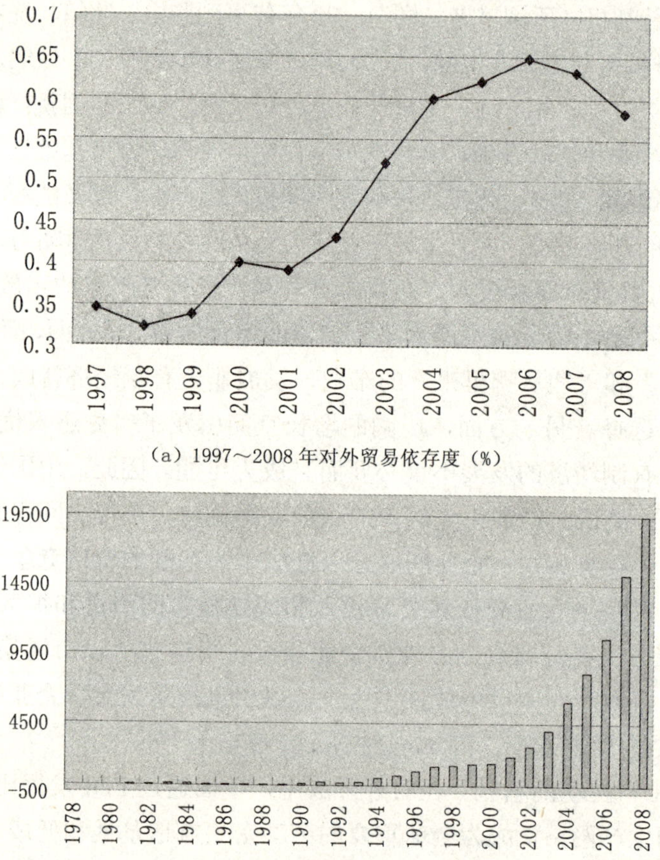

（a）1997～2008年对外贸易依存度（%）

（b）1978～2008年外汇储备（亿美元）

图6 中国外贸依存度和外汇储备

说明：对外贸易依存度=（年末人民币汇率×进出口总额）/国民生产总值。

数据来源：根据相关年份《中华人民共和国国民经济和社会发展统计公报》整理。

---

① 中国机电产品出口比重近60%，其中IT等高新技术产品出口比重近30%，超过OECD国家的平均水平。同时还应看到，加工贸易占出口总额的50%以上，占进口总额的近40%。

三、中国经济增长中累积的问题

中国 30 年的高增长总体上是主要依靠要素投入、低成本竞争和市场外延扩张的粗放型增长，并依靠出口的增长来支撑投资的增长和产业成长。这种高增长是在周期性经济波动中实现的。2008 年中国经济运行出现下滑态势，是这种周期性经济波动的又一次反映。在高增长的同时，不仅累积了一系列问题，而且面临着一系列新变化。支撑经济增长的诸多因素在逐渐消失，而制约因素在不断生成和强化。

1. 能源、资源和环境压力。2006年中国用世界消费总量15%的标准煤、30%的钢、54%的水泥，创造的GDP不足全球的6%。中国的能源缺口已经从1992年的1914万吨标准煤上升到2007年的4.63亿吨标准煤，对能源进口的依赖度相应地从1.75%上升到17.47%。其中，对石油和铁矿石的进口依赖度已经分别达到50%和60%。粗放型增长不仅造成能源和资源压力，而且带来严重的环境问题。目前，中国二氧化硫排放量为世界第一，二氧化碳排放量为世界第二。据世界银行估计，中国的环境成本相当于国民生产总值的3%～15%。在人均自然资源占有率偏低和粗放型增长的交互作用下，能源、资源和环境压力日益显现。应当指出，能源、资源和环境压力来源于增长方式而不是增长速度，因为判断增长速度是否过快应依照潜在增长率与实际增长率的对比。在就业压力依然较大的情况下难以得出增长速度过快的结论，10%以上的主要依靠技术进步的集约型增长可能就不会被认为过快了。

2. 生产供应能力强与价值创造能力弱并存，处于全球产业价值链的低端。作为“世界工厂”，中国目前有 170 多种产品产量居世界第一，774 种产品出口居世界第一。然而，低技术含量和低创新能力必然导致低附加价值。中国的 R&D 投入占 GDP 的比重为 1.35%，而创新型国家在 2%以上。在全球 R&D 投入中美国、欧盟和日本占 86%。中国的科技进步贡献率为 39%，而创新型国家在 70%以上。中国对引进技术的依存度为 54%，其中 70%的数控机床、80%的集成电路芯片制造装备依赖进口，而创新型国家在 30%以下。创新型国家拥有的发明专利总数占世界的 99%。仅占全球人口 15%的富国几乎拥有世界上所有的技术创新成果，获得全球技术转让和许可收入的 98%。中国在国际分工中所承担的主要是劳动密集型产品生产和资本技术密集型产品生产中的劳动密集环节，产品的技术含量低、附加值低并缺乏自主品牌。目前，中国机电产品出口比重近 60%，其中具有自主品牌的机电产品不足 10%。即便如此，中国在低端制造领域仍然受到来自其他发展中国家的竞争。

3．不利于劳动力的收入分配结构。比较 1978～2008 年中国实际 GDP 和居民收入增长率(参见表 2)，可以发现 1979～1998 年实际 GDP 平均增长 9.9%，实际工资平均增长 4.4%，两者相差 5.5 个百分点。直至 1999 年的工资改革之后，这一趋势才得以扭转。[①]即便如此，1979～2008 年实际工资平均增长率仍低于 GDP 平均增长率 2.65 个百分点，城镇居民可支配收入和农村居民纯收入的平均增长率分别低于 GDP 平均增长率 2.82 和 5.15 个百分点。居民收入大部分来自劳动收入，反映劳动收入的职工工资总额在 GDP 中的比重处于下降态势，从 1980 年的 17%下降到 2008 年的 11.2%(参见图 7)。

表 2 中国实际 GDP 和居民收入增长率(%)

年份	实际 GDP 增长率(1)	实际工资增长率(2)	(1)-(2)	城镇居民可支配收入增长率	农村居民纯收入增长率
1979-1998	9.9	4.4	5.5	5.8	4.2
1999	7.6	13.1	-5.5	9.3	3.8
2000	8.4	11.4	-3.0	6.4	2.1
2001	8.3	15.2	-6.9	8.5	4.2
2002	9.1	15.5	-6.4	13.4	4.8
2003	10.0	12.0	-2.0	9.0	4.3
2004	10.1	10.5	-0.4	7.7	6.8
2005	10.4	12.8	-2.4	9.6	6.2
2006	11.6	12.7	-1.1	10.4	7.4
2007	13.0	13.6	-0.6	12.2	9.5
2008	9.0	11.0	-2.0	8.4	8.0
1999-2008	9.75	12.78	-3.03	9.49	5.71
1979-2008	9.85	7.2	2.65	7.03	4.7

数据来源：《2008 年中国统计年鉴》、《2008 年中国劳动统计年鉴》和国家统计局，http://www.customs.gov.cn。

① 统计意义上的劳动力收入水平的提高，主要是通过提高就业人数实现，而单位劳动力的收入却长时间在低水平徘徊。

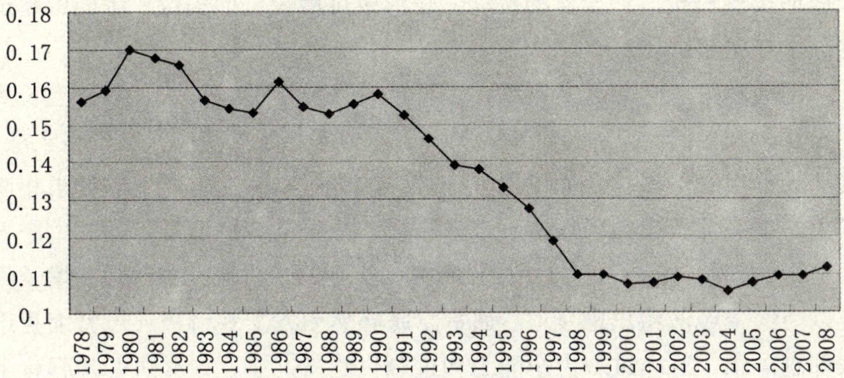

图7　中国职工工资总额在GDP中的比重

数据来源：历年国民经济和社会发展统计公报。

4．通货膨胀与通货紧缩的交替反复。主要以低成本要素投入为支撑的粗放型增长必然引发过度投资，进而形成通货膨胀与通货紧缩的交替循环。20世纪90年代中国的经济增长率由14.2%下降到7.6%的波动，已经反映出上述逻辑过程。始于2000年的新一轮经济增长反映出，由于剩余劳动力的大量存在和扭曲的要素价格，不仅产生了过度投资，而且过度投资不断向重化工业集中（参见图8）。

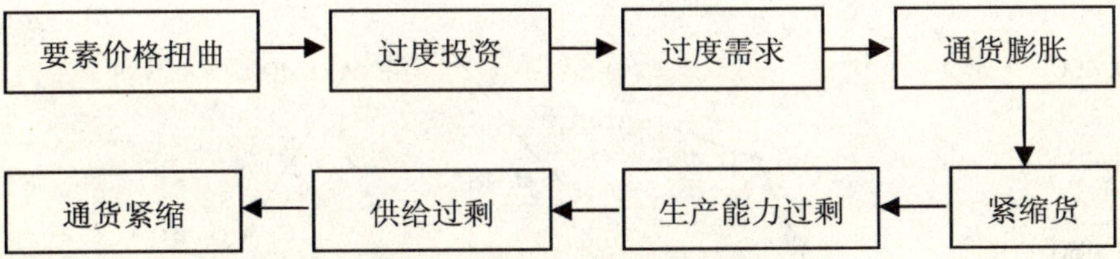

图8　通货膨胀与通货紧缩的循环

图8反映了由过度投资引发通货紧缩的传导机制。过度投资引起通货膨胀，需要从投资结构的角度来理解。投资可以分为长周期投资（如重化工业投资、房地产业投资等）和短周期投资（如一般消费品投资）。长周期投资在形成供给之前，一方面增加货币需求，使利率上升；另一方面吸收投资品和消费品，推动投资品和消费品价格上涨，并拉动短周期投资。短周期投资同样增加货币需求，推动利率上升。可见，过度的

长周期投资对短周期投资的拉动，是形成过度投资的关键，进而引起过度需求和通货膨胀。

由通货膨胀转为通货紧缩，需要从收入分配的角度来理解。当长周期投资形成供给时，由于利率上升（资本成本增加）和投入品价格上涨，其产品价格必然提高。如果在生产扩大的同时，有支付能力的需求相应扩大，那么并不会出现经济衰退。相反，如果马克思所揭示的“生产无限扩大的趋势与有支付能力的需求相对狭小的矛盾”产生，则高增长将难以为继或经济将出现衰退。通货膨胀必然引发宏观调控通过紧缩货币来抑制需求，这样过剩生产能力和过剩供给就产生了，并进一步强化了增长速度的下降或经济衰退。

中国的体制转轨客观上已经给居民带来了风险和不确定性，这包括失业、养老、医疗、住房、教育等诸多方面。居民的理性选择必然是缩减当前消费和增加储蓄。同时，中国的经济增长并没有带来居民收入的同步增长，而且收入差距拉大。衡量个人收入差距的基尼系数，在 2000 年超过 0.4 的国际警戒线，此后一直保持在 0.4 以上，收入差距扩大趋势未得到有效抑制（参见图 9）。这样，消费需求不足已不可避免，生产无限扩大的趋势与有支付能力的需求相对狭小之间的矛盾已经显现。

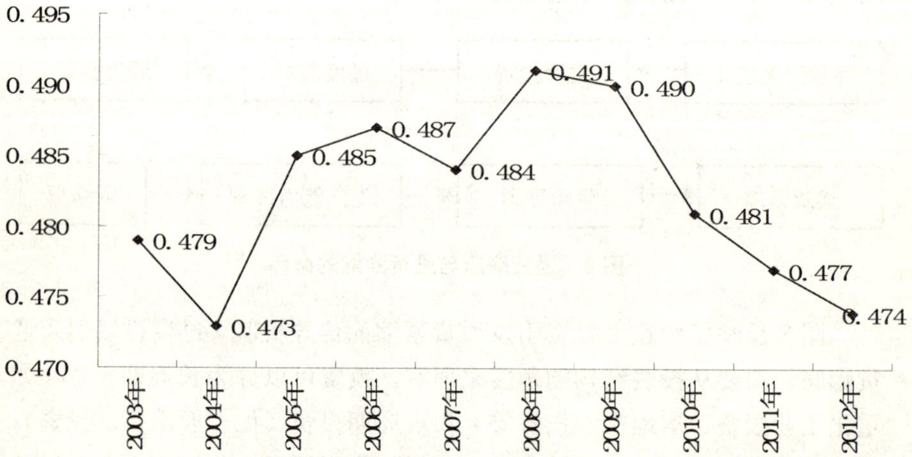

图 9　中国的基尼系数（2003～2012 年）

数据来源：国家统计局，http://www.stats.gov.cn。

5．实体经济承受着不利的外部冲击①。中国依靠出口的增长来支撑投资的增长和产业成长，对海外市场、技术和资本（其背后是技术和营销网络）依赖的增强，不仅可能固化中国产业体系在国际分工中的低端地位，而且必然使整个经济暴露在全球经济周期的影响之下，承受着不利的外部冲击（参见图10）。从2008年11月，当月出口同比由升转降，2008年11月和12月分别下降2.2%和2.8%，2009年下降16%。更需要注意的是，中国进口继2008年11月和12月分别下降18.0%和21.3%之后，2009年下降11.2%，这对于中国处于组装加工环节的国际分工地位而言，是出口深度下滑的反映。

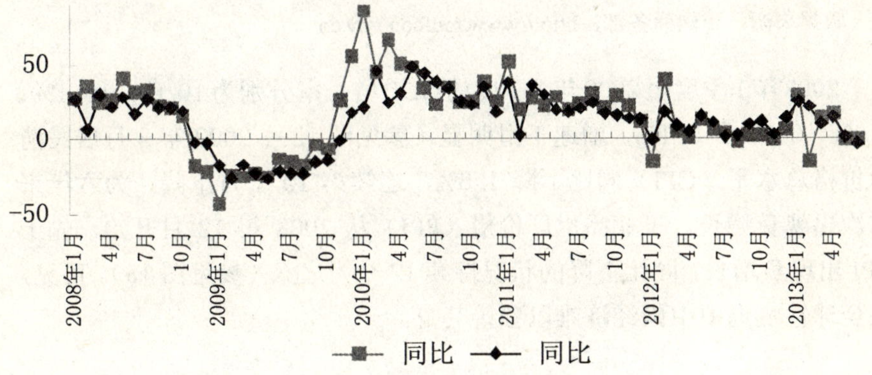

图10 进出口同比增长（%）

数据来源：中国海关总署，http://www.customs.gov.cn。

根据商务部在《中国外商投资报告》中披露的数据，外资企业引进技术在中国引进技术总额中约占50%，外资企业出口约占中国全部出口的60%，中国高新技术产品出口的88%是外资企业实现的。2008年10月～2009年7月连续10个月，外商直接投资（FDI）同比下降（参见图11）。即使没有出现国际资本大规模外流，本轮危机通过FDI而产生的不利冲击也是显而易见的。

① 通过进出口和FDI形成的直接冲击具有明显的结构性特征。C40（通信设备、计算机及其他电子设备制造业）产业对广东、浙江、江苏三省，对三资企业和民营企业的影响最为明显，这映射出了中国开放以来的贸易和外资格局。

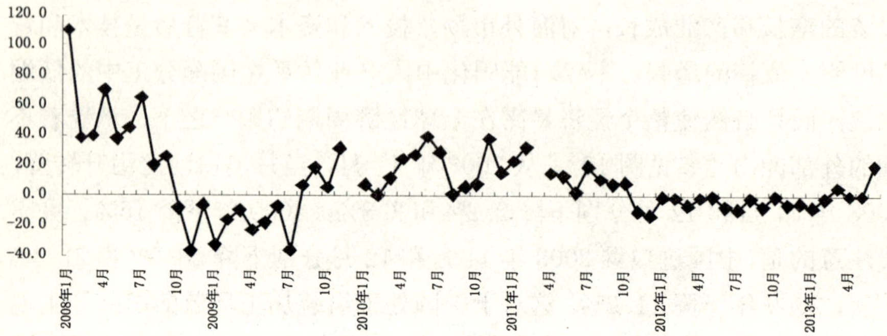

图 11　FDI 同比增长（%）

数据来源：中国商务部，http://www.mofcon.gov.cn。

2008年1季度至2009年1季度的GDP增长率分别为10.6%、10.1%、9.0%、6.8%和6.1%，增速下滑明显（参见图12）。2009年2月居民消费价格总水平（CPI）同比下降1.6%，连续第10个月下降，为六年来首次出现负增长。工业品出厂价格（PPI）从2008年12月开始，先于CPI出现负增长，同比下降的状况持续12个月之久（参见图13）。可见，在全球性衰退中中国经济难以独善其身。

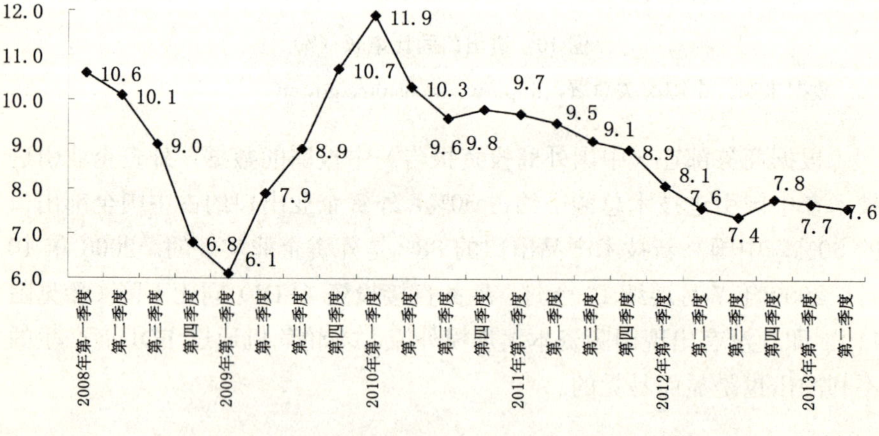

图 12　季度 GDP 同比增长率（%）

数据来源：国家统计局，http://www.customs.gov.cn。

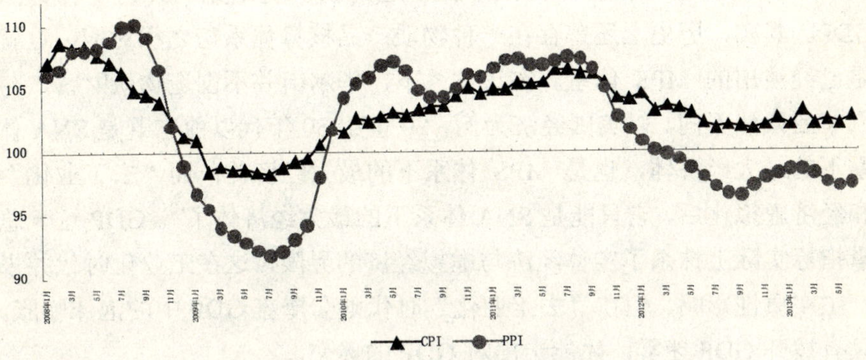

图 13 月度 CPI 和 PPI 同比增长率（%）

数据来源：国家统计局，http://www.customs.gov.cn。

从 2000 年开始的新一轮经济增长，一方面尚未从根本上摆脱粗放型和出口拉动的增长方式，另一方面尚未从根本上摆脱不利于劳动力的收入分配结构。经济发展中的不可持续因素，在一定条件下必然通过经济波动反映出来。国际金融危机及由此引发的全球经济衰退，对中国形成了不利的外部冲击，这只是构成了诱发和加深中国经济下滑的外部条件。中国经济下滑是自身经济周期性波动的反映，而不利的外部冲击只是诱发性因素并加深了下滑走势。

四、新国际产业体系和新国际货币体系

国际金融危机充分暴露了世界经济发展方式的不可持续性，世界经济已由危机前的快速发展期进入深度转型调整期，转变经济发展方式是实现世界经济平衡有序发展的根本途径。虽然经济全球化的长期趋势不可逆转，但经济全球化将出现新的趋势，主要体现为欧美经济的“再工业化”、新国际产业分工和产业体系的逐步形成，以及有第三方加入的新国际货币体系的逐步形成。

1. 从再工业化到新国际产业体系

透过本轮金融危机可以更清醒地认识 GDP 的本质。目前，世界通行的总量核算采用的是 SNA 体系，这是一种最终价值核算。在该体系

下，华尔街创造的新价值与汽车业创造的新价值毫无二异，一样计入GDP。其实，历史上还曾存在一种物质产品核算体系与之相对应，这就是已经淡出的 MPS 体系。在该体系下，华尔街并不创造物质财富，与汽车业截然不同。以美国经济为例，20 世纪 80 年代以前它既是 SNA 体系下的最大经济体，也是 MPS 体系下的最大经济体；而“去工业化”和经济虚拟化后，它只能是 SNA 体系下的最大经济体了[①]。GDP 这一总量指标实际上抹杀了实体经济与虚拟经济的界限，这在工业化时代并未产生实质性影响，但在“去工业化”时代则会掩盖 GDP 中的泡沫膨胀。只有拨开 GDP 迷雾，才能走出对 GDP 的迷恋。

透过本轮金融危机还可以更清醒地认识高科技和现代金融的本质。高科技只能来源于生产过程，即使产学研协同创新也不能脱离生产过程。不仅如此，高科技只有与生产过程紧密结合才能真正创造价值，才有真实意义。仅靠所谓高科技概念虽能创造货币财富和 GDP，但实际上创造的只能是价值符号和泡沫。金融从本源上就是由生产和流通派生而来，世界金融中心在历史上都曾充当世界工厂或贸易中心。人们一度撇开经济学基本原理，认为现代金融可以脱离实体经济而通过金融创新和衍生品发展起来。金融危机再一次揭示出，失去了制造业和实体经济，高科技和现代金融就失去了根基，只能是无源之水、无本之木。

欧美经济失衡、金融危机和债务危机是国际产业转移和经济虚拟化同一过程的结果，在本质上则反映了富人经济与大众经济的矛盾和冲突。就资本而言，高利润、高价值和高端化永远是追逐的目标，从微观角度看这并不成其为问题。但是，对国民经济则会造成严重后果，因为价值创造与就业创造并不总是一致的，对大众而言，就业乃民生之本，就业永远比 GDP 更为重要。“占领华尔街”运动打出的“1%对 99%”口号的实质，就是富人经济与大众经济的博弈。资本忽视以所谓“低端”、“低价值”和“大众参与”为特征的实体经济，但政府始终要用政策来维系。

① 我们讲美国经济的虚拟化是从结构角度作出的判断，即实体经济和制造业比重大幅降低。然而，从总量角度来看，美国依然是制造业大国。直至 2010 年中国制造业才以 1.995 万亿美元的产值，在全球制造业总产值中占到 19.8%，超过美国的 19.4%，首次成为世界制造业第一大国。

后危机时期，发达国家更加注重用科技引领实体经济发展，重返高端制造业，全球制造业生产方式和商业模式可能由此发生革命性变化[①]。例如，美国增加对新能源的投入，希望新能源能成为新的经济增长点。其实质是通过“再工业化”延长国内高端产品线，塑造新的竞争优势，以高附加价值产品平衡与外围国家中低端产品间的贸易。由此会带来两个需要特别重视的问题：

一是新型贸易保护的风险加大。发展新能源的一个基本障碍是：与传统能源相比成本过高，而依靠技术创新发展新能源的速度慢。因此，新能源的发展需要政府补贴。补贴的程度直接与传统能源价格相关。只有传统能源价格上涨到一定程度，补贴才能解除，新能源才能成为具有自生能力和可持续发展的产业。可行的办法就是提高传统能源的价格。如何提高？就是制定更严格的环境保护规则。实际上，发达国家酝酿把碳排放与贸易挂钩，征收“碳关税”，与其发展新能源是紧密相关的，是针对以传统能源为主的外围国家的新型贸易保护。

二是世界产业调整和发展的路径存在很大的不确定性。例如，发展清洁能源的大方向全球都认可，但在发展路径上仍有很大的不确定性。是在传统能源基础上通过碳收集降低污染率的方式发展清洁能源，还是发展风能、太阳能、生物能源等新能源。为什么要强调这种差异呢？因为对产业发展路径的判断失误，会产生很大的负面影响。在20世纪80年代后期发达国家都认可，新一轮全球经济增长的方向是信息产业。但是对于信息产业的发展路径，美国与日本分歧很大。日本认为未来的信息产业发展方向是大型计算机，美国认为是计算机的小型化。结果证明，信息产业的发展按照美国的路径走，所以日本在后来的整个信息产业的10年繁荣中难以居于领先地位。所以，即使认定未来全球产业调整的重

① 美国着眼于可持续发展和高质量就业，提出将节能环保、智慧地球、大数据、重振制造业等作为主攻方向。欧盟大力发展可再生能源和节能环保产业，保持在绿色经济技术领域的领先地位。欧美学者预言，一种建立在互联网和新材料、新能源相结合基础上的第三次工业革命即将来临，它以“制造业数字化”为核心，将改变全球技术要素和市场要素配置方式，重新划分全球分工。2012年初，美国《华盛顿邮报》网站发表了题为“为什么现在轮到中国担心制造业了”的文章，提出未来20年美国将发展人工智能、机器人和电子制造三项技术，重塑美国优势，改变制造业竞争格局，“打败中国”。

点是发展清洁能源，但对于它的路径还应该给予高度关注。这不仅对中国承接国际产业转移，而且对中国参与全球产业竞争有着重要意义。

在“再工业化”的同时，发达国家缩减财政赤字，居民改变消费模式。在应对本轮危机中，美国实际上是用更多的流动性来解决流动性过剩问题。虽然“无就业复苏”使美国只能维持超低利率，经济刺激计划难以退出，2012 年 9 月又推出了第三轮量化宽松政策，但是缩减财政赤字和发展实体经济作为推动美国经济“再平衡”的两轮，缺一不可。发达经济体财政赤字的缩减，居民消费模式的改变，将会使市场需求成为后危机时期全球经济最稀缺的资源之一，进而全球贸易增长在短期内难以恢复到危机前的水平，这必将对中国的外向型经济形成制约。

2. 从双本位体系到新国际货币体系

布雷顿森林体系确立了“美元霸权”地位，美元与黄金在 20 世纪 70 年代初脱钩后，欧洲各主权货币联合对抗美元的“蛇形浮动”制度并未实际奏效，美元的本位货币地位并未被动摇[①]。可见，多国的主权货币即使联合起来也难以与美元这种单一主权货币相抗衡，其根源就在于欧洲各国的经济发展水平存在明显差异。欧元诞生的实质，是以马克（其背后是强大的实体经济）为核心的众多主权货币的“结晶过程”。欧元的出现解决了“联合”的问题，使得国际货币体系演变为“双本位”体系。

根据国际货币基金组织公布的各国官方外汇储备，美元所占份额依然居于主导地位，但已由 2000 年的 71.13%降至 2008 年的 64.12%；同期欧元所占份额则逐年增加，由 18.29%升至 26.51%；英镑和日元所占份额维持在 7.1%～7.5%之间。“双本位”国际货币体系是缺乏稳定性的货币体系。如果美元超发行或贬值，欧元势必跟进，否则欧元升值。这一方面将抑制欧元区出口，进而影响实体经济发展，造成就业压力；另一方面将导致国际资本涌入进行投机套利，进而加剧欧元和欧元资产价格波动。反之亦然，如果欧元超发行或贬值，美元也势必跟进。两种本位货币轮番增发，世界因此从未像今天这样流动性膨胀。

欧元的出现并不能消除欧元区各国经济发展水平的明显差异，这也是欧债危机的症结所在。欧元区各国分享了货币一体化的“红利”。例

① 需要指出的是，储备货币不一定是本位货币，本位货币是其他货币的锚。

如，德国可以将欧元区市场视同国内市场，从而支撑了其制造业出口；以“欧洲五国（PIIGS）”为代表的其他大多数欧元区国家依托欧元的本位货币地位，出现了类似美国80年代初的经济转型，同样走上了新式发展道路并形成了新的发展模式——经济虚拟化、经常项目逆差、大规模举债和境外欧元资产膨胀。因此，在分享货币一体化“红利”的同时，也就不得不共同面对债务危机的挑战。

“双本位”国际货币体系决定了全球经济的动荡，债务危机可能成为欧美经济实现“再工业化”和“再平衡”之前的一种常态。“中心国家”发展虚拟经济和债务经济，“外围国家”发展实体经济、输出商品和提供融资的国际分工格局，不可能造就一个“和谐世界”。从经济层面来看，建设和谐世界的必不可少的条件是国际货币体系的稳定，而这只能通过拥有强大实体经济的第三方的加入，以避免“双本位”体系下的“滥币陷阱”。[①]这同时也就意味着人民币国际化和“三足鼎立”的新国际货币体系的形成。

五、中国经济发展的全面转型

世界经济的深度调整和变革，将进一步倒逼中国经济发展模式的全面转型。目前，中国既存在实体经济和制造业大而不强的问题，也存在着虚拟经济和金融市场发展滞后的问题，产业升级与金融深化的双重任务需要在良性互动中一并完成。

1. 商品输出、资本输出和人民币国际化

中国的市场化改革实质上有两重含义——对内搞活和对外开放。前者的突出意义在于，使人口由不流动转为流动。这不仅为工业化贡献了“人口红利”，更重要的是使中国的生产要素（包括劳动力、资本、资源和能源）、产业配套、市场规模等潜在优势，积聚形成了现实的组合优势。同时，对外开放使中国的组合优势与国际产业转移相契合，引进

① 这就如同三角形是一种稳定的结构。其中的原因在于，若一种货币滥发，另外两种货币依然有能力充当本位货币，作为其他货币的锚地，而滥发的货币充其量只能是储备货币。同时，滥发的货币的国际地位衰落，这种“惩罚”是可置信，因为“两边之和大于第三边”。

了资本、技术和营销网络，并通过FDI融入全球生产网络，逐步成为“世界工厂”和出口大国。

在中国经济的市场化、工业化和国际化进程中，有两个年份和两场“群众运动”应当给予特别关注。1997年中国经济出现了改革以来的第一次通货紧缩，这是进入市场经济的根本标志，有效需求由此成为中国经济兴衰的一个基本决定因素。内需不足的必然结果就是扩大外需，因此商品输出浪潮成为了中国改革以来的一轮“群众运动”。这一系列现象并非“中国特色”，而是工业化国家的共同特征。

从1999年开始，中国的国际收支保持经常项目和资本项目的“双顺差”，而且已经由当年的263亿美元持续快速地扩大到2010年的4717亿美元（参见表3）。这一方面在国际市场造成人民币持续升值的压力，另一方面在国内造成流动性膨胀和人民币贬值。双顺差是人民币“内贬”和“外升”的同一根源。

表3 中国的国际收支状况（单位：亿美元）

年份	经常项目	资本项目	国际收支差额	外汇储备
1982	57	-17	40	69.86
1983	42	-14	28	89.01
1984	20	-38	-18	82.2
1985	-114	85	-29	26.44
1986	-70	65	-5	20.72
1987	3	27	30	29.23
1988	-38	53	15	33.72
1989	-43	64	21	55.5
1990	120	-28	92	110.93
1991	133	46	179	217.12
1992	64	-3	61	194.43
1993	-119	235	116	211.99
1994	77	326	403	516.2
1995	16	387	403	735.97
1996	72	400	472	1050.49
1997	370	210	580	1398.9
1998	315	-63	252	1449.59
1999	211	52	263	1546.75
2000	205	19	224	1655.74
2001	174	348	522	2121.65
2002	354	323	677	2864.07

续表

年份	经常项目	资本项目	国际收支差额	外汇储备
2003	431	549	986	4032.51
2004	689	1082	1794	6099.32
2005	1324	953	2238	8188.32
2006	2318	493	2600	10663.44
2007	3532	942	4453	15282.49
2008	4206	401	4451	19460.3
2009	2433	1985	4419	23991.52
2010	2378	2869	4717	28473.38
2011	2017	2211	4228	31811.48

资料来源：国家统计局（http://www.stats.gov.cn）、中国人民银行（http://www.pbc.gov.cn）和国家外汇管理局（http://www.safe.gov.cn）。

由M2对GDP的比值（M2／GDP）可以看出，1980年以来美国的该比值维持在0.6左右，即使为应对危机实施的前两轮量化宽松政策，分别释放了1.7万亿美元和0.6万亿美元的流动性，情况亦是如此。然而，1999年以来中国的M2对GDP比值始终在1.2以上，2010年达到了1.89（参见图14）。"内贬—外升"的必然结果就是人民币和人民币资本输出，因此资本输出浪潮成为了中国改革以来的又一轮"群众运动"。

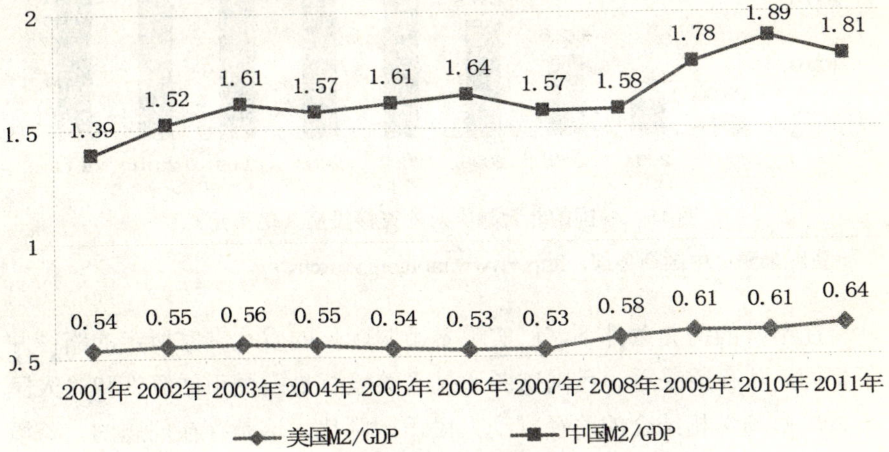

图14　中国和美国的M2／GDP

资料来源：国家统计局（http://www.stats.gov.cn）、中国人民银行（http://www.pbc.gov.cn）、美国商务部（http://www.bea.gov）和国际货币基金组织（http://www.imf.org）。

2003～2011年，中国的非金融类对外直接投资年均增长超过50%，

2010 年以来超过 600 亿美元（参见图 15）。这就如同 20 世纪 70 年代前的美国和 60 年代后的德国，通过资本项目逆差输出本币和本币资本，以对冲经常项目顺差。同时，这也像当年的英美一样，通过资本国际化，实现用世界的资源支撑本国的“世界工厂”地位。当前，中国的资本输出实质上不仅是人民币国际化的现实起点，而且是一个重要支点。反过来，人民币国际化将有助于资本输出和全球配置资源。进一步，人民币国际化还将有助于避免双本位体系下的“滥币陷阱”，推动新国际货币体系的形成。这可以被认为是人民币国际化的双重意义。

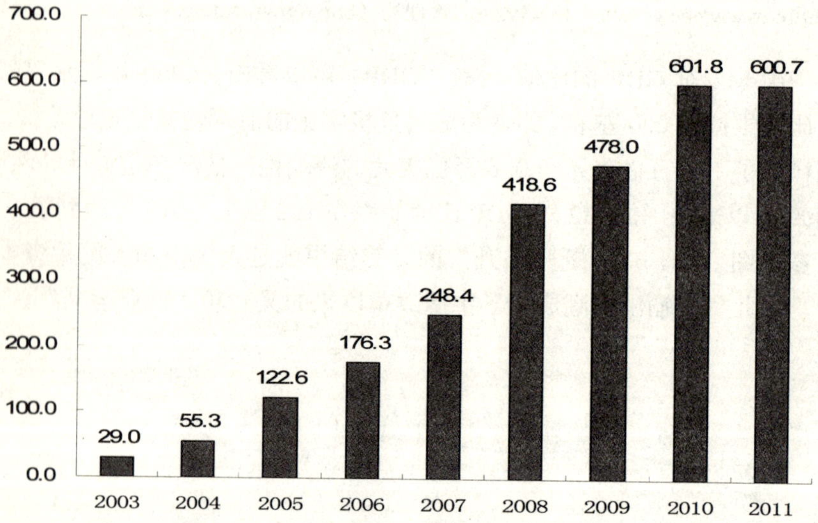

图 15 中国的非金融类对外直接投资（亿美元）

资料来源：中国商务部，http://www.mofcom.gov.cn。

在不同的历史条件下，已实现本币国际化的发达国家所走的路径并不相同。从目前来看，我国试图通过“跨境贸易人民币结算”和“人民币离岸市场”相结合的路径推动人民币国际化。这是存在问题的。跨境贸易人民币结算只会使中国的美元外汇储备增加，在美元长期来看趋于贬值的背景下，外汇储备的风险难以释放并将持续累积。人民币离岸市场必然倒逼资本项目开放，而资本项目开放是中国市场化改革（包括利率和汇率）的最后一步，这意味着市场化改革已基本完成①。进一步，离岸市场并非人民币国际化的条件，而是与人民币国际化相伴而生的结果②。

人们都知道美元贬值可以使美国逃债，但其中的道理又是什么呢？是一国海外资产与负债的币种结构。美国的海外资产（即对外债权，如在华FDI）以外币计价，对外债务（如美国国债）以本币计价。美元贬值并不改变美国的债务负担，但其海外资产价值和投资收益折算为美元则会增加，因此偿债能力随之增强。在理论上，如果美元贬值足够充分，而美国在华FDI的收益率足够高，中国就会由美国的债权人变为债务人。在美国是全球最大的债务国和经常项目中的投资收益为正这样两个基本前提下，就不难理解在一些年份虽然其经常项目逆差相当大，但当年外债余额（净国际投资头寸）不增反降了。由此可见，在人民币国际化过程中应当：（1）减少美元债权或把美元债权转换为人民币债权，其含义是减持美国国债，同时向海外输出人民币（如发放人民币贷款）；（2）减少人民币债务或把人民币债务转换为美元债务，其含义是摒弃现实中依然存在的对外资的超国民待遇，同时鼓励中国企业"走出去"和扩大对外直接投资。从根本上讲，中国应扩大进口，减少顺差，追求进出口平衡增长，此时若以人民币结算则超过3万亿美元的外汇储备可以发挥担保的功能作用。

人民币国际化不仅意味着人民币"走出去"，走出去的人民币只有"回得来"，才能真正实现国际化。回得来不仅是指人民币持有者可以购买中国的商品和劳务，而且是指可以投资于中国的金融市场。后者正是制约人民币国际化的主要瓶颈，这就要求中国金融市场的发展。其中，最为基础的是利率市场化和人民币汇率自由浮动③。应当指出的是，金

① 目前，在IMF规定的40个资本项目中，中国已有2/3以上的项目完全或部分开放，约1/3的项目存在较为严格的管制，如直接跨境证券投资、衍生品交易、短期外债等。这里讲的资本项目开放主要指的就是这些项目。

② 美元离岸市场发端于20世纪50年代，发展于70年代，而美元在1945年就取代英镑成为世界货币。

③ 人们对于人民币汇率自由浮动的最大担忧是人民币升值使出口变得更加困难，进而导致失业增加。最常见的案例就是《广场协定》后的日本资产泡沫和经济衰退。实际上，日本资产泡沫形成的关键在于其央行推行的扩张性货币政策，而非日元升值。相反，日元升值促进了企业竞争力的提升，出口增加而非减少，顺差扩大而非减小。

融深化须围绕本国实体经济的需要而展开，只有这样才能取得一石二鸟、相得益彰的效果——一方面促进实体经济发展，另一方面推动人民币国际化。人民币作为拥有强大实体经济的第三方融入当前缺乏稳定性的双本位货币体系，也将使之演变为相对稳定的新国际货币体系。

2. 内生市场需求、内生技术能力与产业升级

后危机时期，中国产业发展的条件发生了深刻变化。从外部来看，随着欧美国家的“再工业化”和“去杠杆化”，中国难以依托海外市场需求消化过剩产能。同时，随着后《京都议定书》时代的到来，节能减排的国际压力将不断加大。从国内来看，随着人口结构性变化的加快，劳动力充分供给的特征和人口红利逐步消失[①]。同时，随着反映市场供求关系、资源稀缺程度和环境损害成本的生产要素与资源价格形成机制的完善，中国将进入一个生产要素成本周期性持续上升的阶段，CPI 上涨将不仅仅是一个短期现象。

产业升级的直接驱动力来源于两个方面：消费需求和技术创新。首先，中国须立足于内生消费需求拉动产业升级，以消费结构升级带动产业持续成长。为此，就要从根本上避免业已形成的不利于劳动力的收入分配结构的固化。中国不仅要提高居民收入在国民收入分配中的比重，实现居民收入增长和经济发展同步；提高劳动报酬在初次分配中的比重，实现劳动报酬增长和劳动生产率提高同步。同时，要建立覆盖城乡居民的社会保障体系，实现基本公共服务的均等化。其要义在于释放居民所面对的风险和不确定性，进而将收入更多地用于消费而不是储蓄。特别需要关注的是，通过发展教育特别是针对农村和城镇低收入群体的教育，实现人力资本的积累，为城乡居民收入水平的提高创造条件。

近年来，随着刘易斯拐点的到来，劳动收入的差距已出现缩小趋势，然而总体收入差距依然在扩大，库兹涅茨“倒 U 曲线”的拐点尚未显现。其中的症结就在于财产性（或资产性）收入差距扩大，并成为致使整体收

---

① 自 20 世纪 80 年代初，中国劳动年龄人口的增长率开始下降而且速度逐渐加快，2020 年前后劳动年龄人口将停止增长。劳动力有效供给增长的放缓已经使得劳动力价格不断上涨。

1999~2008 年，中国的实际工资增长率持续高于实际 GDP 增长率，实际工资平均增长 12.78%，实际 GDP 平均增长 9.75%，工资涨幅比 GDP 增幅高出 3.03 个百分点。

入差距扩大的主导因素。因此，消除不同群体在财产和资产占有上的不平等，已成为调整收入分配结构，进而扩大消费需求的题中应有之义。

其次，中国还须立足于内生技术能力推动产业升级，依托技术创新来改造传统产业和发展新兴产业。技术创新是分工深化与市场规模扩大循环累积的结果[①]。随着30多年经济高增长，中国已拥有的制造业基础和基于加工组装能力的市场规模，使其逐步具备了实现自主创新的基本条件。目前的关键在于处理好政府与企业在技术创新中的关系。企业及其组织能力是技术创新的载体。20世纪90年代以来，中国的技术创新与发达国家表现出相似的特征，即中小企业成为了技术创新的主体[②]。实际上其含义完全不同，发达国家表现为中小企业的技术创新，其背后隐藏着大公司的影子，钱德勒式的技术创新并没有过时，不过是在90年代后取得了新的形式罢了，由大公司主导技术创新的本质并没有改变。因此，通过深化垄断行业改革、引入竞争机制和推进公平准入，在市场竞争中生成有竞争力的大公司，是中国实现技术创新的必由之路。政府在技术创新中的作用，主要是更多地运用竞争政策而不是产业政策，致力于建设有效率的市场体系，通过提高交易效率来降低交易成本，进而促进分工的深化。

3. 依托城镇化形成多极增长的新格局

中国的城镇化有着巨大的潜力和空间[③]。在后危机时期，中国的城镇化对于提升产业成长的内在动力具有不可替代的作用，可以把城镇化作为需求侧扩大消费和供给侧产业升级的引擎，进而取得“一石多鸟”的效果。

推进城镇化的关键在于完善城市化布局和形态，城市网络（City Networking）或城市群是均衡发展理念下的可行模式。从中国城镇化历程来看，小城镇模式和大城市模式都存在着不可逾越的障碍。在小城镇

① 市场不是作为某种产业产品的输出口，而是作为社会总产品的输出口，其规模是由生产的数量决定和确定的。

② 在中国，大约70%的技术创新、65%的国内发明专利、80%以上的新产品来自中小企业，而95%以上的中小企业是非公有制企业。

③ 2012年中国城镇人口占总人口比重超过50%，而发达国家城市化率一般已接近或高于80%，人均收入与中国相近的马来西亚、菲律宾等周边国家的城市化率也在60%以上。

模式中，土地等资源能源利用率低，大工业难以聚集，整体就业压力难以化解，服务业相互提供市场的效应难以发挥；而大城市模式的障碍集中体现为“大城市病”。城市网络就是把一个区域内的大城市与中小城市，经由产业链和现代交通通信整合为一个经济系统，实现所谓“同城化”（参见图16）。中心大城市与外围中小城市间的产业内分工，使得城市网络既可以形成并发挥集聚效应和规模效应，避免了小城镇模式的弊病，又避免了“大城市病”。中心大城市是技术创新和产业升级的策源地，外围中小城市为中心大城市提供产业配套。

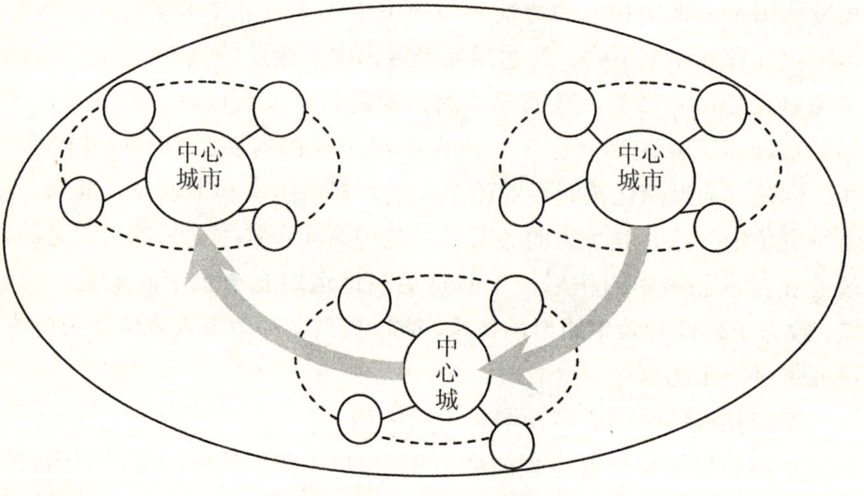

图16　城市网络基本架构

每个城市网络作为一个增长极，其生成须主要基于各自的资源禀赋和比较优势。极与极之间形成产业分工，发展特色产业和优势产业。基于城市网络，产业转移就并非一般意义上的东部向中西部梯度扩散，而首先是不同中心大城市之间的产业转移，进而在极内扩散。城市网络通过拓展产业成长空间，培育新的产业成长极，形成多极增长的新格局。城市网络的政策指向是适合中国的区域多样性特征，摒弃“一刀切”式的思路，针对不同区域推行差别化政策。特别是加快推进中西部地区城市网络的形成，把城镇化作为统筹城乡和区域协调发展的重要抓手①。

① 2008年，中国东部地区城镇化率平均达到56%，而中部、西部地区分别只有43%、38%。2009年，城镇与农村居民收入之比为3.33∶1，东部地区与中西部地区人均国内生产总值之比为2.2∶1。

城市网络模式使城镇化得以持续推进并创造出消费需求。一方面，农村居民人均资源占有量伴随城镇化相应增加，促进了农业适度规模经营，从而有利于提高农业效率、增加农民收入和扩大农村消费。另一方面，农民的市民化将扩大城市消费群体，其生活方式发生深刻变化，从而消费水平明显提高[①]。

同时，城镇化可以拉动投资需求。城市网络的重要基础，一是中心城市与外围城镇之间交通、通信等基础设施的完善，形成所谓“一小时都市圈”；二是社会保障和公共服务体系的完善。农村人口能否较为顺利地转入工业和城镇，是决定城镇化进程的关键。从目前来看，农民在城镇就业所享有的社会保障和基本公共服务的残缺，已经成为农村劳动力转移的主要制约因素，建立完善的社会保障和公共服务体系将有利地推进城镇化。城镇化进程不仅带来对基础设施和公共服务设施的投资需求，更为重要的是这种有效需求将成为消化钢铁、水泥等行业过剩产能的主要渠道。

由此可见，城镇化是扩大内需最雄厚的潜力所在。城市网络模式不仅使城镇化得以持续推进，扩大了国内市场规模，而且深化了不同城市网络间的产业分工，以及城市网络中的大城市与中小城市间的产业内分工，提升了技术创新和产业升级的内在动力。

总之，作为政府主导型特征鲜明的经济体，中国经济发展模式的全面转型须依托于政府经济职能的转变。概括起来，这至少包括：启动新一轮税制改革，减税并扩大教育、医疗、保障性住房、失业、养老、基础研究和共性技术研发组织等诸多公共服务领域的支出，致力于反垄断和竞争性市场建设，促进国内储蓄向消费和投资转化。

南开大学产业经济课题组
2013年10月

① 2008年中国农村居民人均消费支出为3661元，城关镇居民人均消费支出为8869元，地级市居民人均消费支出为10599元，36个大中城市居民人均消费支出为14326元。这表明从乡村到城市，居民消费明显增加。

前 言

一、研究背景与目的

美国的金融危机已经历时四年多，但美国经济依然复苏乏力，失业率高企，且“二次探底”的讨论不断升级。国际货币基金组织、美国国家经济研究局、德意志银行和欧洲中央银行的最新研究，都认为美国和欧盟国家经济并没有明显复苏，前景并不乐观。根据已经公布的最新数据，美国、英国经济增长率、就业率远低于早前预期。希腊等国家迫切需要德法国家和欧洲中央银行的救助，否则将在债务清算中破产。但是如果不进行彻底的经济改革，目前的短期救助并不能使希腊等国摆脱债务危机，反而会拖累欧盟经济和欧元体系的稳定。

如此残酷的现实与西方主流理论界认为全球金融危机最快三个月、最迟六个月复苏的基本判断大不相同。实际上全球金融危机不是一场单纯的“金融危机”，其孕育的深层次背景是美元危机与国际货币体系危机，也是经济、金融结构长期失衡的结果。现行国际货币体系（即美元主导的国际货币体系）是适应旧有的利益格局而构建的，而在近 40 年的经济发展中旧有的利益格局已经发生了重要变化，即美国正在衰落，中国正在崛起以及欧洲在艰难整合。2008 年全球金融危机爆发后，美国经济暴露出系统性问题——主要是经济结构失衡问题，美国经济已经陷入持续 3 年的低迷，其长期经济结构失衡问题不彻底解决，美元国际地位长期下降是一个必然趋势。与此相对应，欧盟国家陷入债务危机，欧盟内部经济体制暴露出严重问题，将欧元也拖入危机。面对如此严峻的现实以及通过长期对国际货币金融体系失衡和国际金融危机问题的研究，我们认为必须从更高的战略视角来研究 2007 年全球金融危机的根源、影响以及发展趋势。

本书在以下两大背景下进行研究：第一，国际背景：国际货币金融体系与国际贸易的格局和未来变化趋势及其给中国货币金融发展带来的机遇和挑战。中国已经成为全球第二大经济体，全球经济和金融市场变化对中国经济会有很大的影响，而中国经济和金融波动也必然对全球经济产生巨大影响。因此中国金融发展建设需要借鉴其他国家的历史经验，也要吸取这些国家曾经和正在经历的教训。特别是 2007 年全球金融危机以来，我们已经直接观察到发达国家的金融建设并不成功，而是有很多深刻教训。美国缺乏有效监管的金融自由化，其结果就是经济结构失衡，金融、房地产、保险等产业比重上升，经常项目赤字和财政赤字长期并存，这种过度依靠虚拟经济的经济结构必然是脆弱的。欧元区国家在债务危机中愈陷愈深，其原因在于：在过去十年中当欧盟国家经济竞争力相对下降后，不是通过产业结构调整来提升经济竞争力，而是继续依靠高负债、高财政赤字推行高社会福利，这种经济发展是难以长期维持的。第二，当全球经济陷入一个复杂的系统性危机，全球货币金融体系和经济格局发生重大转变的历史时期，中国应该如何把握好未来十年，甚至几十年的经济发展方向，不但对中国自身极为重要，对全球经济发展也极为重要。新的利益格局需要新的国际货币体系来稳定这种利益关系，这是考虑未来中国金融改革和进一步建设必须考虑的大背景。那么如何应对和把握未来十年国际货币金融发展趋势，就是目前学术界需要解决的重要问题之一。

本书认为在这样的国际经济、货币、金融背景下，中国既面临重大历史机遇，更需要防范存在的巨大风险。在美欧经济相对衰落，美元和欧元地位必然下降的情况下，中国人民币需要抓住机遇稳步推动国际化进程，历史经验证明掌握国际货币金融主导权，将能大大提高中国经济的影响力。而人民币国际化是一个复杂的政治经济战略，这需要中国与美国、欧盟以及主要新兴市场国家在国际货币金融方面进行深度战略合作。加强中国与美国、欧元区德国货币、金融方面的合作，建立相对稳定和公平的国际货币金融体系，不但对稳定全球经济、美国经济和全球货币体系都是极为重要的，而且对人民币地位的提高和中国经济持续稳定发展也是极为重要的。

人民币国际化要求中国逐步开放国内金融市场。目前中国在金融体系、金融监管机制和金融人才等方面，还远没有准备好。中国国内的经济、金融问题依然复杂：房地产价格居高不下，股市持续低迷，地方政府融资平台风险状况不清楚，银行体系的坏账可能会迅速增加，等等。全球金融危机后，中国需要快速推进金融体系的进一步建设，这是一个多层次的系统性建设过程。对中国金融体系问题的研究，其战略目标是：实现中国金融市场健康、稳健发展，提高金融市场为实体经济配置资金的效率；从日本的泡沫经济、美国过度金融化的金融危机、欧洲高福利下的债务危机中吸取经验教训，逐步理清错综复杂的金融、房地产等乱象，稳步推进多层次、多元化金融体系建设，相应构建多层次、高效、统一协调的监管体系，中央政府和地方政府需要有相应的配套政策。

基于长期研究和调研，本书的主要分析研究内容是：系统分析当前国际货币金融的核心关系，美元、欧元和人民币未来的发展趋势，阐述国际金融危机的深层次原因，总结金融危机演进的原因，并分析未来国际货币金融的发展以及其对中国的影响。

二、本书研究的基本内容和写作思路

本书主要对全球金融危机以及国际货币金融体系进行系统的分析，内容分为如下几个方面：（1）对“百年难得一遇”的全球金融危机的性质和根源进行系统的梳理，分析其历史必然性以及对全球经济格局的影响；（2）分析全球金融危机发展以及政府救助措施；（3）总结未来美国经济地位与美元地位下降的趋势，从理论上探讨国际货币金融格局的未来变化趋势；（4）分析欧盟经济困境与欧元危机及欧元区的经济整合；（5）探讨中国宏观经济面临的困境以及人民币国际化的必然性；（6）细致分析人民币国际化的条件、路径和风险。

本书主要写作内容和思路依托于南开大学虚拟经济与管理研究中心的“金融危机”研究团队，团队由刘骏民教授领衔，参与研究的成员有李宝伟副教授、张云博士、段彦飞博士、李凌云博士、许平祥博士、刘艳靖博士等，本书也算是从虚拟经济视角分析 2007 年全球金融危机既有研究成果的一个初步总结概述报告。本报告研究的基本逻辑认为始于2007年美国次贷危机的全球金融危机根源于1971年布雷顿森林体系的崩溃，此后三十几年时间中美国利用美元的国际本位货币进入了新的经济循环模式，这种循环模式刺激了美国经济的虚拟化；欧元出现之后，欧元区部分国家借助欧元的第二大国际本位货币地位迅速进行了以债务经济为主要表现形式的经济虚拟化，导致了欧洲主权债务危机。故国际货币体系的问题是目前所有危机的根源，分析国际货币体系的演变规律和发展趋势就成了本报告研究的重点内容，是本书逻辑的一个必然；进而如何利用国际货币体系变革的机会，有效完善国内的金融体系和推进人民币国际化是本书研究的另一重要内容。

目　录

总序　全球经济格局演化与中国发展转型：1970～2020 年

前言

第一章　当代全球金融危机深层原因的分析综述 …… 1

一、对 2008 年全球金融危机深层原因认识的共识与分歧 …… 1

二、经济危机历史阶段划分与当前金融危机的新型特征 …… 12

三、全球金融危机对经济的影响及全球经济调整 …… 15

第二章　当代全球金融危机的性质、根源及发展趋势 …… 18

一、美国银行信用的崩溃与国家信用的介入 …… 18

二、当代美国经济的特殊循环及其严重的对外依赖 …… 23

三、美元危机的必然性及其发展趋势 …… 28

四、美元和当代国际货币体系的危机 …… 32

第三章　国际货币体系演变的核心关系、决定因素及规律分析 …… 33

一、国际货币体系演进历史的分析 …… 33

二、国际货币体系的核心关系和决定因素分析 …… 77

三、美国的问题及其在国际货币体系中的利益所在 …… 82

四、欧元面临的重大问题与重大利益所在 …… 88

五、美元单一国际本位制还能恢复吗 …… 89

六、构建新国际货币体系的基本原则和可能方案 …… 90

第四章　为什么当代国际货币体系是不稳定的
——双本位国际货币体系分析 …… 95

一、当代美国核心经济恢复的可能性 …… 96

二、美元—欧元双本位国际货币体系的动荡及其发展趋势 …… 99

第五章　全球金融危机的政府干预：短期目标与长期隐患 …… 103

一、全球金融危机的发展 …… 103

二、经济虚拟化与全球不均衡的货币、金融体系 …… 105

三、政府干预金融市场政策的演进 …… 108

第六章 美国、欧盟经济复苏政策困境与全球流动性膨胀……115
一、美国为什么先救金融，后救实体经济……115
二、经济虚拟化中的金融风险积聚机制与美国金融危机……122
三、以金融稳定为目标的短期宏观政策的长期负面影响……125
四、欧盟国家政策协调的困境……128
五、全球流动性泛滥对主要发展中国家的影响……133
六、国际货币稳定机制的构建……135
第七章 欧洲经济困境和欧元区的整合：能依靠欧盟自己解决吗……139
一、欧元确立历史的分析……139
二、欧洲统一货币历程背后的利弊分析……152
三、欧元的主要问题以及困境……154
四、欧洲主权债务危机以及欧元的发展趋势……157
第八章 中国宏观经济中的主要难题与人民币国际化的必然性……160
一、内需不足的根源及其根本解决措施……160
二、如何解决中国国内的流动性膨胀问题……165
第九章 人民币国际化的战略路径……169
一、中国大经济体和人民币小货币矛盾引发的国内经济运行问题……169
二、解决大经济与小货币之间矛盾的正确途径——推进人民币国际化……172
三、关于人民币国际化研究的文献综述……175
四、中国的实体经济与人民币购买力的支撑……179
五、当代不稳定的双本位国际货币体制需要人民币……180
六、人民币国际化的实证分析……181
七、人民币国际化的好处……187
八、人民币国际化的具体可行性分析……188
九、本书结语……189

参考文献……191

第一章　当代全球金融危机深层原因的分析综述

在经济金融全球化 30 多年后，2008 年全面爆发的全球金融危机，使全球实体经济受到重创，发达国家陷入严重衰退。发展中国家和新兴市场国家受到不同程度冲击，对于中国这样的发展中大国，面临“危”与“机”并存的局面，深入研究本轮金融危机的深层原因及其对中国经济的冲击。我们将国内外学者对本次全球金融危机进行的广泛的研究进行总结，归纳为以下几点：2008 年全球金融危机暴露全球经济存在哪些深层问题？对全球经济金融失衡的不同认识，分别提出什么样的调整对策？全球金融危机对中国经济产生哪些影响？新一轮经济金融全球化将向何处去？我们对最近两年重要的国际会议和国内外有重要影响的文献资料进行了总结和综述。

一、对 2008 年全球金融危机深层原因认识的共识与分歧

从所获得的国际会议资料和文献资料来看，国内外知名学者和金融界专家达成的一个共识是：本轮金融危机是全球经济金融严重失衡的结果。但是，对到底是什么原因造成全球经济金融失衡的认识上存在很大分歧。可以分为以下几方面的观点：

（一）西方主流学者对全球经济金融失衡的认识——发达国家流动性支撑的高消费模式与发展中国家出口导向模式，国际货币金融体系与产业链条可以维持

以克鲁格曼（2009）、伯南克（2008）、盖特纳（2008）、Laura（2008）、Stephen Roach（2008）、麦金农（2008）等为代表的西方国家官员和主

流经济学家，他们普遍认为次贷危机反映了美国金融杠杆率过高、投机和政策失误的结果，但深层原因在于中美间经济失衡，即中国高储蓄、低成本、出口导向，与美国低储蓄、高消费形成镜像关系，潜在含义就是中美间经济失衡是造成次贷危机的主要原因，实际上把危机的主要原因归咎于中国等国低成本、高储蓄、低消费和出口导向发展模式，与美国流动性支持的高消费经济模式间的失衡，这种认识必然影响其对全球经济调整政策的认识。

Laura（2008）、Stephen Roach（2008）、麦金农（2008）认为是全球经济、金融失衡的结果，即现在是亚洲供应、美国消费的模式，特别关注了中国是供应链的中心，向美国提供商品，由美国消费者消费。这些学者认为这种模式在未来十年已经不再能维持了，这次危机不是一般的信贷方面的危机，不是一个普遍的商业周期，不是一个普通的经济衰退，也不是由高油价造成或供应方面的冲击造成的，这场危机是泡沫造成的。在经济金融领域出现这么多的泡沫，原因在于美国糟糕的货币政策，在高科技迅速变化的时代与全球化的过程中，美联储过度关注通胀。对于全球金融危机的形成机制这些学者承认房地产危机会引致银行危机，银行危机导致全面金融危机，而金融危机又对实体经济产生影响。Laura进一步阐述了造成美国经济衰退的更重要原因是美国存在长期的结构问题，比如一些结构性的赤字。美国经济必须要解决社会保障、健康卫生等方面的赤字，几年来美国工薪阶层的实际购买力没有增长；在美国，医疗成本的上升比美国家庭的收年入快2%～3%，考虑到通货膨胀的因素之后美国工薪阶层实际上已经没有钱了，这是美国长期面临的挑战。Stephen Roach认为经济周期会是“V”型的，美国会进入一个比较微弱的增长周期，至少持续三年，甚至更长，美国会像日本一样经历长期的微弱增长。

以Dooley、Folkerts和Garber（1989，简称为DFG）为代表的西方学者基于“中心—外围”国际经济关系，认为这种货币金融体系和产业链的中心—外围关系能够继续维持。他们不认为这种体系存在失衡和不合理，而是强调尽管东亚国家大量贸易盈余和低估本币模式在贸易领域产生了争端，但总体上东亚国家和美国市场力量的双方都从这种安排中获得了收益，因而这一体系能维持下去。在1945年开始的美元体系下，世界可分为“中心”（美国）和“外围”。在20世纪50年代和60年代，较为重要的“外围”国是欧洲和日本。为从战后废墟中迅速恢复，这些“外围”国合作性地将其货币低估，以此促进制造业出口，并在技术含量更高的工业出口部门进行投资。“外围”国采取这种政策的直接“成本”是，迅速积累了低收益率、高流动性的美元资产。DFG认为，上述“成本”很小，或者根本没有成本。以20世纪50年代和60年代的欧洲为例，Despres、Kindleberger和Salant（1966）就曾提出，拥有发达的长期资本市场的美国仅仅提供了金融中介作用。美国向欧洲提供长期非流动性资本——主要是直接投资，当欧洲建立了美元账户和官方外汇储备时，美国又向欧洲借出更富流动性的资本。DFG认为，直至今天，对那些国内金融市场欠发达的国家而言，这种国际货币金融体系和产业链条关系仍然是有帮助的。DFG还提出，经济高速发展的东亚经济体便是当今的“外围”国。

（二）核心深层问题是全球经济失衡，国际货币金融体系失衡是直接原因

坚持这种观点的学者同意本轮金融危机确实暴露了全球经济金融存在严重失衡，也确实存在发展中国家（特别是以中国为代表的亚洲国家）低成本出口供给，而美欧发达国家低储蓄、高消费的表象。但是，国内多数学者认为造成全球金融危机的原因在于美欧主导的国际货币金融体系失衡和发达国家主导的全球产业链严重失衡。国际货币体系造成全球流动性泛滥是直接原因，更深层的原因在于这种货币体系导致的全球经济结构失衡。戴相龙（2009）、余永定（2008）、刘骏民（2008）、李扬（2009）、“社科院中国经济增长与宏观稳定课题组”（2009）、黄梅波和熊爱宗等学者都认为国际货币体系的严重失衡是造成这次全球金融危机的重要原因。余永定、刘骏民和李扬等学者又进一步深入阐述了国际货币金融体系失衡与美国产业结构失衡，以及与美国同全球其他国家间产业失衡、贸易失衡存在的紧密联系，并认为这种错综复杂的联系是造成金融危机形成、爆发和蔓延的核心深层问题。

这些学者都注意到20世纪80年代国际间产业转移出现的重大变

化：第一，发达国家与发展中国家的国际分工不仅表现为传统意义上的垂直分工，而且还表现为多层次的混合分工；第二，以跨国公司为载体的国际间产业转移表现出新的特点，即国际间产业转移由整体产业的梯度转移演变为跨国公司的某一产业链环节或工序的价值链梯度转移。其结果是发展中国家在全球化过程中表现为工业化和城市化进程的加快，而发达国家却表现为“去工业化”的过程。刘骏民、李宝伟、张云（2008）从虚拟经济视角，更强调国际货币金融体系失衡，并深入阐述了国际货币金融体系失衡与美国经济失衡和全球经济失衡的关系问题。实际上美国经常账户逆差及其占 GDP 比例上升表现出外部不平衡，与我国近年贸易和经常账户顺差超常增长表现的外部不平衡，在相当程度上具有镜像关系。刘骏民认为中美贸易失衡的主要根源不在于人民币的汇率，而是美国国内长期的赤字财政和经济的去工业化，以及美国金融业过度鼓励消费贷款等靠金融杠杆拉动总需求的政策所致。从统计数据看，美国自 1982 年后就开始了长达 26 年的持续经常项目逆差，在 80 年代中期其经常项目逆差已经维持在 1180 亿美元以上的水平了，随后，其规模不断扩大，而中国出口迅速增加是 90 年代末的事情，美国持续的经常项目逆差的主要原因不是别国的经常项目顺差，而是美元世界货币地位的前提下，通过其赤字财政和鼓励借贷消费的政策所致。当代严重的贸易失衡是发达国家政府推动的结果。布雷顿森林体系的建立完全是超经济力量所致，因此美元为中心的货币体系本身就不是市场力量自发产生的。

第一，非市场力量长期侵入市场均衡机制，导致其自动机制效率扭曲出现长期失衡状况。美国的强势美元和赤字财政的政策，以及鼓励借贷消费的政策导致了美国的经常项目逆差。第二，市场本身的确可以在较长时期内出现非均衡的发展趋势，失衡是市场机制变化造成的，美国经济的虚拟化和杠杆化，造成了“去工业化趋势”，市场中投机活动正在从“消除波动、发现价格”向“扭曲价格、制造经济波动”转化。这种市场内部因素的变化，并没有破坏市场自动的均衡机制，它却可以在时间上延长均衡机制起作用的时间。所以，美国经济失衡的根本原因还是长期鼓励财政赤字和长期刺激消费的政策。美国的市场经济失衡，其中政府和垄断造成了超市场力量介入，市场投机力量则在一定程度上起推波助澜的作用。产业结构失衡和贸易失衡本来是美国自己的失衡，当它发展壮大之后，开始影响世界所有与美元相关的国家和地区，这些国家的反应就是建立出口导向模式和积极扩大出口，产生的副产品就是积累了大量美元金融资产。美国超经济力量的长期过度介入，导致经常项目长期逆差，而市场力量则从外部纠正了美国超经济力量导致的失衡，美国不断消费着来自中国和世界其他国家的各种产品与资源，中国和其他为美国提供产品与资源的国家却不断积累着风险越来越大的美元金融资产。

美国经济形成两个循环机制：一个是借新债还老债以维持长期的财政赤字；另一个是一方面用美元现金购买世界其他国家的产品、资源和劳务，另一方面再向持有美元的国家和地区出售债券等金融资产以便收回美元现金，也就是经常项目持续逆差和金融项目顺差的保持。在国际关系上，只要美元的国际货币地位仍然巩固，用美元购买其他国家的产品、资源和劳务就可以继续，只要美国用来“回流”美元现金的各种金融资产还被国际上广泛接受，美国通过经常项目逆差输出美元现金，再通过出售债券和金融资产使得美元流回的循环就可以持续。长期这样做的结果是：第一，导致美国去工业化的进程不断深化；第二，这将引起经济高度杠杆化，在将各类收入流资本化的同时，也将金融杠杆泛化到各个领域，导致各种投机活动盛行，并使得风险遍布于经济的各个领域，经济会越来越脆弱；第三，经常项目逆差导致的美元国际循环不断累积着美元和其他美元金融资产，在世界范围内推动着流动性膨胀和经济的虚拟化，并为国际投机活动的盛行创造条件，这将使得世界越来越动荡不安。

李扬（2009）同样强调全球经济失衡的根源在于在当前国际货币体系下，中心国家对于全球分工格局和经济增长模式的主导。一方面美国作为中心国家，利用国际货币发行国的独特地位，通过采购、直接投资和产业链整合等手段，将许多产品或某些生产环节转移到外围国家，从而提升国内生产效率，并降低美国的消费成本。另一方面，作为储蓄净输出国的中国，国内持续存在城市化和工业化过程，加上年轻人口结构和收入结构使得高储蓄率得以维持。并且中国需要通过储蓄净输出换取外部信用支持，这就为美元信用的输出提供了吸纳地，使美国主导的经济格局得以实现。全球经济失衡同时也是全球化加深的过程。作为中心国家，美国依托消费拉动增长的模式高度依赖金融体系的支撑，而风险控制环节的缺失非常容易引起系统性风险。

陈雨露、马勇（2009）基于历次金融危机发展中国家受到金融领域冲击的研究，回顾了在目前这种国际货币金融框架下，发展中国家为解决经济发展中存在的金融压抑问题，推行金融自由化要从本国实际出发。防止在金融市场加速开放过程中，造成宏观金融市场风险失控，保持国家控制力，提高危机金融稳定和保证经济安全的能力。

（三）现代马克思主义经济学家的观点，资本主义生产关系在全球的拓展引发全球经济失衡

美国马克思主义经济学家瓦迪·哈拉比的观点最具有代表性，他指出这次金融危机决不仅仅是次贷危机、金融危机，本质上是资本主义经济危机。资本主义经济危机的实质就是生产过剩，剩余产品及产生剩余的生产环节是资本主义经济危机的根源。现如今生产过剩有双重表现:一是生产能力的过剩，因为相当数量的剩余是生产资料而不仅仅是消费品；二是资本在生产领域不能获利转而进入投机领域。资本闲置的事实表明生产能力大量过剩，另一方面则是需求严重不足，这就是生产相对过剩。此次经济危机的根源是生产过剩，剩余只产生于生产领域，金融行业虽生大量利润，但并不生产剩余。资本主义克服经济危机只能通过摧毁多余的生产能力来完成。当今资本主义体系呈现金字塔式的分层结构，处于塔尖的是美帝国主义，接下一层是欧洲、日本等发达资本主义国家，这些地区大都有美国的驻军，再下一层是韩国、巴西等新兴国家，塔底则是非洲、拉丁美洲、巴基斯坦等广大发展中国家。上层国家在这样的资本主义体系中掠夺和剥削下层的国家。美国处于塔尖的位置，通过各种手段掠夺和剥削其他国家维持本国经济的繁荣和稳定，即便日本这样的发达国家也不能幸免。凯恩斯主义拯救不了美国和资本主义经济危机，因为它无法消除资本主义生产过剩。

（四）传统金融危机理论的困境

现代西方主流经济学家从各自的认知角度对不同形态的金融危机进行了不同方式的研究，主要体现在过度交易、财政赤字、金融不稳定性、银行体系关键论、银行挤兑、道德风险、资产价格下降、综合性债务、金融创新过度等假说，在此基础上形成的金融危机模型至今已经经历了三代。第一代金融危机模型，也叫国际收支危机模型，它是由 Salant 和 Henderson（1978）、Krugman（1979）、Flood 和 Garber（1984）不断改进所得到的。最初是在 1979 年 Krugman 利用 Salant 提出的金本位下的黄金投机理论，来研究固定汇率制度的货币危机问题；后经 Flood 和 Garber 的进一步发展，形成了所谓的第一代金融危机模型。它能够较好地解释资本账户相对封闭条件下的金融危机。第二代金融危机模型，也被称为自我实现危机模型，它是针对无法用第一代金融危机模型解释的欧洲货币体系危机、墨西哥金融危机而提出的。它是 Obstfeld（1994）、Calvo（1995）、Eichengreen 等（1996）、Rose 和 Wyplosz（1996）、Cole 和 Kehoe（1996）将政府行为与市场交易者行为结合起来，基于自我实现机制的假设，运用多重均衡分析方法，以揭示拥有大量外汇储备、且宏观经济政策与稳定的汇率政策之间并没有出现不协调性的国家发生金融危机的原因。第三代金融危机模型没有统一分析范式，主要包括 Krugman （1998），Corsetti、Pesenti 和 Roubini（1999）形成的道德风险模型，Radelet 和 Saehe（1998）、Chang 和 Velasco （1998）形成的金融恐慌模型，金融不稳定性模型，外资诱导模型，Kaminsky、Reinhart 和 Reinhart（1999），Mishkin（1999a，1999b），Mckinnon 和 Pill（1996）的“孪生”危机模型，Chari 和 Jagannathan（1998）的羊群效应模型。第三代金融危机模型跳出了汇率机制、宏观经济政策以及共政策等宏观经济分析的范畴，转而关注金融中介、资产价格等方面在金融危机发生过程中所起的作用。但是第一代到第三代的金融危机模型在当前新型的金融危机面前是束手无策的，甚至根本就没有认识到这场风暴的来临，这源于它们要么局限于各种经济表面的现象，要么没认识到经济运行的动态性，没有深入到经济运行方式的本身中来分析，所以得出了从事实情况来看令人荒谬的结论。那如何突破当前的这种传统金融危机理论的困境，从而构建第四代金融危机理论呢？

通过以上分析，可知经济运行方式发展的重要特征是经济不断虚拟化已经使得虚拟经济开始引领实体经济，这也是这次金融危机表现出新型特征的根本原因。随着经济虚拟化程度加深，货币资本的流动越来越多地参与相对价格的决定过程，从而在一定程度上决定着资源配置，这就从根本上改变了传统的资源定价方式和资源配置的方式。这使得我们的金融危机理论再也不能基于传统的“一般均衡”、“货币中性”和“经济增长”三个理论框架的支点上，从而得出主流经济学理论所谓的经济金融危机外生性、小概率性、不可预测性也无规律可循的结论。肯尼斯·约瑟夫·阿罗也说过，当前全球经济运行方式改变了传统的经济理论，所以当前的金融危机呼唤第四代金融危机理论的出现。金融危机理论的作用在于预测、判断，甚至避免金融危机的发生。而事实证明，前三代金融危机理论往往只能对已经发生的金融危机做出事后解释而无法对新情况提出有价值的意见，在该方面的功能似乎是微乎其微。因此，第四代金融危机理论必须从经济发展的大趋势、经济运行方式以及人类的发展规律中去寻找。

（五）新金融危机理论的初步探讨

马克思《资本论》第三卷提出了虚拟资本的概念，按照马克思对虚拟资本之所以产生的分析思路，以资本追逐利益为本质的资本主义社会经济发展到某一阶段必然会出现经济的虚拟化。游离出实际生产中的虚拟资本构成了马克思货币金融理论的核心范畴，它被认为是金融等机构的资本中大部分股票、债券、衍生品等金融资产这颗大树不断茂盛的根。马克思在《资本论》中曾详细论述了商品的内在矛盾怎样孕育并发展为庞大的资本主义经济，而今天的虚拟资本的新发展也正是商品内在矛盾继续发展的产物（刘骏民，1997）。马克思指出资本主义商品经济的本质属性是价值增殖，因此，一切可能产生利益或者收入的地方都将会被资本所吞噬。那些原本没有市场价值的东西，包括有形的和无形的，如土地、股票和买卖的权利甚至是CO_2的排放等，它们通过资产证券化的过程中都被资本化了。人们的工资、利润、利息等收入被用来发行债券，这些债权也就都披上了价值增殖的外衣；银行、企业的各种应收款证券化取得了虚拟资本的形式；而对高收益的疯狂追逐使得由赌博、投机的活动带来的不确定性也被资本化了。所以虚拟资本在当代的发展，虚拟经济越来越表现出独立于实体经济而自行运行的特征，是资本主义生产方式进一步发展的必然结果。当虚拟经济的介稳性受到破坏之后，金融危机就必然爆发。因此，未来的金融危机理论需要以马克思虚拟资本理论作为其理论基础，认清当前虚拟经济运行方式的特点及与实体经济的关系。

1. 弄清货币资本使风险如何在经济系统中积聚、积累和分布

如何认识货币与经济的关系，关系到货币资本在风险的聚集、积累和分布中的作用问题。

货币中性的理论依据不外乎货币数量理论和一般均衡理论，前者从货币数量仅与名义变量的物价总水平有关的角度，后者从市场上所有的商品包括货币的超额供给和超额需求将自动调节到相等的角度，都得出了货币丝毫不会影响实际经济活动的结论，所以在主流经济学的一般均衡理论中，货币是多余的，它仅仅是交换媒介，可以忽略不计。同样，基于一般均衡理论的正统经济增长理论也认为，金融活动是不会直接创造实际 GDP 的，它促进经济增长的作用只能通过提高“储蓄转化为投资”的效率来实现。不可否认，货币数量公式在特定的历史时代背景下无疑是有效的理论工具，在虚拟经济发展还处于低级阶段的时候，忽略虚拟经济部门几乎对我们分析经济现象而得出的结果没什么大的影响，但在经济虚拟化的当前如果还这样假设就会产生南辕北辙的结论。当前经济虚拟化下的货币恒等式已经变成 $MV+M^{*}V^{*}=PQ+P^{*}Q^{*}$，$P^{*}$表示金融产品价格，$Q^{*}$表示金融产品的数量，PQ 为商品市场总价值，$P^{*}Q^{*}$为虚拟经济市场总价值，MV 为实体经济的货币流通量，$M^{*}V^{*}$表示虚拟经济的货币流通量。此外，就美国而言，除去为金融投资的服务创造 GDP 以外，金融投资本身也在创造工资和利润，它们不但被直接计入美国的 GDP，而且其份额越来越大。美国的统计数据正在向人们显示：储蓄（金融投资）在虚拟经济部门就像实际投资作用于实体经济一样，可以直接创造 GDP；以金融保险和房地产及其租赁业为代表的虚拟经济部门创造的 GDP 已经达到总 GDP 的 1/3。

事实已经证明，货币是非中性的。这与马克思虚拟资本理论中处理货币的逻辑是非常一致的。在虚拟经济高度发达的今天，不但虚拟经济已经居于 GDP 创造的顶端，而且货币资本的配置也正在成为资源配置顶端的市场机制，未来经济危机理论模型需要解决货币资本通过配置资源如何使风险在经济体系中聚集、积累和分布的问题。

2. 认识到实体经济与虚拟经济动态稳态关系

成思危（2003）认为虚拟经济系统具有复杂性、介稳性、高风险性、寄生性和周期性的特性。其中，寄生性是指虚拟经济是寄生在实体之上的，在实体经济系统中产生的风险都会传递到虚拟经济系统中，导致其偏离稳态。因此，成思危把实体经济系统看成经济系统中的硬件，并认为虚拟经济系统是经济系统中的软件。马克思认为虚拟资本具有独立于现实资本的运动形式，但它只不过是现实资本的一种存在形式（纸制复本）。实际上，虚拟经济本质上是以实体经济为支撑的，是为实体经济服务的，脱离实体经济基础的虚拟资产泡沫迟早要破灭。如对于一个封闭的国家来说，虚拟经济能提高实体经济的生产效率，而虚拟经济部门的利润所形成的购买力必须要有实体经济部门提供的物品与之相对应，否则经济系统将不能自我循环。此时，表现为虚拟经济的规模与实体经济的规模之间的动态相对稳定关系。假如是一个开放的国家，刘骏民（2010）把该情况下的动态稳态的条件称为成氏定理，是指随着本国虚拟经济在经济总量中份额的增长，将促进本国经常项目国际收支向逆差方向发展，促使本国金融项目的国际收支向顺差方向发展，只有二者可以长期保持均衡的时候，本国的虚拟经济才可以正常运行。不论是内部还是外部的失稳都会导致金融危机。所以，第四代金融危机理论要能体现实体经济与虚拟经济动态关系，看能否找到稳态的发展路径。

3. 金融杠杆泛化是经济虚拟化的本质，也是系统性风险动态积累的方式

经济虚拟化的本质是金融杠杆的泛化，而金融创新不过就是创造使用金融杠杆的新技术、新方法以便创造更多的金融资产和相应的收入。所以，金融衍生产品从其诞生起就具有双重属性：一方面它的出现提高了经济和金融体系的资源配置效率，通过杠杆化交易，用少量的自有资

金支配比自身大得多的外部资金，推动了金融市场的繁荣和扩张，并通过利润创造所带来的财富效应推动了实体经济部门的发展；另一方面因其过度衍生和投机，信用链条延长，所涉及的参与主体众多。并且，杠杆化操作既可以放大自有资本的利润率，也可以以同样的倍数放大损失，甚至在危机期间使自有资本在瞬间损失殆尽，使整个金融市场所面临的系统性风险空前加大。如美国证券交易商和经纪商的杠杆率从1990年开始，该机构的杠杆率从10一直上升到危机前的46的高水平。随着杠杆率上升，金融资产持有的风险也在不断地被放大。当这种金融杠杆泛化到一些高风险的投资群体，原有的信用风险被再次放大。不断上升的违约率使得信用风险最终爆发，并沿着金融创新链条从原有资产向高端金融衍生产品传递，导致了金融体系的系统性风险大爆发，从2007年开始，几乎所有金融机构都开始出售高风险的金融资产，清偿高企不下的债务，即开启去杠杆化过程。去杠杆化机制在各个金融市场间产生联动效应。美国金融通过高杠杆增加自己的盈利能力，杠杆效应在放大收益率的同时也放大了未来可能的损失。次贷危机形成的坏账被放大几百倍，并且由于链式反映而传至各个金融市场。由于美国金融机构弥补流动性的不足，不得不从全球抽回资本，以降低金融杠杆，这就产生了去杠杆化机制。由于这些资本的撤出，使得世界各地的股市、大宗商品的价格暴跌，价格信号产生了扭曲，对世界各国的金融市场都产生了极大的冲击，发生于美国的金融危机向世界蔓延开来。因此，第四代金融危机理论需要认识到金融杠杆是如何泛化的，如何认识“去”杠杆化机制及其所带来的系统性风险。

4. 源于虚拟经济部门的危机是未来金融危机的主要形式

实体经济是技术和生产成本支撑的价格系统，而虚拟经济是心理支撑的价格系统。前者随技术进步价格呈下降趋势，从而边际收益递减成为普遍的规律；后者则是心理支撑的价格系统，从众心理等因素导致其存在着正反馈和边际收益递增的普遍规律。这样，虚拟经济领域内在的波动性（或不稳定性）将随着它在经济中的比重增大而开始影响到整个经济的运行，使得20世纪90年代以后，经济不稳定性的根源从实体经济的物价不稳定逐渐转向资产价格的不稳定性。虚拟经济稳定已经成为当代经济稳定与国家经济安全的核心领域。这种不稳定性被成思危称为虚拟经济的介稳性，并分析认为主要来自三个方面：一是虚拟资本本身的虚拟性，其价格的确定不是依据本身内在的价值，而是依据人们对未来价格的主观预测；二是货币虽然还具有作为支付手段的使用价值，但已经不再具有真正能以某种实物来衡量的价值，已经被虚拟化了，货币的虚拟化增强虚拟经济的不稳定性；三是正反馈作用。所以，虚拟经济部门的不稳定性决定了未来危机的形式必然是金融危机。

二、经济危机历史阶段划分与当前金融危机的新型特征

新帕尔格雷夫词典把金融危机定义为，一个国家或几个国家与地区的全部或大部分短期利率、货币资产、证券、房地产、土地价格、商业破产数和金融机构倒闭数等金融指标的急剧、短暂和超周期的恶化。如果金融危机蔓延到其他经济领域，引发企业的大量倒闭、失业增加和经济萧条，则会转化为经济危机（张斌，2007）。仔细研究经济与金融危机史便可发现，不同历史时期的经济危机、金融危机都表现出不同的特征。大概可以把金融危机史划分为如下几个阶段，如表 1-1 所示。

表 1-1 各个历史阶段分地区的金融危机发生的次数

地区\时期	1900～1924	1925～1949	1950～1971	1972～2006
非洲	1	0	0	21
亚洲	1	2	4	8
欧洲	2	12	0	7
拉丁美洲	13	18	9	38
总计	17	32	13	74

资料来源： 根据 M. Reinhart & Kenneth S. Rogoff （2008）整理而得。

二战前，市场经济的运行主要由看不见的手支配，经济表现出周期性的涨落。实体经济可以明显地表现为：“繁荣—衰退—萧条—复苏—繁荣”，而与此对应的资产价格则表现为：“资产价格泡沫化—泡沫破裂—股价下跌、银行挤兑—资产价格膨胀—资产价格泡沫化”。所以，金融危机也是伴随着经济危机而出现的，二者具有同步性，并且相辅相

成；实体经济的危机会导致金融危机的进一步深化，而金融危机又使实体经济进一步滑向谷底。这种古典式经济与金融危机的典型的代表是1929～1933年的大萧条。二战后至1971年布雷森林体系的崩溃这一阶段，世界经济处于快速的恢复与增长阶段，经济周期表现为经济增长率的波动，金融体系也只有小的波动，除了几个处于改革的国家外，整个银行系统是稳定的；由表1-1中可以发现，从1972年开始，世界经济进入到一个危机频发阶段，主要表现为由外债和汇率引起的货币危机，由房地产引起的银行业危机。以20世纪90年代发生的拉美债务危机、北欧危机、亚洲金融危机为典型代表，其往往以货币危机为先导，国际游资大量进出，资产价格暴涨，形成泡沫，最后泡沫破裂导致金融危机。与二战前及2007年之前的金融危机相比较，美国的金融危机具有某些特殊的新特征。以M. Reinhart 和 Kenneth S. Rogoff（2008a）的《2007年的美国次贷危机非常与众不同吗?》为导火索，关于美国金融危机是否定义为新型的金融危机一直争论不休。问题的重点在于，这些新特征重要吗，它是否是经济体系内部发展的某些不可逆转的根本性质的表象呢？传统的经济理论能否很好地解释它呢？本次危机的爆发并不是新古典经济学家们所认为的偶然因素，而是经济发展的历史必然结果。从经济运行的动态角度来看，本次金融危机确实具有新型的特征。本书认为把这次危机定义为新型的金融危机是具有重要历史意义的，它使经济学家们改变传统经济学理论来重新用认识经济运行的规律，加速了经济理论与事实相一致的进程。这种新型表现为在虚拟经济部门发酵很长时间而在空间上迅速放大。

（一）发酵过程化：金融危机源于虚拟经济部门，表现出很强的独立运行的特征

金融危机在虚拟经济部门持续了很长时间才传递至实体经济。把2007年4月2日美国第二大次级抵押贷款公司“新世纪金融”申请破产保护作为危机的开端，之后的几个月内实体经济仍然保持增长。甚至在9月15日全球股市遭遇“黑色星期一”即爆发全球性金融海啸之后的几个季度内，美国实体经济实际上还是处于一个健康良好的运行状态。从增长率的指标来看，2007年一直保持在4%～6%之间，平均增长率为

5.33%；在 2008 年前三个季度依然保持正的增长率，分别为 1%、3.5% 和 1.4%，直到 2008 年 12 月才出现负增长。从失业率来看，2007 年全年平均失业率仅为 4.6%，直到 2008 年 5 月之后才开始攀升，在 2008 年 8 月至 11 月之间还维持在 6%多一点的水平，直到 2008 年 12 月才上升到 7.2%，2009 年 2 月达到 8.1%。所以，无论是从反映实体经济的重要指标失业率还是经济增长率来看，都可以得出这样的一个判断，即危机一直维持在虚拟经济领域，经过独立于实体经济的金融危机长达整整 12 个月的时间才扩散到实体经济领域。如图 1-1 所示。

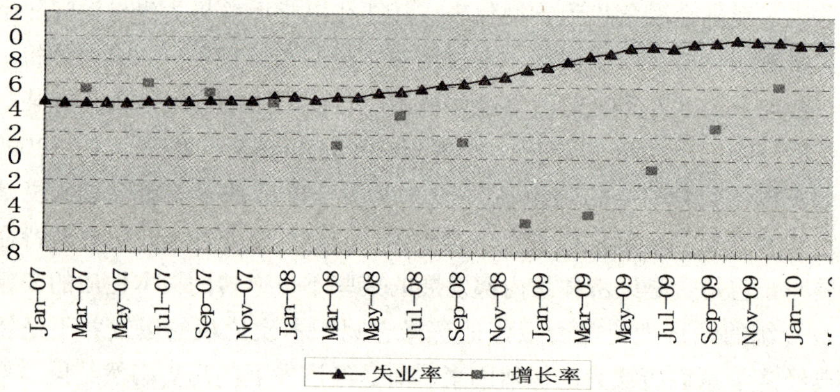

图 1-1　美国失业率（月度）及增长率（季度）2007. 01 至 2010. 03 数据

数据来源：Wind 资讯。

（二）空间迅速泛化：国际间传染速度之快让人惊骇，形成全球性的系统性金融危机

无论是从资本主义发达国家还是发展中国视角来看，当前这场金融危机都表现为明显的同期性，爆发于美国的危机很快蔓延至世界各个国家。正如克鲁格曼当初所做出的反应“没想到这种金融骨牌效应会到这种令人极为惊骇的地步”。据 IMF 2008 年的统计，在金融危机中，欧美金融机构共损失 5.8 万亿美元，其中美国损失 4.4 万亿美元，欧洲损失 1.4 万亿美元。而发展中国家也未能幸免于难，据亚洲开发银行 2008 年的统计，亚洲国家（不包括日本） 共损失金融资产 9.6 万亿美元。金融危机使全球流动性突然短缺，使得发展中国家面临巨大的融资难题。

发展中国家所获得的贷款数额，从金融危机前的1万亿美元猛降到现在的1500亿美元。世界银行2009年3月8日指出，金融危机将使穷国和发展中国家共129个国家存在数额高达2700亿美元至7000亿美元的资金缺口，而国际金融机构已无力弥补这一巨大资金缺口。危机从一开始就没有局限于美国，而是在极短的时间内扩散到了全球金融市场的各个角落，所以，表现为一种全球性的系统性金融危机。

三、全球金融危机对经济的影响及全球经济调整

由于对金融危机深层原因的认识不同，持有不同观点的学者提出的经济调整政策有很大差异。

（一）西方主流学者的全球经济调整政策

因为对全球金融危机的根本原因存在认识上的巨大差异，西方主流经济学家几乎都不认为国际货币体系存在严重问题，而是更多强调美国经济失衡和国际贸易结构失衡，同时也提出中国等发展中国家在产业和出口导向政策方面存在问题。基于此，Laura（2008）给出的药方是最有效的经济刺激方式不是由政府直接花钱，而是由政府提供贷款或贷款担保向按揭市场、中小企业、学生贷款、汽车公司提供担保。经济刺激政策可以是直接贷款，也可以是贷款担保，比如美国，很长时间以来直到2007年都在进行着经济扩张，而金融危机爆发后国内消费，包括和房地产相关的开支下降将不再能够支撑经济增长。由于美国现在还能在世界范围内融资，从这个意义上来说，美国还是有能力筹资进行市场进一步的干预。Stephen Roach（2008）认为美国新的经济增长来源应该是基础设施投资和出口。Laura、Stephen Roach、麦金农等国内外学者认为未来十年的模式是全球合作，世界经济相互依存度是非常高的，那些有能力解决问题的国家应该一起配合和协调，只有那些有能力、有手段、有机构解决问题的国家采取措施，才能提升全球企业的信心。

（二）基于国际货币金融体系和全球经济结构失衡的认识，对全球经济发展趋势的判断

有些学者强调国际货币金融体系失衡是全球经济失衡的重要原因。

朱民（2008、2009）对发达国家危机对策作了总结，将危机中政府的救市和经济刺激政策归纳为十个方面：降息、直接注入流动性、严禁卖空、金融机构国有化注资、为金融机构的债券担保、央行直接为企业融资、解决住房贷款抵押人的问题、向中小企业贷款、大规模财政经济赤字、通过国际货币基金组织向中小国家实行援助，防止危机的全球蔓延。朱民（2008）、刘骏民（2008）等学者都认为从长期看美国经济衰退是必然趋势，而欧洲问题比美国更为严重。主要在于欧洲金融行业创造的新产值占 GDP 的比重更高，因为金融受重创，所以经济下滑的风险更大，因为欧盟的房地产泡沫比美国还严重，欧洲银行的资产远远超过美国，欧洲的房价泡沫才刚刚开始变化。因为欧盟主要是在内部区域间出口，所以它的周期性扩大效应很大，可以看到欧洲地区经济衰退不可避免。日本的情况是过去几年主要靠出口，消费非常疲软，消费对整个经济的推动作用很小；因为世界需求的下降，日本的出口受到很大影响；日本今天的利率水平为零，日本的财政赤字是 GDP 的 168%，所以日本没有什么政策空间，这使得整个日本经济非常被动，当全世界经济都陷入衰退时，日本经济只能跟着进入衰退。

（三）对失衡的国际货币、金融体系的认识

Ronald I. McKinnon、克鲁格曼等人的观点具有典型的代表性，这些欧美学者认为短期内中国没有别的选择，全球其他国家也没有其他办法，只能继续用美元作为储备货币，因为整个世界都是以美元为标准的，从最近来看，美元仍然是一个安全货币，从长期来看，也许可以重新考虑国际货币机制如何重组。关于美元、欧元、日元的稳定性问题，还得选择以美元作为锚。

而中国的一些学者如周小川（2009），戴相龙（2008），刘骏民、李宝伟、张云（2008）等主张逐步推动人民币国际化是解决国际货币体系失衡问题的可行办法。为了解决国际货币金融体系失衡问题，首先改革国际货币金融体系，推进人民币国际化，首先逐步建立“三本位”货币体系，约束全球流动性泛滥，从而从根本上解决中国国内的流动性过剩问题。尽管经济全球化的趋势是不可能逆转的，但是现行国际货币金融体系内在矛盾没有有效解决，困扰世界经济的问题就始终存在。

刘骏民（2007、2008、2009）指出，1995年以来，多边贸易的顺差和外国直接投资的大量流入，导致我国国际收支顺差，积累了大量流动性的美元资产，这便是人民币升值压力的国际基础。任何不能以本币放贷的国际债权国都会面临日益严重的货币错配问题，即“高储蓄两难困境”。今天，人民币也不例外。人民币既无法被用来在国际金融市场上发放贷款进行投资，也不能对储备美元资产的风险进行对冲。随着时间的推移，美元债权进一步增多，国内美元资产所有者越来越担心人民币对美元升值的风险，于是会争相持有人民币，导致人民币更加升值；而外国人则会抱怨我国贸易顺差的持续增加，认为这是由于人民币币值被低估导致的，要求人民币升值，这使得人民币升值压力更大，进而造成国内美元资产持有者更多的担心。一旦发生将美元资产兑变为人民币资产的风潮，政府就会左右为难。今天中国走到了同样的历史关口，德国和日本应对本币升值压力与推进本币国际化的历史经验和教训值得我们借鉴。中国必须抓住自身经济快速增长和人民币汇率具有较强升值预期的这一黄金时期，顺势开放中国的资本账户，积极推进人民币国际化和向外输出人民币。利用高额外汇储备积极推进人民币国际化，使我国在国际货币体系中具有货币发言权，成为真正意义上的经济强国是当务之急。没有货币地位的经济大国是不能持久的。对当前的中国而言，要么人民币国际化，成为真正的经济大国；要么始终受制于外国强势货币和金融。高额外汇储备的最佳途径是支撑人民币国际化。

第二章　当代全球金融危机的性质、根源及发展趋势

美国正在经历严重的金融危机，金融危机的核心是美国银行信用危机，美国政府的救市措施则是在用国家信用支撑银行信用，而美国国家信用已经不断透支，这次对金融危机的干预会更大地消耗美国的国家信用，国家信用的动摇会引起美元危机，更大的麻烦在于由此引起整个国际货币体系的危机。我们认为当美国境内的金融危机发展到美元危机的时候，国际货币格局将会改变，这将引起经济格局的巨大变化，经济格局的变化很可能像当年“苏联”解体一样，使另一个超级大国削弱为一般经济大国，为世界的货币格局和经济格局留下真空。世界会因此进入一个不稳定时期，市场经济的核心理念“经济自由化”将遇到巨大挑战，各发达市场经济国家的自由化方向会终止，世界向何处去将再次摆在世人面前。世界不乱最好，但中国要为“乱世”做好预案。

一、美国银行信用的崩溃与国家信用的介入

美国金融危机的核心问题是投资者对美国金融业的整体信心崩溃，重建信心是解决美国金融危机的核心。

（一）次贷危机使美国银行信用崩溃

次贷危机的性质就是美国国内爆发的金融危机，它是美国以银行信用为核心的市场信用系统的危机，是美国长期信用扩张导致金融杠杆活动泛化的必然结果。金融杠杆就是用少量的钱去做大量资金才可以做的交易，其中尤其以收入流的资本化最为流行。因此，对于银行业和证券业，只要收入流相对稳定，不管有没有对应的实际资本，都可以证券化，

这样就从微小的收入流“虚拟化”出大量的金融资产，它们多数没有任何实际资本对应。据美国财政部统计，截止到 2007 年底，美国居民、政府、金融机构等未到期债务资产总额有 50 万亿美元，美国居民住房抵押贷款总额约为 12 万亿美元，美国债券市场总值为 27.4 万亿美元，美国股票市场总值约为 16.5 万亿美元。此外，期货、期权以及保险领域等金融衍生品涉及的金额也十分巨大，仅“信用违约掉期”涉及担保的金额就从 2000 年的 1 万亿美元，暴涨到 2008 年 3 月的 62 万亿美元（这一数字只包括了商业银行向美联储报告的数据，并未涵盖投资银行和对冲基金的数据），其他衍生品如利率掉期等总额初步估计大约为 260 万亿美元。它们平时基本上是不存在的“资产”，而在危机中它们却需要巨大的现金流来填补。正是这种杠杆活动的泛化导致“小资金捅出大窟窿”的事件普遍发生，如被接管的房利美和房地美两家公司，其自有核心资本合计 832 亿美元，而这些资本却支持着 5.2 万亿美元的债务与担保，杠杆比率高达 62.5 倍；美国前五大投行，包括倒闭的贝尔斯登和雷曼、被收购的美林以及现在转行为传统商业银行的高盛和摩根，其杠杆比率几乎都在 30 倍左右。因此，一旦这些金融机构因次贷违约率上升而导致账面资产出了问题，它们的核心资本遭受亏损，而又不能募集到新的资本金的话，它就必须降低自己的杠杆倍数，即这些金融机构不得不启动一个去杠杆化的过程，这个过程引起了人们对这些高杠杆率的金融机构资不抵债的深深恐惧，于是纷纷抛售这些金融机构的股票以及去银行挤兑等，直接引起了美国金融机构的倒闭风潮。目前美国的前五大投资银行已经全部终结：贝尔斯登和雷曼倒闭，美林被收购，高盛和摩根转行为传统商业银行，美国第五大储蓄银行华盛顿互惠银行被收购，美国第二大主营抵押贷款业务的印地麦克银行倒闭，破产的美国中小银行截止到目前已经达到了 12 家（如第一优先银行、诚信银行等），根据美国联邦存款保险公司的数据，美国有倒闭风险的金融机构在其观察列表上不断增加已经达到 235 家。其总裁指出，存款保险公司可能必须向财政部借款，以应付银行倒闭风潮。故目前次贷危机就是美国境内银行信用的崩溃。

（二）次贷危机产生的直接原因：金融杠杆活动的泛化

次贷危机之所以产生是美国低收入者住宅抵押贷款的证券化出了问题。银行批准贷款的选择顺序是收入从高到低，风险从低到高。只有当风险小、收入高的客户开发殆尽的时候，才会轮到低收入者获得贷款。它充分反映了杠杆使用过度的情况。金融杠杆的最大好处就是可以将货币收入的涓涓细流一下子放大成似乎有取之不尽的货币财富的大江、大湖，但同时也带来了如下两方面问题：

第一，杠杆活动泛化的同时导致货币收入和风险的放大机制也泛化了。比如，在次贷危机中倒闭的贝尔斯登投资银行为了赚取暴利，采用30倍杠杆操作，假设其自身资产为30亿美元，30倍杠杆就是其能动用900亿美元资金，也就是说，贝尔斯登能以30亿美元自身资产为抵押去借900亿美元的资金用于投资，假如投资盈利5%，那么贝尔斯登就获得45亿美元的盈利，相对于贝尔斯登自身资产而言，这是150%的暴利；但反过来，假如投资亏损5%，那么贝尔斯登赔光了自己的全部资产还欠15亿美元。

第二，金融杠杆的推广导致风险传染链条深入到了整个经济的各个方面，比如当代美国各个金融机构之间的资产负债表都相互联系，一荣俱荣，一损俱损，这就将金融业的脆弱性带给了整个美国经济。即使美国没有次贷危机也必然会有其他从杠杆化尖端金融产品开始的金融危机。

（三）次贷危机救助措施的本质是用国家信用支撑正在崩溃的银行信用

次贷危机发生以来，美国政府的救市措施大致包括以下两项：

第一，美联储向陷入危机的金融机构直接注入资金。以前美联储只向商业银行提供贴现贷款，次贷危机发生之后，美联储推出了三项金融创新（定期贷款拍卖、一级交易商信用工具和定期证券借贷工具）直接救助金融机构。这些机制有两个主要特点：一是增加了美联储可以直接注资的对象，从以前的传统商业银行扩展到一级交易商、大型投行、保险公司；二是扩大了抵押品范围，商业银行要向中央银行借钱，就必须提供抵押品，以前的抵押品必须是高等级的国债，现在其他债券乃至次级债也可以，到现在，以美国国际集团为例，股权也可以了，可以在美联储抵押的资产质量在不断地降低。

第二，直接干预、重组乃至接管濒临倒闭的金融机构，以及最近由美国财政部出资 7000～8100 亿美元的救市方案。此方案计划由财政部发行国债筹集 7000 亿美元，然后使用这笔钱购买金融机构的呆坏账，实际上美国政府是要成立一个类似于中国资产管理公司的机构，来购买并负责处理坏账，由财政资金兜底。

美国上述两项救市计划的目标是设法挽救正在崩溃的银行信用，这里有如下两点值得注意：

第一，美国直接注入流动性会暂时缓解濒临倒闭银行与金融机构的压力，其最大的好处是缓解了金融系统中过度杠杆化的风险，用现金将快要全面断裂的金融杠杆绑结实。问题是美国金融杠杆化的程度已经很深，要全面去杠杆化，需要注入的资金将不是 7000 亿到 10000 亿美元所能奏效的。据美国经济分析局的调查，美国次贷总额为 1.5 万亿美元，但在其基础上发行了近 2 万亿美元的抵押贷款证券（MBS），进而衍生出超万亿的债务抵押凭证的结构化产品（CDO）和数十万亿的信用违约互换产品（CDS），IMF 估计次贷资产总的亏空在 3 万亿美元左右，而目前美国金融机构资产仅减记了 6500 亿美元左右，进一步发展还会暴露出多少则没有人可以给出确定答案，美国 55 万亿美元的信用违约掉期市场和 260 万亿美元的利率掉期、股票掉期等衍生品市场都是定时炸弹。可以肯定的是作为暂时止住次贷危机进一步蔓延的措施，美联储注资的额度还要放大。如果金融危机仅限在美国境内，且金融机构能通过借贷自己解决面临的不良资产的时候，注入流动性和企业自发重组可以起作用，但是问题进一步严重到资不抵债申请破产保护的时候，就不仅仅是最后贷款人的问题了，而是需要政府直接干预，目前美国次贷危机已经严重到这一步，于是由保尔森和伯南克提出，诞生了美国自 1929～1933 年经济大萧条以来最大型的救市方案。

第二，美国第二项救市措施中采用 7000 亿美元直接收购呆坏账，这本质上是将美国金融市场上的呆坏账从金融机构的资产负债表上转移到美联储以及美国财政部的资产负债表上，最终呆坏账并没有消失，而是由美国政府来承担了，这属于用国家信用去支撑银行信用。这里的问题是：首先，大规模使用国家信用支持银行信用，与美国一直推广到全世界的“自由市场经济”价值观背道而驰，这就注定了短期内不能恢复人们对美国金融业和对美国经济的信心；其次，此次注资救助方案需要大规模使用美国国家信用，即发行国债筹资来购买金融机构呆坏账。如果呆坏账仅限在美国境内，那么美国使用类似中国的呆坏账处理方法是可以救助的，但目前美国的国家信用关键在境外，美国国家信用的典型代表是国债，据美国统计局资料，2006 年底境外投资者持有美国国债为 21150 亿美元，占美国国债总量 43229 亿美元的 49%。此次美国财政部大规模增发国债的救助行为必然危及美国国债的信用等级，目前由于担心美国国债等级下降，为美国国债保险的信用违约互换产品价格大幅跃升就是一个证明，这就会造成境外投资者对国债和整个美国经济的信心难以持续，如果大规模救助方案引起越来越多的人和国家对美国的未来看淡，就会引致美元和国际货币体系的危机。

（四）次贷危机是美元危机的序幕

次贷危机会逐步扩展到其他金融资产危机，如印地麦克（IndyMac）银行是一家专门提供接近优级（Alt－A）贷款的银行，其倒闭证明资产信用风险已经由次级抵押贷款市场充分传递至接近优级贷款市场。迄今为止美国 20 个大城市的标准普尔 Case 希勒指数均下跌了 20%左右，市场普遍估计美国平均房价还有 10%～15%左右的下跌空间，房价继续下跌无疑将导致接近优质乃至优质抵押贷款的违约率继续上升，从而造成基于优质抵押贷款债权的衍生证券资产价值进一步缩水，导致境外投资者进一步对美元资产丧失信心。这会加剧境外对美元资产看跌预期，引起抛售美元资产，引起美元汇率新一轮下跌。因此美国更大的麻烦在境外，境外对美元资产丧失信心意味着对美国经济丧失信心，包括对美国银行信用和政府信用的进一步动摇，这会引起美元汇率的新一轮下跌。危机将会由美国境内发展到境外，由美国银行信用的危机发展到美国国家信用的削弱。

二、当代美国经济的特殊循环及其严重的对外依赖

（一）美国当代经济的特殊循环

美国从 1982 年开始持续 26 年经常项目逆差，逆差规模从 1982 年的 55 亿美元增加到 2007 年的 8000 亿美元，增长了 145 倍多。世界上没有一个非国际货币国家可以持续这样做。美元是国际货币，只要美国国内能够合理地创造出美元的货币收入，美国人就可以通过贸易逆差购买世界上任何产品和资源。美元现金就这样流出美国进入为美国提供商品和资源的国家，这些国家再用美元现金购买美国的债券和其他金融资产使美元现金流回美国。在这个循环中一头是不断消费别人的产品和资源，另一头就只好不断积累美国的债券和其他金融资产。美国消费别国的产品和资源越多，美国境外积累的债券和其他美元资产就越大，截止到 2007 年底，美国财政部统计数据表明美国境外资产约为 13 万亿美元，而美国 GDP 也才 13 万亿美元。久而久之，美国和世界都对这个循环产生了严重的依赖。

一方面，如果美国失去了 8000 亿美元的经常项目逆差，美国就会遭受严重的生活必需品匮乏，因为美国进口的产品虽然价值很低，却多数是日常生活中的必需品，其不会因为金融危机的影响就不使用；另一方面，如果美国的债券和金融资产不能在境外顺利出售，就意味着境外投资者对美元资产的信心丧失，不再接受美元资产了，这必然会引起抛售美元资产的风潮，进而引起抛售美元，美元贬值。显然，美元资产能否在境外顺利销售是美国当代特殊经济循环的关键环节。

（二）美国经济的“去工业化”和经济“虚拟化”

在二战后的 50～60 年代美国经常项目一直是顺差，金融项目一直是逆差，这个时期美国经济的对外循环方式是：通过资本项目逆差如对外贷出美元和对外美元援助输出美元，得到美元的国家再用美元购买美国制造业生产的产品，从而导致美国经常项目持续顺差。这种对外的美元循环方式导致对美国实体经济的持续的外部需求，刺激美国实体经济的发展。1971 年美元停止兑换黄金以后，美元流出美国失去了黄金储备

的约束，为美国持续经常项目逆差开了绿灯。20 世纪整个 70 年代美国经常项目有五年是逆差，这标志着从经常项目顺差的循环方式向经常项目逆差的循环方式演变。1982 年以后美国开始了持续经常项目逆差的时代。经常项目逆差的特殊循环方式是指美国通过经常项目逆差用美元现金买回其他国家的产品和资源，其他国家再用得到的美元现金购买美国的债券和其他金融资产。美元现金通过经常项目逆差流出美国，又通过金融账户流回美国。在这个过程中，一方面美国消费了别国的资源、商品、劳务；另一方面在境外留下了越来越多的美元债券和金融资产，更为重要的是，通过金融账户不断回流的美元刺激了美国境内可以炒作的“虚拟资本”（包括房地产、股票、债券及其他可以反复炒作的金融资产）的不断膨胀。也就是说，这种特殊的循环方式刺激美国虚拟经济的发展，并造成了美国实体经济的衰落。虚拟经济不断膨胀而实体经济却不断衰落的趋势，造成了虚拟经济与实体经济背道而驰的严重失衡。

1. 美国经济的“去工业化”——实体经济的衰落

斯坦福大学著名经济学家麦金农首先提出了美国经济的“去工业化”问题，他意识到美国持续的经常账户逆差会加快削弱美国制造工业，指出由于制造业的技术进步比其他部门要快，故美国很难在没有制造业的情况下保持技术上的领先。我们认为，麦金农所讲的“去工业化”实质上反映的是美国实体经济的衰落。我们的研究证据有三点：

第一，美国在布雷顿森林体系建立之初的 1945～1950 年，其 GDP 基本上占世界 GDP 的一半，其中 1945 年为 53%，1950 年为 50%；而到 2004 年美国 GDP 占世界 GDP 的比重已经不到 30%了。

第二，从二战后到现在，美国 GDP 的内部结构发生了重要变化。我们用农林牧渔业、采矿业、制造业、建筑业、批发零售和交通运输业表示美国的实体经济（依托于实实在在物质生产和服务的产业），用金融、保险服务业和房地产服务业表示美国的虚拟经济（依托于房地产、股票和债券等金融资产炒作的产业）。我们的分析表明（见表 2-1），美国实体经济创造的 GDP 占其全部 GDP 的比例从 1950 年的 61.78%，下降到 2007 年的 33.99%，且实体经济中最具代表性的制造业 1950 年创造的 GDP 占总 GDP 的 27%，到 2007 年则只占 11.7%；而其虚拟经济创造的 GDP 占全部 GDP 的比例则从 1950 年的 11.37%上升到 2007 年的 20.67%。美国战后的三大支柱产业，汽车、钢铁和建筑业早已不再有往日的辉煌了，代之而起的支柱产业是金融服务业和房地产服务业。

表 2-1　美国实体经济与虚拟经济各自创造的 GDP 及其占总 GDP 的比重

单位：10 亿美元

年　份	1950	1960	1970	1980	1990	2000	2002	2004	2006	2007
GDP	293.8	526.4	1038.5	2789.5	5803.1	9817	10469.6	11685.9	13194.7	13841.3
实体经济	181.5	286.3	518.8	1332.1	2293.4	3637.1	3676.4	4088.8	4563.1	4704.7
制造业	79.4	133.4	235.5	556.6	947.4	1426.2	1352.6	1427.9	1549.7	1615.8
虚拟经济	33.4	74.4	152	442.4	1042.1	1931	2141.9	2378.8	2756.5	2860.7
实体经济/GDP	61.78%	54.39%	49.96%	47.75%	39.52%	37.05%	35.11%	34.99%	34.58%	33.99%
制造业/GDP	27.0%	25,3%	22.7%	20.0%	16.3%	14.5%	12.9%	12.2%	11.7%	11.7%
虚拟经济/GDP	11.37%	14.13%	14.64%	15.86%	17.96%	19.67%	20.46%	20.36%	20.89%	20.67%

资料来源：根据 IMF 历年公布的数据整理。

第三，值得指出的是，上述美国官方提供的统计数字仍然过高地反映了制造业，对依赖金融资产创造和炒作产生的 GDP 还要大打折扣。如美国福特汽车公司曾经是美国制造业强大的象征之一，现在它的技术开发能力并不弱，但是卖车挣的货币利润远远不如其从事金融活动的利润。福特汽车公司 2004 年全年税前利润 58 亿美元，其中，有 50 亿美元的税前利润是福特公司经营信贷和租赁等金融业务所得。卖汽车赚的利润不过 8 亿美元，其中大部分还与亚洲的销售市场有关。福特更重要的是一个品牌和平台，靠这个品牌和平台，可以赚取金融服务、汽车俱乐部服务等非制造业收入。靠制造业赚钱对企业家已经失去了吸引力。许多像福特这样的制造业企业多在从事各类虚拟经济的活动。美国实体经济创造的 GDP 中，隐藏着越来越大的虚拟经济创造 GDP 的活动，这些收入中的绝大部分会被计入制造业的 GDP。这就是说，虽然 GDP 统计数字反映出的“虚拟经济不断增大趋势”已经十分明显，但还是不足以说明虚拟经济在当代美国经济中的地位。

2. 美国经济的“虚拟化”发展

在美国经济“去工业化”不断发展的同时，美国经济的“虚拟性”却在不断加深。美国债券（其中就包括次贷）、股票、外汇、期货、金融衍生品市场、大宗商品期货市场、房地产市场成为美国人创造货币财富的机器。根据国际清算银行保守估计，2007年底美国境内的地产、股票、债券、金融衍生品市值约为400万亿美元，为2007年美国GDP的30倍左右。这就好比美国是一支股票，用其虚拟资产总市值除以美国GDP算出的“市盈率”已经高达30倍左右，而其他国家类似计算出来的“市盈率”最多只有十几倍，如日本是16倍左右，中国是10倍左右，这充分说明美国经济已经如一只市盈率过高的股票一样，具有了一定的泡沫性。

（三）美国特殊的经济运行方式

20世纪80年代证券化浪潮以来，美国经济运行方式正在悄悄发生着重大变化，50～60年代美国实体经济的雄风早已不再，美国人的生活已经不再依赖于“自己能生产什么和生产的数量、质量如何？”（中国则对此有严重依赖），而更多地依赖于“美元能买到什么”和“怎样创造出更多的货币收入”。炒股票、炒房地产等非制造业的经济活动完全可以不通过任何实体经济的增长而增加人们的货币收入。只要有货币收入不断被创造出来，人们消费支出就可以维持在高水平上，而只要有高的货币收入，美元的国际货币地位就可以确保人们的消费品供应。因此美国国内的经济运行方式不是“为人民生产什么”，而是为人们能保持购买力来“生产”货币收入。它造成了两个值得重视的现象：一是虚拟经济活动的繁荣，只要能创造出货币收入，不管生产不生产产品和劳务都无所谓；二是以制造业为代表的实体经济也只将高价的生产环节留在国内，将低价环节转移到国外。这种曾经让我们一些经济专家羡慕不已的生产方式在危机进一步深化时也会带来巨大的麻烦。因为低价品都是生活必需品，没有需求弹性，例如人们不会因盐降价就在吃饭时多放一勺。所有生活必需品在收入下降时对其需求都不会有太大的减少。那些高价品则不然，收入减少时往往先减少其消费，如奢侈品、高尔夫球拍等。虚拟经济发展和高端高价生产保留的同时，美国富人也在增加，靠劳动工资生活的少了，靠资产收入生活的多了，越富有对资产收入的依赖越强。而金融危机最显著的一个功能就是将富人迅速变穷，特别是那些缺乏自保能力的中产阶级。当消费减少时，高价产品会先于低价产品萎缩，虚拟经济会先于实体经济萎缩。显然中国与此此种经济相比，抗金融危机的能力就强。也就是说虚拟经济越强对金融危机的抵抗能力越弱。

（四）美国虚拟经济与实体经济严重失衡的含义

对美国当前金融危机根本原因的不同认识导致对其危机深度判断的重大差异。目前对美国金融危机的成因判断有如下几种：第一，比较普遍的观点是将次贷危机归咎为次级抵押贷款及其金融衍生品；第二，将次贷危机归咎为监管问题和信息披露问题，代表人物如欧洲央行行长特里谢；第三，将次贷危机归咎为全球经济失衡，代表人物如美国财长保尔森。前两种认识集中在金融创新、监管和信息披露上，这种判断的结果是危机仅仅限于金融危机对实体经济和人们消费的影响，只要这次危机可以渡过，美国和资本主义世界都不会有什么根本性的改变；保尔森的认识并没有比前二者更深入，仅仅说危机是贸易失衡造成的，经常项目逆差国和顺差国家都有责任。这些仅仅从纯金融的角度对次贷危机根源的认识，实际上都不认为美国危机会持续很长时间，尽管他们至今还看不清金融危机的底线在哪里，但实际上认为无论是监管层面的调整还是需要顺差国家协助的贸易失衡调整，所需时间都不会太长。

但我们分析得出，美国金融危机的根本原因是美国虚拟经济发展与实体经济发展的严重失衡，即使救市措施奏效，这个根本问题没有缓解危机就会反复发作，直到开始触及和缓解这个问题。美国实体经济与虚拟经济发展的失衡是美国长期积累的问题，不是短期内可以解决的，美国需要一个较长时期重建实体经济与虚拟经济协调发展机制，并需要时间重建其实体经济。因此对美国当前金融危机的持续时间要有更长远的打算。

三、美元危机的必然性及其发展趋势

当前美国经济严重依赖于境外，美国境内人民的生活水平又依赖于其货币收入水平，而收入能否保证消费者消费水平又要看美元能否提供足值的购买力，来保证在境外能够购买到生活必需品。实际上就是境内依赖于货币收入的水平，境外依赖于美元的购买力。但境内美元收入水平又与境外对美元资产的信心密切相关。如果境外对美元资产失去信心，抛售美元资产与美元，美元汇率就会下跌，美国虚拟经济就要进一步受到打击，其创造货币收入的能力就会被严重削弱。这样美元会不会发生危机的决定性力量就逐渐被美国长年累月的特殊经济循环方式转移到了境外，这还在美国可控的范围内吗？

（一）美元的最终支撑是美国的实体经济

货币没有含金量之后，其价值就是购买力，即单位货币能购买到的产品数量和劳务数量。如果说100美元购买的小麦从100公斤增加到120公斤，美元的购买力就增强了。当然，不是用某一种商品来衡量其购买力，而是用一篮子商品来综合地衡量其购买力。需要强调的是，货币购买力不能用购买多少张债券，多少只股票来衡量。因为100元股票可以卖100元，100元可以购买100元的债券不过是同义反复，金融资产不能判别货币价值大小，必须用不同的度量单位才可以判断，如用多少斤米、多少米布、多少度电、多少升汽油等来衡量100元人民币的购买力。这就是说，最终美元的购买力是用实体经济来支撑的。在正常情况下，美元在世界范围内进行贸易和投资，其购买力是由在全世界能买到的产品和劳务来衡量的；但如果发生严重的危机，人们抛售美元，其他国家拒绝接受美元的时候，美元的购买力就只能由美国自己的实体经济来衡量。这就是说美元最终购买力是由其本国的实体经济支撑的，美国实体经济越弱说明其美元最终购买力越弱。但在现实中，美元在境内外不断膨胀，而美国实体经济却不断萎缩，这就潜藏着巨大的危机。

（二）投机活动猖獗为点燃美元危机提供了数不尽的火种

更重要的是来自境外投机者对美元地位的威胁。美国经济分析局数据表明境外未到期美元债券的 13 万亿美元中，只有 3 万亿美元是各国官方手中的“官方外汇储备”，余下近 10 万亿美元是在境外银行、金融机构、各类私募基金手中的美元资产。美国持续 26 年经常项目逆差导致世界范围内的流动性膨胀，养育了巨大的投机力量，1997 年亚洲金融危机时初露头角的“金融大鳄”如今已经更大了，狙击小国的货币和掀起区域性的金融危机已经“喂不饱”它们，它们既具备咬上大国一口的胆量，也具备掀起更大风浪的实力。据高盛银行报告，全世界的对冲基金资产总额在 1999 年底不过 3500 亿美元，2007 年底资产总额已经上升至 1.8 万亿美元，数量从 3000 只上升至 17000 只，9 年增长率 500%。它们所能撬动的资金要大于其自身十数倍到数十倍，如在次贷危机中倒闭的著名的凯雷资本下面的凯雷基金，其投机高峰期间，6 亿多美元的资本金，把管理的资产放大到 200 多亿美元，杠杆倍数高达 32 倍。此外，从事国际业务的金融机构在危机时为了自保也要加入投机行列。美元一旦在国际上形成抛售风潮，立即就会形成“破鼓乱人锤”的局面。金融领域里的“铀 235 元素”已经“聚集到 8 公斤以上”，只要有一个中子撞入，就会引起核爆炸式的连锁反应。而国际上的投机活动早已具备了各式各样的火星，它们随时都可能点燃燎原大火。

（三）美元危机的性质

我们所说的美元危机不是指美元汇率持续下跌达到一定幅度的美元汇率危机，而是指美元支撑的危机，其核心是美元国际货币霸主地位的危机。境外美元过多，会导致美元资产的价格下跌和美元贬值，直到其萎缩至适合其实体经济的一个大致比例。美元目前在国际储备货币中占比为 64%，其 GDP 占世界 GDP 的比例大约为 30%，其贸易总额占世界贸易总额的 11%，如果危机暴露了其实体经济衰弱的情况，这些比例可能在最近几年还要下降。显然，30%以下的实体经济却要支撑 60%以上的世界货币的功能，总会出问题，通过破产、危机和贬值使得一些资产消失和缩水，使美元占比逐渐下降，直到符合美国实体经济的状况。美元危机就是世界货币体系的危机。那么当美元危机发生的时候，谁能拯救美元呢？

1. 美国无力自救

在次贷危机中，可以用美元来购买呆坏账支持美元金融资产的价格和信用。但当美元危机来临的时候，境外投资者抛售美元资产和美元，美元汇率持续下跌，这时需要用其他坚挺货币来购买美元以支撑美元的国际价格。但是截至 2008 年 9 月底，美联储公布的美国外汇储备只有 725.6 亿多美元（其中包括 110 亿黄金储备，94 亿特别提款权，47.7 亿美元在国际货币基金组织的头寸以及 472.5 亿美元的外汇储备头寸），相对于其巨大的 13 万亿美元境外资产几乎可以忽略不计。美国没有干涉美元汇率自救美元危机的能力。

2. 其余三大货币：欧元、日元、英镑也无力拯救美元

欧洲能否在美元出问题的时候伸出援救之手呢？欧洲自己的问题并不比美国少，且欧元和欧元计价资产正在以比美元资产还疯狂的速度膨胀：首先，国际货币基金组织统计的货币当局外汇储备总额中，美元外汇储备占比已经从 1999 年的 71%下降到 2007 年底的 63.9%，而欧元占比从 1999 年底的 17.9%上升到 2007 年底的 26.5%，短短 9 年时间，欧元显示出比美元还要猛的扩张势头。其次，欧元计价的金融资产在国际间扩张的速度超过了美元资产，在国际债券和票据市场，从 2003 年 12 月末开始，以欧元计价的国际债券和票据余额超过美元，紧接着在 2004 年 9 月份，欧元取代美元成为国际债券和票据市场发行量最大的币种，截至 2007 年底，欧元已在国际债券和票据市场中占据半壁江山。欧洲也面临欧元滥发问题，无力拯救美元。日本虽然对美国言听计从，但美国在 1985 年广场协议的时候让日本上过当了，日本既无力（其 GDP 增长率一直很乏力，最近回到零增长）也无心拯救美元。最后，英镑占国际总储备货币的比例不到 5%，且英国自己的实体经济也很有问题。

3. 与相对强大的实体经济合作是唯一挽救美元危机的途径

美元国际货币地位最基本的支撑是其实体经济。因为美国遇到的根本问题是实体经济与虚拟经济发展的严重失衡。要根本解决问题就要重建制造业，那些美国人不愿意干的低端、低价行业要恢复需要较长的时间。除非美国许多白领被危机变成贫困人口，否则制鞋、织袜等低端制造业就难以恢复。例如，最近有关冰岛金融危机的报道说，破产银行的

职员又操起了捕鱼的旧业。但这对美国太不现实了，如果美国自己的实体经济难于在短时间内恢复，与其他实体经济相对强大的国家合作也可以缓解其金融危机的损害。我们举一个最简单的例子，表2-2给出了2005年美国GDP中实体经济（用制造业、建筑业与交通运输业代替）与虚拟经济（金融与保险业）绝对值以及占整个GDP的比例，这时候可以看出美国当年虚拟经济是实体经济1.05倍。如果我们假定：中国实体经济可以全部嫁接到美国经济上，考虑到汇率的购买力评价，我们假定这里汇率为1美元兑换5元人民币，则嫁接之后美国的虚拟经济变为实体经济的0.7倍，使得实体经济对虚拟经济的承载力大为增强。我们这里仅仅是从美国与中国GDP中虚拟经济与实体经济的分解来说明中国实体经济嫁接给美国经济之后的增强作用，实际上还可以通过如美国和中国虚拟经济与实体经济的存量指标如“市盈率”来探讨。这些指标都是一些大致性的描述，但可以肯定的是，由于中国是以实体经济为主体的经济体，而美国是以虚拟经济为主导的经济体，这种嫁接会使得美国、中国乃至全球的虚拟经济与实体经济的发展能够更加协调。我们的研究曾经面对这样的问题，虚拟经济与实体经济的关系到底应该怎样才算是适当的？现在至少可以得出这样一个最粗略，但却可保正确的结论：当虚拟经济的发展不是与是实体经济的发展相互促进，而是导致实体经济开始萎缩或下降的时候，虚拟经济与实体经济的失衡就相当严重了。也就是说，虚拟经济与实体经济的关系表层显现为一个规模大小的比例问题，但更重要的实际是一个从历史看的发展趋势问题。这是虚拟经济与实体经济关系中最核心的关系。在虚拟经济与实体经济共同发展的基础上，如果虚拟经济发展得快一点，不但不影响实体经济的发展还在促进实体经济发展的时候，二者的关系就是正常的，但是，在美国二者长期的不平衡发展，使得美国出现了“去工业化”以及经济虚拟化的趋势。而当中国的实体经济嫁接到美国经济基础之上，美国与中国长期相互合作就能扭转这种趋势，这种前景使得全世界对美国和全球经济的信心可立即恢复，金融危机立刻可以得到缓解，即将蔓延开的美元危机也可以消失。可惜国家不能像企业那样重组。但合作总是可以的，合作方针和具体方案要在对中国本身发展的客观需要进行深入研究的基础上来制定。

表 2-2 2005 年美国与中国 GDP 中实体经济与虚拟经济的比较

	中国		美国	
	虚拟经济	实体经济	虚拟经济	实体经济
产值	14551 亿元人民币	81088 亿元人民币	25750 亿美元	24530 亿美元
占比	7.91%	43.39%	20.62%	19.64%

数据来源：中国国家统计局与美国经济分析局。

四、美元和当代国际货币体系的危机

在当代，任何信用货币一旦进入流通就没有自动退出流通的“出口”。这与黄金充当货币时不一样，如果黄金在流通领域过多，比如当一两黄金才换一个烧饼的时候，二者价值相差太大，人们觉得不合算，就会有人开始贮藏黄金，流通中的用来做货币的黄金减少，储藏的黄金增加，做首饰等其他用途的黄金增加。直到黄金重新“值钱”，交换一个烧饼的黄金数量与一个烧饼价值相等时为止。当代信用货币没有贮藏的价值，不会有人像窖藏黄金一样窖藏纸币。由于没有和黄金一样的自动窖藏的退出机制，当信用货币滥发的时候，它就只有贬值一途。美元如此，其他货币也是一样。截至 2007 年底，国际货币基金组织统计表明美元外汇占世界外汇储备比重为 64%，欧元占 26.5%，英镑占 4.7%，日元占 2.9%，世界实际上进入了一个美元和欧元为主导，英镑和日元为辅的多元化货币体系。如果美元流动性膨胀导致其汇率不断下跌，欧元就会相对升值，如果任由美元对欧元贬值，欧洲经济很快就会被不断抬高的欧元价格拖垮，欧洲的出口会越来越困难。此外，欧元可以替代美元结算、计价，也使得人们在预期欧元还会升值的时候不断增发欧元债券。在多元化虚拟货币（或符号货币）的体系中，只要有一种主要货币开始滥发，就一定会拉其他货币下水，也跟着滥发，于是整个货币体系就掉入一个“滥币陷阱”之中，这将导致其他主要货币也有类似的“滥发”冲动。美国经常项目的持续逆差，累积 26 年，各国累计的巨额官方外汇储备（2008 年底第一季度全球外汇储备资产已经达到 6.9 万亿美元）以及更大的国际银行业的跨国要求权（近 37 万亿美元），加上规模庞大的对冲基金的疯狂金融投机活动，这一切都意味着世界货币体系正在进入无法控制的漩涡。

第三章 国际货币体系演变的核心关系、决定因素及规律分析

国际货币体系是固化了的世界经济格局，是整个国际金融和世界经济的最核心部分，也是最复杂的部分。它是由各国实力的对比与博弈产生的，直接决定着国际金融格局和全球贸易格局，也决定着各国的经济利益与经济发展，以及这些利益的保证。所以，本书这部分详细分析国际货币体系演进的历史，进而总结其演变过程的核心关系以及决定因素，抽象出其发展的历史规律。

一、国际货币体系演进历史的分析

国际货币体系正式形成于 19 世纪的金本位制的建立。国际货币体系自形成以来，主要经历了金本位制国际货币体系（the Classical Gold Standard System）、金汇对本位制国际货币体系（the Inter-War Gold Exchange Standard System）、布雷顿森林体系（the Bretton Woods System）以及后布雷顿森林体系（Post the Bretton Woods System）。

本书这部分以历史发展的逻辑顺序对国际货币体系进行系统的梳理和分析，总结出不同形态国际货币体系的形成背景、表象特征、运行机制、所起作用、经济意义、存在缺陷、崩溃教训。在此基础上通过对比与演绎分析，揭示出国际货币体系的内在矛盾，以及国际货币体系核心关系与决定因素的演变，即早期是由自然因素决定的，后来逐渐地演化为由各国的经济实力以及超经济因素的政府实力决定，而且这种因素越来越占主导地位。我们认为未来国际货币体系构架不是什么天才设计，而是世界经济格局变化和经济规律作用下多种力量碰撞的结果。阐

明了国际货币的核心关系以及其背后的决定性因素，就会了解国际货币金融体系的未来发展趋势。

（一）金本位国际货币体系（1870～1914）

国际货币体系始发于金本位制度。金本位国际货币体系的建立可以追溯到19世纪末和20世纪初西方各国家普遍采用金本位制的时候。该体系的制度安排是以一定量的黄金作为本位货币。该体系下的金本位制有三种具体的表现形式：一是纯粹的金本位制，此时金币作为唯一形态的货币在市场中流通，但是这种最为理想的制度未能在当时的任何一个国家出现过。二是美国和欧洲在第一次世界大战之前实行金本位制，此时金币与可兑换的银行券以及其他形态的货币混合使用，两者同时在流通领域流通。三是部分黄金数量比较缺乏的国家（如日本）因为缺乏黄金而实行了完全没有金币流通的金本位制度，也就是说，当时在这些国家流通的货币全部是可以兑换的银行券。

金本位制的产生、发展，并且成为最早的国际货币体系，以及它曾经的出色运行与走向崩溃并非是一个简单的自然过程，而是由核心因素在起着决定性的作用和自身必然的演变规律。

1. 金本位制国际货币体系的形成背景

作为最早的国际货币制度，金本位制大约形成于19世纪70年代，其基础是当时世界上很多国家实行黄金与本国通货的自由兑换及其固定汇率制度的确定。在这个过程中，英国首先在本国实行黄金本位制及其后来这种制度在国际金融领域和世界范围内的延伸与发展。这是整个金本位国际货币制度的根源。

在整个17世纪和18世纪，人们实行的货币制度是金银复本位制。但是在18世纪后半叶，工业革命使得以英国为首的资本主义工业化国家生产能力和产品数量都出现了大幅的提升，国际贸易的规模越来越大，频率越来越高，在世界经济中的地位也越来越重要。同时，无论是国际间还是国家内部的投资与借贷的规模越来越大，商人之间以及国家间的关系也越来越紧密。此时，国际经济领域客观上需要一个统一的、稳定性很强的货币本位机制来推动国际贸易运转和国际经济的发展。

由于此时的货币体系实行的是金银复本位，黄金和白银同时充当本位货币。所以，只有约束黄金的供给与白银的供给并保持一定的比例关系，或者在一个非常有限的范围内变化才能维持稳定的货币本位机制。

然而，后来（尤其是18世纪50年代美国内华达发现的巨大白银矿藏，以及相关开发技术的升级之后）白银产量的剧增，以及这种状态的不断持续，导致银价对金价出现了暴跌。金银两种本位货币相对价值的不稳定，两者的市场价格与官方定价存在着巨大的矛盾，引发了“劣币驱良币”的现象。这将当时的货币机制推入了混乱的局面。

这种混乱的货币机制严重妨碍了当时世界工商业霸主——英国的对外贸易和国际信贷。对此，英国于1816年通过《铸币法》，铸造金镑、发行金币，规定黄金与英镑的固定价格，将银币置于一个辅助货币的地位，并在随后的5年内废除了银币在小额交易中的法偿地位。1823年，英格兰银行在英国法令的允许下，恢复了银行券兑现，废除了对金币以及金块的出口限制，开始了真正意义上的金本位货币制度。葡萄牙作为当时的另一大海上贸易大国，与英国在贸易方面存在着频繁的往来和密切的关系，也于1854年加入到了金本位制行列。

同期，欧洲大陆的复本位制遭遇着前所未有的困难，而且越来越严重。工业革命的蓬勃发展带来了两个严重的问题，一是生产技术和生产能力的提高导致工业产品种类和数量的剧增，以及运输技术的巨大变革大大提升了运输能力、大幅降低了运输成本，引发了各国削减关税的行动，使得国际贸易往来频繁、交易数量大增，导致很多国家内部流通着多种境外的货币。二是蒸汽机技术在铸币领域的应用，使得大多数铸币企业成为了符号货币。例如，当时法国铸币（法定铸币）的含金量较意大利铸币的含金量，人们就不断地将法国铸币贮藏起来，改用意大利铸币，导致意大利铸币在法国的泛滥，直接威胁着法国铸币退出流通领域的可能。鉴于此，法国于1864年缩减其铸币的含金量。之后，瑞士便士成为了含金量最低的货币，从而法国、意大利、比利时等国开始改用瑞士便士，本国货币被贮藏，直接面临着被逐出流通领域的威胁。

这些国家已经意识到它们的货币其实是紧密联系、相互依存的。于是在1865～1890年的25年间召开了多次相关的国际会议，形成了拉丁美洲货币联盟和斯堪的纳维亚联盟，达成一致协议的法国、比利时、意大利、瑞士以及希腊等国将它们的货币含金量统一在0.835的基础上。

19世纪的前六七十年，实行黄金本位制的英国，其生产和贸易的扩张速度最快。因此，当不可兑换的纸币取代银币在当时的俄国和奥匈帝国流通后，使得银本位在德国以及东欧国家的外贸活动中不再具有任何优势。1870年7月到1871年5月的普法战争使得很多国家推迟了可兑换性，英国便成为了当时货币稳定的一个孤岛。由于德国对外贸易的大部分是在英国伦敦以英镑定值的信贷融资，因此它们的价值只有以黄金来衡量才能够稳定。另外，普法战争的战胜国德国从法国获得了巨额的战争赔款，建立了以黄金为新货币单位的金马克。鉴于上述两种原因，德国政府放弃了无约束的银币和银本位制度，采用了金本位制。

随着德国逐渐成为欧洲大陆实力最强的工业化国家，其实行的金本位制在欧洲大陆引发了连锁反应，大量白银从放弃复本位制的国家流入还在实行复本位制的国家，进一步地压制了白银的市场价格，加剧了白银流入国家（也就是实行复本位制国家）内部的通货膨胀和实际购买力下降的直接威胁。解决这种威胁、消除发生货币危机的唯一途径就是禁止银币的流通，废除银本位制。因此，法国及其盟国于1874年开始限制银币的自由铸造，在1878年完全停止银币的自由铸造，实行单独金本位制。之后的荷兰及其盟国（斯堪的纳维亚国家）也采取了同样的措施，实行了金本位制。俄国和日本也都于1897年放弃了原先的制度，实行了金本位制。在1900年，美国结束了长期的争论，实行了金本位制度。至此，各国间的货币关系已经被法定的含金量固定下来，资本主义国家基本上已经实行了金本位制。这种具有国际性的以金本位制度为基础形成的国际货币体系就是金本位制国际货币体系。

金本位制国际货币体系是各个资本主义国家内部金本位机制的国际化结果，是各自经济与政治势力博弈的结果，并没有一个统一、规范的法律基础。

作为王牌资本主义大国，其生产能力和经济实力在当时的世界经济中具有十分突出的决定性地位，在全球贸易和国际金融领域具有相当的霸权地位。以伦敦为中心的国际贸易网和以英镑为核心的国际支付网几乎遍及全世界每个角落。此时，英镑就扮演着国际贸易计价单位、国际间最主要清算手段以及各国最主要国际储备货币的角色，形成了以黄金与英镑为中心的金本位制度。因此，人们也将这种国际货币体系成称为英镑汇兑本位国际货币体系（Sterling Exchange Standard System）。

2. 金本位制国际货币体系的运行机制与特点

金本位制国际货币体系是以一定成色和重量的黄金作为其本位货币，实行金币直接流通的货币制度，整个货币体系的基础是黄金。此时黄金充发挥了整个国际货币的职能，充当着国际价值尺度、国际支付手段、国际储备货币和社会财富标准，频繁地由一个国家向另外一个国家转移。

虽然金本位制国际货币体系是资本主义国家自身实行金本位机制的国际化结果，是建立在这些国家自己制定的相关货币法律与货币运行规则的基础上的，并没有统一、专业的相关组织维持并监督其运行。但是，它却包含着一些比较明晰的内容，以及各个金本位制国家自觉遵守基本规则，主要表现在以下五各方面：一是金本位制国家的法定货币必须要有固定比例的含金量，并且随时可以兑换黄金，各国货币按照含金量的大小规定相应的比价；二是金本位制国家的货币储备是黄金，而且其发行货币的数量直接受黄金储备的制约；三是金币可以自由铸造，是无限法偿的货币，具有无限支付手段的权利；四是黄金充当国际化储备和国际结算的职能，可以在国际间自由流动，在各参与国自由流入与流出；五是各参与国的通货与银行券可以不受任何时间、地点、数量的限制，自由地兑换具有相同价值的金币，或者将金币兑换成黄金。

在上述主要内容和基本规则的基础上，金本位国际货币体系运行了45年左右，主要运行机制与特征表现在以下几个方面。

第一，黄金充当国际本位货币。因为黄金在该体系充当着本位货币，是各参与国的主要国际储备资产，被认为是价值的最后标准（Ultimate Standard of Value）。然而，当时的英国凭借着“第一工业生产大国”的经济霸主地位和“日不落帝国”的政治霸权地位，以及英国在全球贸易、海上航运、国际金融领域的绝对优势，使英镑被广泛应用，伦敦因此成为了全球金融中心。为了促使更多的人使用英镑，英国政府规定在伦敦存储黄金不支付任何利息，而且还收取保管费，但是开设英镑账户可以获得相应的利息。由于英国保证人们可以直接将手中持有的英镑向英格兰银行兑换成黄金，使用英镑比使用黄金更加方便、更具优势，使得英镑从实际意义上代替了黄金，充当着国际货币的职能，在世界范围内被广泛使用。

当时世界贸易中的绝大部分商品都是用英镑来定价的，90%以上的国际收支是用英镑来进行的，许多国家的外汇储备也使用的是英镑而非黄金。

第二，各参与国货币的固定汇率由这些货币含金量的比例决定。由于各参与国家用黄金表示的本币价格是不变的，各国货币的汇率也是不变的。即使因为供求关系导致两国货币的汇率出现了暂时性的波动，其波动幅度也不超过两国之间的黄金运送点（Gold Points）。

在整个金本位制期间，英国、法国、美国、德国等资本主义大国的货币汇率一直是非常稳定的，没有出现任何升值或贬值的现象，所以金本位国际货币体系实行的是一个十分严格的固定汇率制度。

第三，国际收支的自动调节机制。在该体系下，某参与国出现国际收支逆差时，其储备的黄金就会外流，直接引发本国货币供应量的缩减，物价和成本同时下跌，本国商品在境外市场的竞争力提升，但是境外商品在本国市场的竞争力就会下降，这就引发本国出口增加、进口减少，国际收支转为顺差，黄金流入。反之，当该国出现国际收支顺差时，境外黄金就会流入，境内的本币相应增加，物价和成本同时上升，本国出口减少、进口增加，国际收支因此转为逆差，黄金流出。

英国经济学家休谟（D.Hume）将这种国际收支的自动调节机制称为“物价—金币流通机制”（Price Special-flow Mechanism）。同时，这也是李嘉图（Ricardo）和穆勒（Muller）所描绘的调节过程，即当国际收支变动引起的汇率变动超出运输点时，就会引起黄金的流入或者流出。随后，黄金流入国和流出国的银行准备金出现相应的增加和减少，将引发相应国家货币数量的增加或者减少，造成双方物价和成本随着货币数量同方向变化。这导致贸易进出口的相应变化，从而纠正国际收支的不平衡状况，制止黄金的流动。因此，这种调节机制保证了任何一个参与国的黄金储备不会因为国际收支的逆差而枯竭。

第四，自动调节国际间的物价水平。由于生产黄金技术的不断创新导了致黄金的生产成本降低，以及新的金矿被发现与开发带来黄金数量的增加，导致各国的黄金储备随之增加，引发货币供应量的相应增加，导致物价水平被提高。这种物价水平的提高自然也就提高了黄金的开发成本和生产成本，导致黄金产量下降，各国的黄金储备也随之下降，这些国家的货币供应量也相应下降。货币供应量的下降直接导致本国的物价相应下降。

另外，当黄金的供给出现短缺时，参与国的黄金储备就会减少，它们的货币供应量也相应减少，物价也就随之下降。物价水平的下降直接降低了黄金的开发与生产费用，促进了黄金供给量的增加，从而引发了参与国黄金储备的增加和货币发行量的增加，提高了成产成本和价格水平。

虽然金本位制国际货币体系没有严格的国际货币组织对其进行有效的协调和严格的监管，但是它的运行机制却表现出了比较统一的特征。各参与国制定的相关法规与制度具有很大的趋同性，如黄金是唯一的货币材料来源以及本国法偿货币的含金量、自由兑换、自由流动和自由铸造。该体系下黄金的流动规律和流动方向，以及国际清算的规则和手段都具有很强的统一性。

3. 金本位国际货币体系的积极作用与经济意义

金本位国际货币体系的形成与发展为当时的科技革命与工业革命提供了良好的条件，为全球经济的增长和世界文明的进步奠定了良好的基础。同时，金本位国际货币体系在这种环境下运行也对自身的不断完善和世界经济的发展具有重要的意义。

第一，金本位国际货币体系的形成与运行为当时世界经济的发展提供了非常稳定的货币环境，促进了生产技术和生产力的发展。金本位国际货币体系的运行机制使得各成员国货币具有非常稳定的币值环境。这一方面保证了这些国家的物价稳定，提高了商品和信用在各国间的流通速度和流通规模，另一方面为人们计算生产成本提供了简单的方式和准确的尺度，保证了生产和投资不会受币值不稳定的影响，从而促进了整个世界生产力的加速发展。据统计数据显示，英国从 19 世纪初期到 20

世纪20年代末期的100多年时间内国民收入增长了4倍多，美国1900～1930年的国民收入增长了3倍多。

第二，促进了国际资本流动，推动了国际贸易发展。该体系实行的固定汇率制度，使得各成员国货币以黄金作为核心点而联系在一起，为国际信贷的发行和国际债务的清偿提供了比较安全的环境，各国商品和资本流入与流出的规模越来越大，频率越来越高，这促进了国际资本的流动，推动了国际贸易的发展。作为实行金本位制时间最长的英国，在实行金本位制时期内的进出口总额增长了 14 倍，美国、法国分别增长了2倍和1倍。

第三，推动了国际金融市场的发展。在金本位国际货币体系下，各成员国货币的稳定性为国际资本借贷提供了十分良好的条件，而国际贸易的发展对短期资金的需求以及长期资金的需求都在不断增加。因此，这极大地推动了国际资本借贷业务在国际金融市场的发展，其数量也迅速扩张。稳定的汇率制度为各成员国扩大证券融资规模提供了机会，促进了国际资本市场的发展。在实行金本位制的前 10 年间，全球发行的债券总量为761亿法郎，最后十几年间的规模为1978亿法郎。

第四，较好地协调了各成员国的经济政策。在金本位国际货币体系下，各成员国经济政策的首要目标是维持自身的国际收支平衡和汇率稳定，其次是本国宏观经济的稳定（如物价稳定、就业稳定等）以及国民收入的增长，从而比较有效地协调了各国的宏观经济政策。

在金本位国际货币体系下，黄金作为各成员国货币的基础，扮演着国际货币的角色，为了各国经济之间保持密切的联系而架构了良好的纽带。该体系下币值的稳定和固定的汇率制度为维护外汇市场的稳定、国际资本的流动、国际贸易的发展以及国际金融市场的发展创造了有利条件，为协调各成员国经济政策提供了良好的基础。

4. 金本位制国际货币体系的缺陷与崩溃

当时的科技革命与工业革命为国际金本位制度提供了良好的基础，同时，金本位国际货币体系也为科技和工业的发展创造了更稳定的经济环境。然而，该体系自身的缺陷，以及资本主义矛盾的积累导致破坏因素也越来越多，其运行越来越困难。在第一次世界大战的严重冲击下，金本位国际货币体系不断衰落，最终走向了崩溃。

第一，不对称的经济地位和支配权力加剧了资本主义的矛盾冲突。英国作为当时最大的工业国和最强的经济体，不断地向海外输出大量工业品和巨额的投资，将伦敦打造成了全球最重要的国际金融中心。英国凭借着这种实力走到了国际货币体系的最核心位置，其他国家都处于外围（但是不同国家的外围层度是不一样的）。由于处于国际货币体系的核心位置，英国对当时的国际货币体系具有绝对的统治地位和支配权力，英镑也因此成为世界使用最广泛的货币。

英国凭借英镑在国际货币体系中的地位，对国际收支逆差的国家长期贷款，使得其他国家更广泛地使用英镑，与伦敦金融市场的联系更加密切，从而控制了整个世界的金融市场和国际金融关系。这种不对等的货币制度，为那些以英国为首的欧洲工业化国家（也是该体系的核心国）带来了巨大收益，但却严重损害了其他弱小国家（该体系中的外围国家）。这种利益分配的不均等导致了资本主义矛盾的巨大冲突，而且越演越烈。

第二，黄金的流动导致国内经济无法处于稳定状态。由于英镑在当时金本位国际货币体系的主导地位以及英国对国际货币秩序的支配作用，使得成员国的经常项目逆差可以通过向英国借贷英镑进行弥补，而无需输出黄金。同时，经常项目顺差国可以通过对外贷款和海外投资来缩减其数量。因此，该体系下的国际收支的自动调节机制只针对于经常项目，而不包括金融与资本项目。

金本位国际货币体系的本位货币是黄金，各成员国货币的供应量取决于其黄金的供应量。随着黄金开发技术的进步和新金矿的不断被发现，黄金的生产和供给就开始波动，货币供应量也随之波动，直接引发价格的波动。价格的变化必将引发进出口贸易的改变，导致黄金在两国间的流动。对于黄金外流国，其国内货币供应量必将减少。对此，这些国家通过提高本国利息率，引导境外资金流入。

这种因为黄金流动所引发的国内货币供给量的波动，国内价格的变化，利息率的无序调整，以及国际贸易的变化导致国内经济很难处于稳定状态。

第三，对国际收支逆差的人为调节加速了整个世界经济的衰退。由于当时的各国中央银行与货币当局通过多种方式来削弱黄金流出对本国货币供应量的影响，而不是完全由金本位制进行自发的调节。为了应对黄金流入引发本国货币供应量的增加，中央银行通过向金融市场抛售证券以减少货币供应量，反之则从金融市场买入证券。同时，中央银行还通过调整利息率和贴现率以影响信贷规模等措施加以配合。

由于国际贸易和国际收支在不同国家的重要性有着很大的差别，以及金本位制实力强大国家的相互作用使得小国在该体系下处于被动地位。在当时的条件下，国际收支顺差国一般都是将流入的黄金冻结起来，因而只有国际收支逆差国在调节国际收支的失衡。

由于黄金的储备严重影响了国际收支的自动调节机制，在国际收支调节严重不对称的情况下，逆差国通过调整利息率、贴现率以及央行的其他政策对国际收支的人为调节都受到很大的制约，也使得那些处在外围的小国经济不断萎缩，导致整个世界经济的衰退被加速。

随着资本主义大国工业的不断发展，资本主义大国对全球黄金的占有越来越多。到 1900 年末，英国、美国、法国、德国、俄国等五个资本主义大国的黄金占全球总额的 2/3，这严重削弱了外围国家货币制度的基础。此时，上述五个资本主义大国将大量的黄金储备在本国央行内，让本国货币在世界经济领域流通，这严重影响了货币的信用。当时很多国家大量发行银行券以应付因为备战而急剧增加的财政赤字，这直接导致银行券越来越难以兑换黄金。黄金自由兑换的原则因此被彻底破坏。

由于备战国基本都处于紧急状态，商品的对外输出锐减，黄金外流严重。对此，各国纷纷对黄金进行严格管制，限制其在国际间的自由流动，这进一步破坏了金本位制存在的必要条件。第一次世界大战的爆发，各国禁止黄金的出口，实行自由的浮动汇率制度，导致国际汇价剧烈波动。当时的国际货币体系也因此不再具有任何稳定性，金本位国际货币体系也彻底走向了终结。

5. 对金本位国际货币体系的简单评述

金本位制一直被认为是迄今为止最稳定的国际货币体系，受到大量的经济学家、银行家、政治家的青睐。他们认为该国际货币体系的成功之处在于它维护了稳定的汇率制度，使得经济快速增长、物价十分稳定、国际收支相对平衡，国际贸易和国际投资迅速发展。

金本位国际货币体系从 1870 年形成到 1914 年崩溃的 44 年间，世界的工业化进程进入了快速的发展阶段，国际关系也处在一个非常稳定的时期，经济没有受到外部的干扰，没有引发严重战争。

金本位制创造的固定汇率制度与稳定的物价环境，为当时国际贸易的发展、国际资本的借贷和国际金融市场的发展提供了非常良好的经济环境。很多国家为了推进本国工业和生产的发展，不断地向英国购买相应的商品，产生的贸易逆差可以通过英国的资金来弥补，从而维持了国际收支的平衡。这一切都大大促进了当时的工业发展和经济发展。

但是，金本位国际货币体系也存在着严重的弊端。以英国为首的资本主义大国对全球黄金的绝对控制，以及不对称的经济地位和支配权力，加剧了资本主义世界的矛盾。由于国际收支逆差国实际上承担着调节国际收支的负担，其货币收缩阻碍了国内经济的发展，引发了严重的失业问题。随着世界经济的发展和资本主义矛盾的加深，金本位国际货币体系所暴露出来的矛盾和局限性也越来越严重，其变革就不可避免，即使没有第一次世界大战，也会因为其他的因素导致其彻底变革。

（二）金汇兑本位国际货币体系

金汇兑本位（又称虚金本位）国际货币体系是那些选择金本位或者金币本位（Gold Specie Standard）国家的货币之间实行固定汇率，本国货币可以无限制兑换其他国家的货币，被兑换国以外汇或者黄金作为平准基金，准备随时出售，实质是间接的金本位制。在该制度的实行国，金币是被禁止和流通的，货币被规定法定的含金量，国内只允纸币（银行券）流通。黄金和外汇同时成为了各国的国际储备。此时，纸币只能兑换外汇，不能直接兑换黄金，但可以在国外兑换黄金。因而，黄金不能自动发挥货币流通的调节作用，使得货币流通失去了调节机制和稳定基础，这也削弱了金本位制的稳定性，使得该体系不得不在美国大萧条的冲击下快速走向崩溃。

1. 金汇兑本位国际货币体系的形成背景

第一次世界大战对世界经济产生了严重的破坏，世界经济格局也出现了巨大的改变，大部分国家经济严重受损，但也有一些国家工业化程度和生产能力突飞猛进，经济实力急剧提升。这主要表现为英国因为第一次世界大战，其海外资产严重缩水，资本债权下降了 40 亿美元，由第一债权国一下变成了严重的债务国；法国的海外资产损失了 47 亿美元，德国几乎失去了其整个海外资产。以英国为代表的欧洲制造业也失去了昔日的竞争力，出口的产品在境外市场不断萎缩。参战国为了筹集战争经费，在战争期间实行了扩张性的宏观经济政策，导致了国内严重通货膨胀，使得战后各国的物价和工资都出现了不同程度的上涨。由于上涨程度不一致，稳定的汇率环境也无法存在。而且，在工资和物价都上涨的同时，黄金价格却保持了原有的水平，这导致黄金产量的大幅下降，其中在 1915～1922 年间下降了近 1/3。黄金数量的下降严重影响着生产力和国际贸易的发展，以及不稳定汇率环境都使得金本位制无法恢复。

一战期间，美国大量的贸易出口和海外投资，使美国一跃成为了最大的债权国，极大地推动了美国金融机构和金融业务的发展。美国的金融市场与金融制度也在竞争中得到快速的发展，尤其是 1913 年美国联邦储备委员会的成立使美国的整个金融体系更加完善，逐渐将纽约打造成了世界金融中心。美元在世界上的地位与日俱增，美国也成为了实际意义上的世界经济霸主。

此时，英镑与美元之间的价格完全依赖于市场的供需关系来定价，不再受两国政府的干预。由于为战争融资，战争期间的英镑发行量过快，当 1919 年 3 月英镑与美元的钉住汇率制度被放弃时，英镑对美元的汇率由原先的 4.86 美元/英镑下跌为 3.40 美元/英镑，一年后跌至 3.18 美元/英镑，较战前平价时下跌了 35%。对此，英国政府通过实行紧缩的宏观经济政策来恢复金平价和英镑在世界经济中的地位。由于紧缩政策过度严厉，导致英国物价和工资双双急剧下降，失业率大幅上升。因此，这种状态的持续性将英镑兑美元的汇率提升到了 1922 年的 4.22 美元/英镑。之后英国减缓了严厉的紧缩性政策，其失业率开始不断下降，物价和工资都出现了不同幅度的上升，并呈现出相对比较平稳的态势，吸引了大量境外短期性资金流入英国。同时，美国在战争期间积累了大量的黄金，其货币供应量也大幅增加。这些因素的综合，引发了英镑汇率的上升，其中最高时的汇率为 4.78 美元/英镑，已经十分接近原先的 4.86 美元/英镑。

这种自由浮动的汇率不仅仅在英美两个国家之间，主要资本主义工化国家之间的汇率基本上都处于自由浮动状态。除美国以外，各资本主义国家都无法恢复到原先的黄金自由兑换状态，整个世界经济领域也没有明确的国际储备货币概念。受到战争的严重冲击，英国的工业生产和贸易出口都在持续地加速下滑，伦敦失去了全球金融中心的地位，英镑也失去了往日的辉煌。但是，美元并没有及时取代英镑在国际货币体系中的核心地位，也没能够被全世界广泛地接受。因此，此时的国际货币领域并没有核心货币。

各国为了自己的利益，通过汇率本身来调节国际收支，而不再考虑外部的不均衡。很多国家为了汇兑倾销而实行本币贬值的政策，也为了应对其他国家的汇兑倾销开始对外汇进行管制、对贸易进行限制，导致国际贸易不断萎缩，世界经济止步不动。面对如此严重的问题，该体系的 32 个主要成员国于 1922 年在意大利热那亚召开经济与金融会议，讨论如何恢复金本位问题，最后却通过了采取金汇兑本位制（也叫虚金本位制）的国际货币体系。

2. 金汇兑本位国际货币体系的运行机制

该制度保留着金本位时期货币价值的决定基础，货币仍然规定含金量。金币被禁止自由铸造，也不允许其在国内流通，取而代之的流通货币是各国中央银行发行的银行券。英国、法国等实行金本位制度的国家，其黄金的兑换必须受到一定数量的严格限制。实行金汇兑本位制的国家（如德国、意大利、奥地利等），其银行券只能用于购买外汇，而不能在本国直接兑换黄金，但是可以通过购买外汇的方式在金本位制国家兑换黄金。金汇兑本位制国家的货币与金本位制国家的货币保持一个固定的汇率，前者将自己的黄金和外汇存储在后者作为平准基金，以便在外汇市场波动时抛售这些黄金与外汇来稳定外汇市场，维持汇率和本币稳定。各主要金融市场仍然保持着本国的通货与黄金的可兑换性。

在该制度下，金币退出流通领域，市场只流通银行券，也就是可兑换黄金的银行券代替了金币。在理论上，虽然任何人都可以将自己持有的银行券兑换成等量的黄金，实际上却不可能出现所有人都最高限额的兑换，这节约了黄金的使用量。但是，金汇兑本位国家将黄金和外汇存在金本位制国家，并将本国货币与金本位制国家货币保持固定比例，使得前者依赖于后者的货币，从而在国际贸易和金融市场等领域受制于后者。因此，金汇兑本位制的实质是一种附庸或者说具有殖民性的国际货币体系（陈彪如，1990）。

由于黄金用来充当货币已经远远不能满足当时国际贸易和国际金融发展所需要的国际清偿能力，与黄金密切相关的主要货币也逐渐成为了许多国家的储备。因此，虽然金汇兑本位国际货币体系的形成具有一定的自发性，但是大部分国家都通过立法来推动本国央行持有黄金以及可以兑换黄金的境外资产。在1924～1932年间，25个主要资本主义工业化国家的外汇数量和外汇占比出现了巨幅增长，其中1927年外汇数量增长了85%，外汇占比高达42.5%，具体情况详见图3-1。

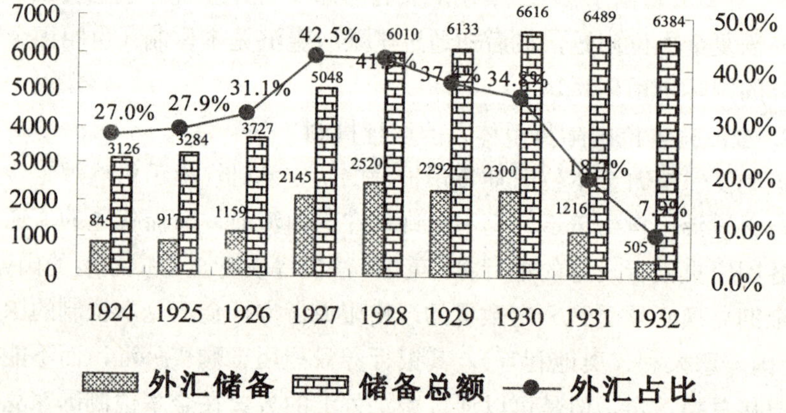

图3-1　1924～1932年25个主要国家的外汇储备总量及占比（单位：百万美元）

数据来源：艾肯格林著．彭兴韵译．资本全球化：国际货币体系史（第2版）[M]．上海：上海人民出版社，2009．

外汇储备的大量增加在很大程度上节约了黄金的数量。但是纸币不能直接与黄金进行兑换，而只能与金本位制国家的货币兑换，然后再根据这些国家的相关规定来兑换黄金，这就导致币值不稳定、货币供应和国际收支自动调节机制不能起到相应作用。

虽然黄金数量得到了节约，但是黄金仍然处于短缺状态，而且分布也不均衡，导致黄金价格较一战前下降了 35%～40%，以及主要资本主义国家之间不协调的平价关系和货币政策。如英国和法国分别以较高和较低的平价水平恢复黄金的可兑换，导致大量的黄金流出英国，其国际收支严重赤字，法国则成为了黄金流入国，国际收支处于盈余状态。

由于法国国际收支盈余主要是外汇资产，它于 1928 年 6 月通过立法禁止其央行存储更多外汇，并于 1931 年开始抛售以英镑和美元为主的外汇储备兑换黄金，引发了其他国家对英镑和美元采取相同举措，加大了英国和美国的压力。这导致伦敦和纽约两大金融中心收回债务国的短期信贷，使得这些英镑和美元在国际金融市场消失，引发外汇储备急剧下降。到 1932 年，外汇储备在全球总储备中的占比只有 8%，这加大了全球通货紧缩的压力。

3. 金汇兑本位国际货币体系的缺陷与崩溃

金汇兑本位国际货币体系是在狭小的黄金基础上建立起来的，虽然节约了黄金的使用，但是无法弥补世界经济对整个黄金需求的缺口，更无法使用黄金来干预汇率波动。在这个过程中形成的英镑集团、美元集团和法郎集团各自为政，以各自的货币作为储备货币和清偿能力，并对国际金融主导权和世界经济领导权进行了无序的争夺，导致这个国际货币体系存在着巨大缺陷和严重的脆弱性。在 1929～1933 年大萧条的冲击下，金汇兑本位国际货币体系完全瓦解。

汇率平价格局的不合理是该货币体系的一个主要缺陷。在恢复金平价的过程中，各主要国家各行其是，导致部分国家币值被高估（如英国英镑、意大利里拉、丹麦克朗），另一些国家币值被低估（如德国马克、法国法郎、比利时法郎）的现象，这主要体现在国际收支状况上。例如，英国因为战争的影响，出口和投资都出现了大幅萎缩，债务不断上升，经常项目由战前的顺差变成了逆差，典型表现就是英国在世界制成品出口市场中的份额由 1913 年的 30%下降到 1929 年的 23%，而同期美国的该数值却由 13%上升到 21%。因为金平价定制相对较低，法国在该期间，基本上保持着国际收支顺差和黄金不断流入的状态，这又加剧了英国等币值高估国家的紧缩压力，导致国际收支更加困难，整个经济状况更加严峻。

国际收支调节机制与国际清偿能力无法正常运行。在金本位国际货币体系时代，英国凭借其强大的生产能力和雄厚的经济实力，保证了资金能够持续地从贸易顺差国流向贸易逆差国，使得当时的国际贸易格局与国际资本流动相互补充。然而，随着战后英国的衰落，英国的产品出口已经无法满足境外的需求，资金输出也起不到促进英国产品出口的作用，上述的互补性也不再存在。随着美元集团和法郎集团的崛起，它们在国际贸易领域对英国构成了强大的竞争威胁，使英国的国际收支陷入困境。而且，20 世纪 20 年代欧洲农业的快速发展和关税保护主义的实施，导致农产品价格不断下降，引发农产品出口国贸易状况的恶化，使得这些国家的国际收支更加艰难。农产品出口国对外出口的减少直接使其收入下降，从而也降低了这些国家向工业化国家的进口，导致相应工业化国家出口市场的萎缩和出口收入的下降，使得原本已经陷入困境的国际收支雪上加霜。

一战结束以后，英镑集团、美元集团和法郎集团分别将英镑、美元和法郎三种储备货币贷款给发展中国家，为发展中国家提供了必要的储备资产。然而，随着 1929 年世界经济危机的不断恶化，这些债权国不断地向发展中国家回收自己的贷款，引发这些国家储备资产的不断缩减，大量的黄金流向了债权国。其中 18 个债务国的储备资产（包括外汇储备和黄金储备）由 1928 年的 21.45 亿美元下降到 1932 年的 11.64 亿美元，下降幅度高达 50%。虽然 6 个债权国的外汇也出现了更大幅度的下降，但是由于黄金的大量流入，其黄金储备出现了大幅上升，全球总储备出现了很大的增长。到 1932 年，这 6 个债权国的储备总额占整个储备的 4/5 以上（如图 3-2 所示）。

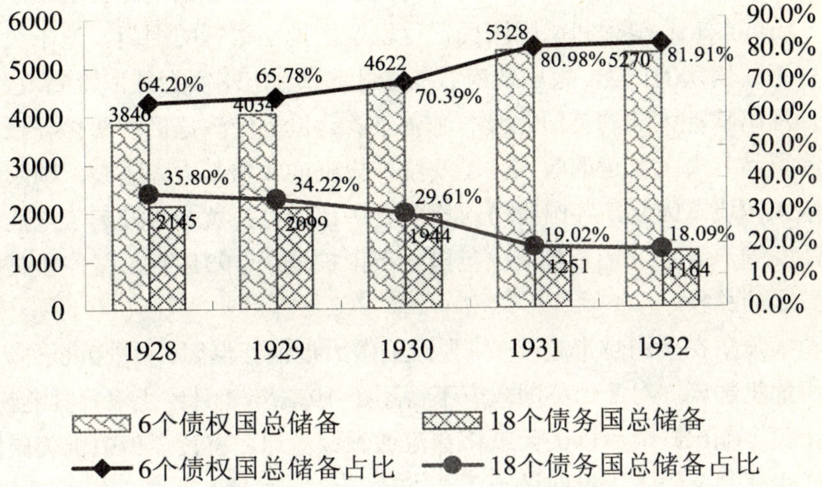

图 3-2 1928～1932 年 6 个债权国和 18 个债务国储备总量及占比

数据来源：引自 R. Nurkes. International Currency Experience: Lessons of the Inter-war Period. Princeton: Princeton University Press, 1944.

正如 R.Nurkes（1944）所言，金汇兑本位国际货币体系的缺陷引发了国际货币储备总额急剧下降的主要原因不仅仅是外汇储备国将外汇兑换成黄金，更重要的是贷款国收回贷款，从境外收回大量外汇储备。由于兑换黄金导致外汇储备不断缩减，以及黄金不断流向债权国导致金汇兑本位国际货币体系下的国际清偿能力无法正常运作。

1929 年 10 月爆发的美国证券市场危机导致股票崩盘、原材料价格暴跌。巴西、阿根廷等原材料出口国的对外出口骤减，国际收支陷入困境，黄金大量外流，不得不放弃金本位制度。在固定汇率制度的环境下，美国的危机迅速蔓延到欧洲。美国的大萧条引发了美国工资和物价的大幅下跌，对此其他国家通过降低商品价格，以保持其出口竞争的优势。然而，美国经济的大萧条使得以前向美国出口产品的国家即使在降低价格的情况下也失去了美国市场。

经济危机席卷到欧洲大陆以后，愈演愈烈。1931 年因为经济危机的冲击，导致奥地利最大的银行——奥地利信用银行倒闭，并且引发了德国 Darmotsdter 银行和德国国民银行以及大批小银行的倒闭。迫于大量银行不断倒闭的压力，德国政府宣布禁止黄金输出，实行外汇管制政策。

远离欧洲大陆的英国并没有独善其身。世界经济危机的恶化导致其国际贸易和海上航运的收入，以及境外投资的收益都大幅萎缩，国际收支陷入困境。因此，各国纷纷向伦敦金融市场兑换黄金，掀起了抢购黄金的狂潮，导致大量黄金流出英国。英国被迫于 1931 年 5 月停止英镑与黄金的兑换。

大萧条在美国越来越严重，导致美国大批银行倒闭、大量黄金外流，信用危机加剧。对此，美国政府不得不于 1933 年 3 月停止银行券兑换、禁止黄金输出，最后以美元纸币在流通领域流通，将黄金集中于美国国库，也就是从根本上彻底放弃了金本位。

1934 年 1 月，美国宣布将黄金的价格提高到每盎司 1 美元。在美元贬值和英美两国放弃金本位的情况下，法国法郎和荷兰盾的币值呈现出偏高的状态，直接影响着法国的进出口贸易。法国的进出口总额分别由 1929 年的 356 亿法郎和 319 亿法郎下降到 1934 年的 140 亿法郎和 137 亿法郎。法国的国际收支也因此恶化，黄金外流现象严重，最后实行外汇限制、禁止黄金输出。

在大量银行倒闭和长期萧条的影响下，黄金集团已经无法维持下去，各参与国在 1936 年之前都重蹈德国、英国、美国、法国的道路，宣布本币贬值、停止黄金能兑换、实行外汇管制、禁止黄金输出，最终整个金汇兑本位国际货币体系完全崩溃。

4. 对金汇兑本位国际货币体系的简单评述

金汇兑本位国际货币体系的存在时间比较短暂，但是它对整个经济起到过一定的积极作用。首先，该制度在一定程度上继承了金本位制的优点，节约了黄金的数量，避免了当时世界经济的通货紧缩。其次，当时各国为了各自的利益，实行本币贬值，进行汇兑倾销，但是该制度在一定程度上遏制了外汇倾销活动。另外，由于该制度下的外汇储备具有利息补偿，这对工业化欠发达的国家具有很强的吸引力。

但是，该体系之所以在很短的时间内崩溃，主要原因是它附带了太多的严重缺陷。第一，黄金不能满足日益扩大的商品流通的需要，黄金产量的增速度远远低于商品数量的增长速度，严重削弱了金铸币流通的基础。而且，黄金存量在国家间分配的极不均衡，美国、英国、法国、德国、俄国等主要资本主义大国掌握着世界上绝大部分黄金存量，破坏了金币自由铸造和自由流通的机制，以及金铸币流通的基础。第二，不同货币的币值不能被正确的估价，各主要货币为了各自发行国的利益相互激烈竞争，导致当时的均衡汇率并非真的均衡。第三，各国的经济政策更多的是维护本国经济的稳定和自身的利益，不再遵守金本位时期的"比赛规则"。如黄金流入国将流入的黄金冻结起来，而不是采取扩张性政策，导致国际收支失去了原有的调节机制。第四，美元、英镑、法郎等多种储备货币同时存在，但是美国、英国、法国却很少合作，导致外汇资金在纽约、伦敦、巴黎等国际金融市场大规模的流入和流出，变化无常，引发这些国家的金融市场的动荡。由于实行金汇兑本位制的国家的本币依附于美元、英镑等货币，因此美国、英国等国家金融市场的动荡必将导致依附国货币市场和金融市场的动摇，最终导致整个国际货币体系的不稳定性。第五，虽然当时的外汇也可以作为储备，但是更多的国家都是将本国央行持有外汇而不持有黄金的选择被视为损害本国形象的行为。这些严重缺陷的存在注定了该体制不可能长久存在。

（三）布雷顿森林体系

金汇兑本位国际货币体系崩溃以后，各国为了应对大萧条的冲击纷纷采取提高关税、限制进口、签订贸易协定等行动，而不是进行有效的合作。此时，一些国家选择了钉住某种或者某些基准货币的政策，另一些国家选择了自由浮动汇率政策，几个货币集团相继出现，互相竞争。各国开始了货币竞相贬值的风潮，整个国际货币秩序陷入了混乱局面，呈现出无序状态，动荡不安。

1929～1933年的大萧条以及第二次世界大战的冲击，使得世界经济与政治格局发生了巨大变化，美国的黄金储备与经济实力迅速上升，相当稳定，坐上了资本主义世界盟主的宝座。为了维持本国经济在境外的快速扩张，美国凭借自身强大的经济实力，在二战结束之前的1944年7月召集 44 个国家的经济特使聚集美国新罕布什尔州的布雷顿森林，商讨战后的世界贸易格局，着手建立了一个以美元为核心的国际货币体系——布雷顿森林体系。该体系的基础是黄金，主要储备货币是美元。美元直接与黄金挂钩，其他货币则与美元挂钩，各国实行可调节的钉住汇率制，按照 35 美元/盎司黄金的官方价格从美国兑换黄金，并可按 35 美元/盎司的官价向美国兑换黄金。国际货币基金组织（IMF）则负责该体系的运行，同时监督国际汇率、提供国际信贷、协调货币关系。从此，国际货币体系进入了一个新的历史进程。

1. 布雷顿森林体系的形成背景

金汇兑本位国际货币体系崩溃后，各国为了应对大萧条的冲击，开始实施大幅提高关税、严厉限制进口、严格管制外汇、不断贬值本币等措施，使得世界经济秩序混乱不堪，全球金融市场动荡不安，国际货币关系严重恶化。当时美元集团、英镑集团、法郎集团为了各自的利益，相互遏制，阻止恢复正常的国际货币秩序，各集团的代表国美国、英国、法国经过激烈竞争和反复磋商，于 1936 年 9 月达成了“三国货币协定”（Tripartite Monetary Agreement）。该协定决定终止整个世界分为几大外汇基金，结束了各行其是、恶性竞争的局面，规定三国的外汇基金相互合作，不再进行贬值性的竞争，并且维持协定签署时的国家，共同合作，减少汇率波动，维持货币关系的稳定。一个月之后，上述三国又签订了相互间自由兑换黄金的“三国黄金协定”，规定逐日商定汇率，将美元认同为共同的通货，每天都用黄金来结算该通货的买卖。此举的目的是为了建立一个协调的全球外汇制度和稳定的国际收支体系。

然而，各货币集团之间的竞争没有因此结束，国际资本从逆差的债务国流向顺差的债权国的状态也没有因此结束。由于战争阴影笼罩在欧洲大地，大量资金从欧洲流入美国以寻求安全的港湾，以及欧洲国家用黄金从美国购买军火以备战，导致大量黄金流入美国。在 1929～1939 年间，美国的黄金总储备在全球黄金总储备中的占比由 37.8%上升到近 71%。由于黄金数量的大量流失，英国和法国已经无力再维持每天用黄金结算买卖美元通货的规定，“三国货币协定”因此垮台，国际货币体系再度陷入混乱局面。

为了避免这种混乱局面，在美国和英国的推动下，同盟国于第二次世界大战结束之前开始拟定战后的经济重建计划，以及组建新的国际货币体系。为了各自的利益与目的，在组建新的国际货币体系方面，美国和英国分别于 1943 年 4 月 3 日在华盛顿和伦敦提出了自己的方案，即美国的“怀特计划”和英国的“凯恩斯计划”。

美国的“怀特计划”是由美国财政部长助理怀特先生提出的“联合国平准基金计划”，也就是“国际稳定基金方案”。该方案建议采取存款原则，建立一个国际货币稳定基金，也就是说新的国际货币体系是以基金制为基础，且基金数量不低于 50 亿美元。这些基金来源于各成员国根据自己的黄金外汇储备、国际收支差额等缴纳的黄金、本国货币和政府债券。各成员国在基金组织中的投票权和表决权的大小与其缴纳的基金份额成正比。基金组织发行一种名为“尤尼它”（Unita）的新国际货币作为计价单位。基金货币与黄金以及美元直接挂钩，且规定每单位“尤尼它”相当于 10 美元或者 137.14 格令（Grain）。“尤尼它”可以自由兑换黄金，也可以在成员国之间相互转移。在货币汇率的稳定方面，“怀特计划”规定各成员国的货币都与“尤尼它”之间有一个稳定的法定平价，且该固定比价只有在 3/4 以上成员国投票通过时才予以变动，否则任何成员国不得擅自对本币进行贬值。稳定汇率是联合国平准基金的主要任务，因此，该方案决定取消外汇管制、双边结算和复汇率等歧视性措施，并且对成员国提供短期信贷，以解决国际收支逆差，调节国际收支平衡。为了解决成员国临时性的国际收支逆差，逆差国可以用本币向该基金组织申请购买所需要的外币，但是购买数量不得超过其向基金缴纳的份额。联合国平准基金的常住办事机构设在拥有份额最多的国家。很明显，“怀特计划”由美国控制“联合国平准基金”，进而通过“基金”使会员国的货币“钉住”美元，最终一手操控该基金组织，获得国际货币体系和国际金融领域的霸权地位。

“凯恩斯计划”是由当时的英国财政部顾问凯恩斯提出的，也称为“国际清算联盟计划”，期望建立一种比较灵活的、可以适应各国经济发展的国际货币体系。他认为，在这种国际货币体系下的国际货币数量只取决于国际贸易发展的需要，可以随着国际贸易的增减同步进行扩大和缩减，而与世界黄金的数量及开发技术、某国黄金储备及政策无关，因为这样可以比较有效地遏制世界性的通货紧缩和通货膨胀。

对此，凯恩斯提出建立一个“国际清算同盟”（International Clearing Union）作为世界银行，采取较为灵活的国际货币储备制度，发行以一定黄金为基础，总额高达260亿美元的国际货币——“班克尔”（Bancor）作为清算单位，缩减黄金在国际清算领域的数量。该同盟的成员国向同盟缴纳的份额是根据成员国在战前三年的进出口贸易总额来决定，并且随着它们各自国际贸易的变化进行相应的调整。该计划还规定，“班克尔”作为“国际清算同盟”的记账单位，各成员国货币与“班克尔”的法定平价，且该平价未经同盟理事会的批准，不得变更。会员国可以用黄金换取“班克尔”，但反之不行（即“班克尔”不能换取黄金）。会员国无需向该同盟交纳任何黄金和现款，只需通过本国央行在“国际清算同盟”的往来账户，用转账的办法对各国政府的债务和债权进行清算。同时，该账户还用于多边贸易清算。当某国贸易出现顺差时，其政府就将顺差盈余存入自己的账户，逆差时就从账户中提存甚至向该同盟申请进行规定数量的透支。“国际清算同盟”的总部设在纽约和伦敦，其理事会议分别在美国和英国轮流举行。该方案还主张恢复多边清算、取消双边结算，以及反对黄金作为主要储备，所有国家共同解决国际收支的调节问题，其实质是解决英国国际收支逆差的困境，同时也暴露出了英国希望操控国际货币体系和国际金融市场。

虽然在经常项目不平衡问题的调节、维护汇率稳定、为发达的工业化国家解决资金困境问题等方面，上述两个计划有着共同的立场。但是，为了各自国家的利益，两者在其他一些重大问题上针锋相对，激烈竞争。美国为了夺取新的国际货币体系的主导权，同时防止对外援助其他国家重建导致其严重的对外负担，坚持新的国际货币体系的基础仍然是黄金，并且坚持存款原则。面对两次世界大战对本国经济的拖累，国际收支长期逆差，大量黄金外流的局面，英国反对将黄金作为主要储备资产，建议“国际清算同盟”能够提供大量的“班克尔”作为清偿能力。这从本能上反映了英美两国经历了两次世界大战和1929～1933年的经济大萧条之后的经济承受能力。

虽然英国希望保持昔日那样对国际货币体系的主导权，跟美国在新国际货币体系的霸权地位进行激烈的竞争，但是两国在经济实力、政治实力、军事实力和综合实力等方面都发生了巨大变化。两次世界大战重创了英国经济，其生产和出口大幅下降，海外投资损失惨重，国际收支长期逆差，大量黄金流向境外，经济实力骤减。以1939年为基准，1945年英国的民用消费品生产能力下降了一半，对外出口下降了2/3，海外资产损失高达40亿美元，对外债务攀升到120亿美元，黄金储备却只有100亿美元。当然，此时的英国还是拥有一定的经济影响力，英镑继续保持着国际储备货币的地位，承担着40%的国际贸易结算额，伦敦继续扮演着国际金融中心的角色，这也是英国痛苦挣扎，与美国激烈竞争的原因。

而此时的美国因为在两次世界大战中大发横财，到1944年美国已经成为了世界上最大的债权国，其工业生产能力较1938年提高了2倍，占有全世界1/2的工业制成品、1/3的贸易总额和3/5的黄金储备。1945年美国黄金储备的绝对数量高达200亿美元，是英国的两万倍。同时，美国在二战期间通过“租借法案”向英国、法国等同盟国提供巨额军火援助，乘势占有了西欧及其附属国的广大市场，使得这些国家不得不依附于美国。

美国正是凭借着最大债权国的地位，巨额的黄金储备和雄厚的经济实力，在“怀特计划”和“凯恩斯计划”的持续争论与反复磋商中，迫使英国最终让步，接受“怀特计划”。

在这一背景下，44个国家政府的经济特使于1944年7月聚集在美国新罕布什尔州的布雷顿森林，召开联合国与联盟国家国际货币金融会议，并且通过了以“怀特计划”为基础的“联合国家货币金融会议的最后决议书”以及“国际货币基金组织协定”和“国际复兴开发银行协定”两个附件，总称为“布雷顿森林协定”。1945年12月27日，参加布雷顿森林会议的国家中的22国代表在《布雷顿森林协定》上签字，正式成立国际货币基金组织（IMF）和世界银行（World Bank），布雷顿森林体系成立。从此，国际货币体系开始了“黄金—美元”本位制的时代。

2. 布雷顿森林体系的特征与运行机制

虽然布雷顿森林体系是在美国强权的安排下，为了美国主导国际货币体系，根据美国的设想安排的，但是在各国利益的博弈下，该体系吸收了原先金本位国际货币体系的优点，在一定程度上考虑了其他国家的利益，借鉴了政府管制和灵活汇率的经验。因此，该体系提出了以下几个方面的宗旨：（1）建立国际储备体系，实行美元与黄金直接挂钩，其他会员国货币与美元挂钩，即同美元保持固定汇率关系；（2）成立国际货币基金组织（IMF）作为永久性的国际金融机构，负责向成员国提供短期资金借贷，协调货币供给关系；（3）实行固定汇率制度，规定成员国的货币含金量一经确定，就不得随意变动；（4）建立多边支付制度，取消经常账户交易的外汇管制，对会员国进行资金融通，帮助其调节国际收支的不平衡问题。其中的第一条是该体系的核心，这使得该体系在实质上类似于金汇兑本位国际货币体系，也是该体系被称为“黄金—美元”本位制的原因。因为美元在该体系下充当着黄金的等价物，美元由此走到了国际货币体系的核心位置，充当着国际清算的支付手段和主要国际储备货币，稳定了当时的国际金融市场和世界经济关系，也为其获取霸权地位铺平了道路。

布雷顿森林体系是以黄金为基础、美元为核心的国际储备货币的“黄金—美元”本位制，规定美元与黄金挂钩，其官方价格为 35 美元兑换 1 盎司黄金，或者 1 美元兑换 0.888671 克黄金。美元的含金量是成员国货币平价的依据。各成员国的货币与美元直接挂钩，其比价与黄金保持一定的联系，或者不规定含金量而直接规定比价。各成员国政府的货币机构或者央行可以按照官方价格将自己持有的美元向美国政府兑换相应的黄金。同时，为了避免美元兑黄金官价受自由市场金价的冲击，维护黄金官价的稳定，成员国共同协助美国在国际金融市场对这一固定的黄金官价进行维护。

布雷顿森林体系创设了永久性的国际金融机构——国际货币基金组织（IMF），以磋商和协调国际货币合作事项，稳定汇率，协助成员国改善国际收支。在金汇兑本位国际货币体系及其之后的“三国货币协定”时期，整个国际货币领域都没有一个固定的议事机构，缺乏相应的程序，国际货币关系处于严重混乱状态。国际货币基金组织的成立迅速成为了布雷顿森林体系的中心，具有一定的权力，并履行相关的义务，维护了国际货币体系的发展。国际货币基金组织（IMF）的各项规章制度和组织程序构成了当时国际金融领域的纪律保障，约束着国际金融行为，维护着国际金融市场的运行。但是，因为强权大国的博弈，该组织一直由美国及其他一些发达工业化国家操控，绝大部分发展中国家只能处于被动接受地位，无法享有相应的权利。

在汇率制度安排方面，布雷顿森林体系接受金本位时期规定汇率过于僵硬的教训和金汇兑本位之后的自由浮动对国际经济的消极影响，实行了可以调整的钉住汇率制度（Adjustable-peg Exchange Rate Regime），也称为布雷顿森林体系的固定汇率制度。可调整的钉住汇率制度规定，美元以固定价格（35 美元/盎司）钉住黄金，其他成员国货币与美元平价保持固定钉住的“双挂钩”。其他成员国货币的汇率与美元之间的汇率一旦确定，不得随意更改，汇率波动被限制在±1%的范围内。此时的格局为“黄金—美元—其他货币”，美元处于中心地位，起到了国际货币的锚定作用。当汇率波动幅度超过 1%时，各国政府必须共同协作，对国际金融市场和外汇市场进行干预，保证金价和外汇的稳定。当成员国出现基础性的国际收支失衡（如持续性的通货膨胀、永久的结构性冲击等），可以自行将本国货币 10%的幅度内进行贬值，也可以向国际货币基金组织（IMF）申请，且得到其同意以后，将本币贬值幅度调整 10%以上。这种可调整的钉住汇率制度在短期内类似于金本位制的固定汇率安排，但是当出现“基础性国际收支失衡”时，就可以进行相应的调整，具有弹性汇率的特征。虽然具有弹性的特征，但是各主要工业化国家货币对美元汇率很少进行调整，详见表 3-1 所示。

每个成员国都会根据其国民收入的大小及其在国际贸易中的比重向国际货币基金组织和（IMF）交纳相应数量的份额，其中 25%是黄金或者可以兑换成黄金的货币，剩下的 75%是该交纳国的本币。当成员国因为出口下降、经济结构失调、国际收支失衡等原因导致其国际支付陷入困境时，可以向 IMF 提出申请，向其借款以缓减国际支付。对于这类借款申请，IMF 有着严格的规定。任何一个成员国在任何一个年份的借款都不得超过其缴纳给 IMF 份额的 25%，累计不得超过所缴份额的 1.25 倍，且还款时只能使用黄金或者可以兑换黄金的货币。IMF 还规定了这些借款只能用于陷入国际收支困境国家的经常项目支出，不得用于资本项目支付。

表 3-1 布雷顿森林体系时期主要工业化国家货币兑美元汇率的调整

货币	汇率调整时间	汇率
英国英镑	1967 年 11 月 11 日之前	1 英镑=2.80 美元
	1967 年 11 月 11 日之后	1 英镑=2.40 美元
法国法郎	1958 年 12 月 29 日之前	1 美元=350 法郎左右
	1958 年 12 月 29 日之后	1 美元=393.7 法郎
日本日元	整个布雷顿森林体系期间	1 美元=360 日元
联邦德国马克	1961 年 3 月 6 日之前	1 美元=4.0 马克
	1961 年 3 月 6 日至 1969 年 10 月 26 日	1 美元=4.2 马克
	1969 年 10 月 26 日之后	1 美元=3.66 马克
意大利里拉	整个布雷顿森林体系期间	1 美元=635 里拉
加拿大加元[1]	1962 年 9 月 2 日至 1970 年 6 月	1 美元=1.081 加元

注：[1] 1962 年 9 月 2 日之前及 1970 年 6 月之后，加拿大加元一直处于浮动汇率时期。

资料来源：[美] 梅尔文（Melvin, M.）著. 欧阳向军，俞志暖译. 国际货币和金融[M]. 上海：三联书店，1991.

布雷顿森林体系取消了外汇管制、双边结算和复汇率等歧视性措施，规定其成员国不得限制经常项目支付，不得采取歧视性货币政策，在兑换性的基础上实行多边支付。货币兑换只适用于经常项目交易，除此之外不得作为他用。IMF 允许条件不成熟的成员国延期履行货币兑换性义务。

为了解决国际收支调节负担的不对称问题，该体系设立了稀缺货币条款。当某个成员国的国际收支出现持续逆差，且该国货币在 IMF 的库存下降到其份额的 75%以下时，IMF 就将这个国家的货币归为“稀缺货币”。同时，IMF 还会按照国际收支逆差国的需要对其进行限额分配，授权其他国家对“稀缺货币”进行临时性的限制兑换活动，以及限制进口“稀缺货币”国家的劳务。

虽然该体系在设计上继承了金本位的部分特征，但也有很多独特的表现。首先，该体系设有一个固定的协定，也就是《国际货币基金协定》约束各成员国的行为。同时，该体系还创造性地设立了固定的组织——国际货币基金组织（IMF）作为永久性的国际金融机构来维护布雷顿森林体系的运行。其次，“双挂钩”的固定汇率制度使美元走到了国际货币体系的中心，成为了最主要的国际储备货币，开始充当着国际货币的角色。另外，虽然从原则上来说，各成员国共同协助美国来调节收支问题，但是美国却只发行美元作为主要国际储备货币，从不承担任何调节的责任，反而是其他国家肩负着所有的调节责任。

3. 布雷顿森林体系的积极作用与经济意义

布雷顿森林体系的成立结束了二战之前混乱的国际货币格局，形成了新的国际货币体系，并维持了其正常运转。美元处在布雷顿森林体系的核心位置，充当着国际货币的角色，将统一的计价标准和清算单位带入了国际货币体系与国际金融市场，实现了当时国际货币关系的稳定局面。美元作为最主要的国际货币，直接与黄金挂钩，在实质上充当着黄金或者作为黄金的补充。因此，在战后黄金产量不能满足世界经济增长需要的情况下，美元的对外发行弥补了当时国际清算能力的不足，也在一定程度上缓解了国际储备短缺的问题。

美国通过对外援助、馈赠、贷款美元等资本项目逆差的方式，以及购买境外服务、劳务、资源等方式将美元输出去，从而扩大美元在全世界的购买力。同时，该体系确定的可调整的钉住汇率制在很大程度上消除了外汇市场的波动，稳定了各国货币的汇率，方便了国际贸易结算，促进了国际贸易发展。因此，布雷顿森林体系所确立的稳定的国际货币关系对当时国际贸易的发展起到了很大的推动作用。

国际货币基金组织（IMF）的成立，引导了大部分国家在汇率方面的大范围合作，标志着各国都已经意识到国际货币体系中的共同协作对稳定国际金融市场、稳定本国货币都具有积极的作用。IMF 所提供的短期贷款，在很大程度上缓减了很多欧洲国家因为战争而陷入的国际收支困境。同时，国际货币基金组织后来对亚洲、非洲等贷款数量的大幅上升，也促进了亚洲、非洲等发展中国家的发展，从而也就促进了世界经济的发展。同时，世界银行（World Bank）提供的长期贷款和技术援助对于成员国战后经济的恢复和世界经济的发展也都有很大的促进作用。

由于固定汇率制度下的国际外汇市场比较稳定，这直接降低了国际资本在国家间流动的汇率风险，促进了资本的国际化和生产的国际化，为后来的金融创新和金融市场全球化的发展提供了良好的环境。

4. 布雷顿森林体系的缺陷与崩溃

布雷顿森林体系的建立与运行，结束了二战前混乱的国际货币关系，在调节和监督各国汇率政策以及国际收支调节机制等方面起到了很大的作用，稳定了国际金融市场、促进了国际贸易发展、推动了世界经济增长。但是，该体系在制度上存在着很大的缺陷，尤其是随着世界经济的发展，这些缺陷所导致的问题越来越大，直至布雷顿森林体系崩溃。

该体系实行的金汇兑平价机制存在不可克服的内在矛盾。金汇兑平价制度实质是以美元为中心的，“双挂钩”型的固定汇率制度，使美元实际上获得了黄金的地位。在布雷顿森林体系建立的初期，欧洲和日本因为战争导致经济处于崩溃状态，黄金和外汇储备极度缺乏。这些国家的经济重建急需美国的资金和技术，美元就成为了抢手的货币。然而，随着以德国为首的西欧国家以及日本等经济的快速恢复和迅速崛起，各国持有的美元外储备，越来越多。此时，人们对美元与黄金平价的信心不断降低，引发它们不断向美国挤兑黄金。美国因为黄金储备流失过多，储备不足，难以履行兑换义务，也就无力进行市场操作和平抑金价，导致美元比价下跌，直接动摇了该体系的平价制度。

该体系规定，当某成员国出现“基础性国际收支失衡”时，可以调整汇率，但是却没有对“基础性国际收支失衡”作出严格的明确解释，很难对其进行判断，无法及时调整汇率，导致汇率只能滞后性地被大幅调整，直接影响这些国家进出口贸易的发展和本国经济的稳定。

国际收支调节作用十分有限。可调整的钉住汇率制度将汇率的波动范围规定在 1%的狭小范围内，这种不能随便改动的平价制度使得国际收支调节作用十分微小。虽然在出现“基础性国际收支失衡”的情况下，IMF 允许对汇率进行调整，但是这种调整的措施总是比较滞后，而且调整幅度也比较大，这引发了外汇投机活动，对经济造成比较严重的冲击，加剧汇率的不稳定，造成国际收支调节手段陷入更加严重的困境。

工业欠发达的低收入国家自身的黄金储备和美元储备都比较欠缺，加上国际上的政府信贷数量比较少，商业信贷的利率比较高，使得它们在国际金融市场上的融资非常困难。很多欠发达国家都是通过自己的国际储备、完全内部措施、完全外部措施，或者三者结合起来都无法调节自己的国际收支问题。例如，为了维护固定汇率和本国经济的外部平衡，国际收支顺差国就会采取扩张性货币政策，引发本国通货膨胀，而国际收支逆差国就会采取紧缩性货币政策，导致本国经济衰退和失业上升，但是美国除外。因为美国无须在逆差的时候采取收缩货币的政策，而且还可以通过固定汇率输出本国通货膨胀。

因为美英两国主张的冲突，导致IMF既没有很强的监管能力，也不能进行大规模的贷款，这就无法限制大国损人利己的行为，也不能为欠发达国家提供相应的贷款融资，导致国际金融格局的不平衡发展。因此，布雷顿森体系在汇率制度、国际收支调节机制、流通性的提供、监管与信心等方面存在很大的缺陷。

从布雷顿森林体系建立到 1949 年，欧洲和日本因为战争导致经济处于瘫痪状态，国际储备近于枯竭。这些国家为了恢复生产、重建经济，不断从境外进口技术和设备，构成了对外汇的强烈需求，尤其是对美元的强烈需求。在这个期间，美国的商品和劳务收支都在 60～70 亿美元之间，其中 1947 年高达 115.3 亿美元，美国政府的对外援助和资金转净额都处在 50 亿美元左右，美国的黄金储备也一直处于上升阶段，而其他国家的黄金储备总额一直在下降。美元在世界上的紧缺以及美国黄金储备的增长保证了美元的稳定性及其在国际货币体系中的优势地位。

然而，在美国的干预及 IMF 同意的条件下，世界上有 30 多个国家的货币对美元进行了不同程度的贬值，其中英镑对美元贬值幅度高达30%。其他国家货币对美元的贬值，欧洲和日本经济的复兴，以及朝鲜战争的爆发，将美国的国际收支迅速推向了困境之中。1950 年，美国的商品和劳务收支较 1949 年缩减了 70%，综合平衡首次出现负值，且高达 36 亿美元（参见图 3-3），拉开了美国国际收支逆差的序幕。

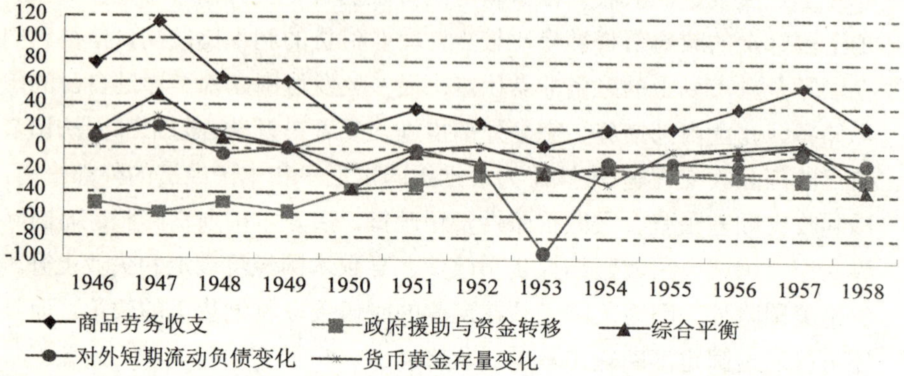

图 3-3　1946～1958 年美国国际收支状况　（单位：亿美元）

数据来源：引自 Victor E. Argy. ThePostwar International Money Crisis: An Analysis. London: Allen & Unwin, 1981。

在此后的 8 年内，美国的国际收支只有在 1957 年出现了 5 亿美元的小幅盈余，其余年份都处于逆差状态。在这个期间，美国的黄金流入和流出年份各占一半，对外短期流动性负债一直处于增长状态。例如，1958 年美国黄金流失数量为 22.8 亿美元，对外负债增加了 12 亿美元。但是，这几年的赤字并没有形成人们对美元信心的下跌，引发抛售美元的现象。因为美元资产的增加是这个阶段国际储备增长的主要来源。由于官方负债才能兑换黄金，所以即使在短期流动性比例从 1950 年的 39%上升到 1958 年的 82%，但是官方负债对黄金的比例一直保持在 20%～30%的小范围内（参见图 3-4）。因此，此时的美国仍然有足够的黄金来应付兑换的需要。

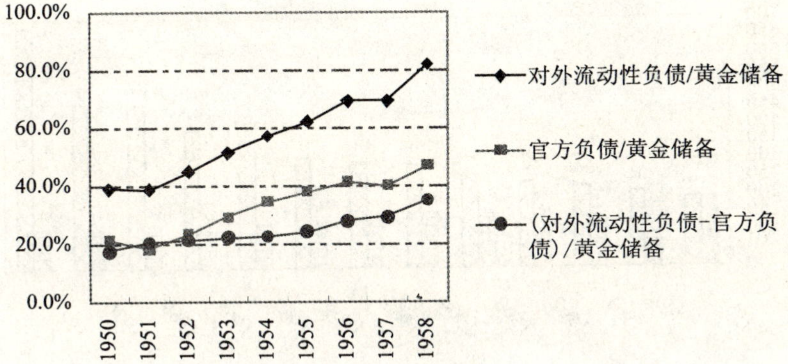

图 3-4　1950～1958 年美国流动性负债比例

数据来源：国际货币基金组织（IMF）网站（www.imf.org/external/data.htm）International Financial Statistics （IFS）。

1958 年以后，美国国际收支逆差开始剧增，平均每年的增幅都超过 30 亿美元。美国国际收支逆差的持续存在导致大量美元流出美国并在境外不断被积累。在布雷顿森林体系初期的十年间，欧洲的战后重建工作非常迅速，到 1958 年的时候，很多国家已经积累了相当的外汇储备。这些欧洲国家的货币自由兑换愿望越来越大，并于 1959 年解散了“欧洲支付同盟”（EPU），正式开始了西欧国家的货币与美元的自由兑换。从此，美国的黄金储备不断减少，并于一年以后的 1960 年出现了黄金储备的数量小于短期流动性负债的数量，并且缺额越来越大（参见图 3-5）。美元在世界范围内的扩张和美国黄金数量的不断缩减，导致人们对美元信心的下降以及对美元投机活动的加剧。1960 年 10 月，在欧洲金融市场上出现了大规模的抛售美元、抢购黄金的狂潮。此时，伦敦私人黄金市场价格猛涨到 41.5 美元/盎司，超过官价 18.57%，美元开始大幅贬值，引爆了第一次美元危机。

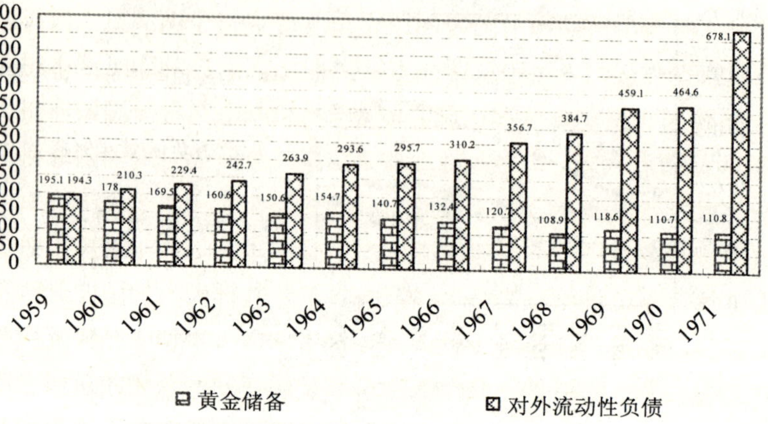

图 3-5 1959～1971 年美国的黄金储备和对外流动性负债 （单位：美元）

数据来源：国际货币基金组织（IMF）网站（www.imf.org/external/data.htm）International Financial Statistics （IFS）。

作为布雷顿森林体系的核心货币，美元危机直接影响到国际货币关系和全球金融市场。对此，主要工业化国家仍然在利益博弈和相互磋商中进行了合作。1960 年 11 月，美国、英国、法国、西德、日本、意大利、加拿大、比利时、荷兰、瑞典等十个国家在巴黎举行会议，签署了“贷款总安排”协定（GAB，General Arrangements to Borrow），也称为“十国集团”或者“巴黎俱乐部”。该协议规定，其资金总额为 60 亿美元（美国、英国分别承担 20 亿美元和 10 亿美元，其他成员国承担其余的 30 亿美元），主要用于在国际货币基金组织（IMF）缺少短期流动性时，可以向 GAB 成员国借款，转而将其贷款给所需要的成员国，以稳定其货币价格。该协定的实质主要是支持美国，稳定美元价格。1960 年 12 月，美国联合英国、西德、法国、意大利、荷兰、瑞士和比利时等 7 个发达的工业化国家建立了“黄金总库”（Gold Pool），以便低价时买入、高价时售出黄金来干预伦敦黄金市场，稳定黄金价格，从而保证美元地位。之后，14 个国家又签署了总额为 117.3 亿美元的“互换信贷协定”（Swap Credit Agreement）。该协定为双边协定，主要规定为两国中央银行应在约定期间内相互交换一定金额的对方货币。在未使用之前，需以定期存款或购买证券的形式存于对方。若为平抑汇率需动用时，只要在两天之前通知对方即可。当约定到期，则应用实行互换时的汇率相互偿还对方货币。但是，这些措施并没有遏制美元汇率下跌，阻止黄金市价高涨的局面。

20世纪60年代中期，随着越南战争的不断升级，美国国际收支状况急剧恶化，黄金储备骤然减少，对外流动性负债越来越多，且这种趋势越来越严重。因此，美元兑换黄金的基础就越来越脆弱。到了1968年底，美国的黄金储备已经缩减到108.9亿美元，对外流动性负债高达384.7亿美元，是黄金储备的3.5倍，官方负债为159.9亿美元，是同期美国黄金储备的1.6倍。而在1959年，美国的黄金储备为195.1亿美元，对外流动性负债和官方负债分别为194.3亿美元和101.2亿美元，都低于同期的黄金储备，其比值分别为99.6%和51.9%（参见图3-6）。

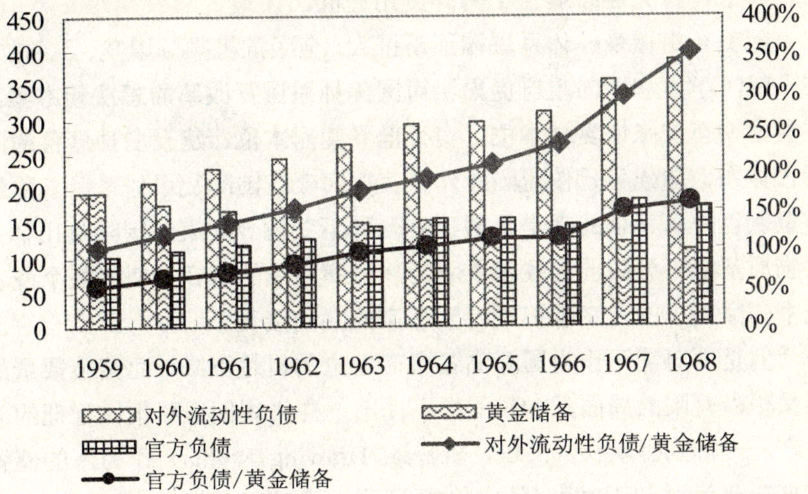

图3-6　1959～1968年美国的负债与黄金储备及其比重（单位：亿美元）

数据来源：国际货币基金组织（IMF）网站（www.imf.org/external/data.htm）International Financial Statistics （IFS）。

这种恶劣的金融状况加剧了人们对美元信心的丧失，世界主要黄金市场（伦敦、巴黎、苏黎世）于 1968 年 3 月爆发了史无前例的抛售美元、抢购黄金的美元危机。黄金市场的黄金价格大涨，其中巴黎黄金市场的金价曾一度涨到 44 美元/盎司，美国的黄金储备在短期内大量流失。迫于市场压力，美国要求英国暂时性的关闭伦敦黄金市场。随后，美国召集“黄金总库”成员召开了紧急会议，宣布解散该组织，停止 35 美元/盎司黄金在自由市场的兑换，政府不再介入私人市场的黄金买卖。此时，黄金市场的黄金价格完全由市场的供求关系决定，但是在官方的贸易结算以及各国中央银行的黄金兑换中，黄金仍然保持 35 美元/盎司的官方价格。由于私人市场的黄金买卖价格是由供给来决定的，而非官价，这导致了当时的黄金具有固定不变的官价和随供需关系变化的市场价格，也就是人们所说的“黄金双价制”。由于官方不再向市场供应黄金，私人市场的黄金价格越来越高于官方价格，导致美元从本质上已经开始了贬值的历程，布雷顿森林体系的根基也因此被动摇了。随后的 5 月份和 7 月份又连续爆发了两次美元危机。

随着布雷顿森林体系弊端不断扩大，金融危机频频爆发、不断加剧，许多经济学家和多国政府提出了对国际体系进行改革的想法和方案，其中典型的有主张恢复金本位、实行世界美元本位、建设多种储备的国际货币体系、加强美元作为国际储备、彻底改革国际货币体系等。除了金本位制以外，其余的都是希望建立一种不受黄金约束的国际货币体系，其物质基础十分脆弱。各国矛盾的冲突和利益的博弈，使得某个或者某几个国家提出的方案都很难得到大家的共同接受。

但是面对美元作为国际储备资产地位的日趋下降，而黄金数量的供应又相当有限的局面，IMF 不得不提出一种集体创造和集体管理的储备资产——特别提款权（SDR，Special Drawing Rights）作为新的储备资产来补充美元，其与黄金的定价跟美元一样，为 35SDRs/盎司黄金。IMF 规定，SDR 是它分配给成员国使用资金的权利，与黄金以及可以兑换黄金的货币一起作为国际储备，并且在 1970 年初到 1972 年末的三年间设立 95 亿美元 SDRs。对于发生国际收支逆差的成员国，可以用 SDR 向 IMF 指定的成员国兑换外汇，以支付国际收支逆差或者清偿国际债务。但是，SDR 毕竟不是正式的货币，只是一种计价单位，不能直接兑换黄金和美元，也不能直接用于贸易或非贸易的支付。

特别提款权（SDR）的使用在一定程度上缓解了美国国际收支逆差的困境，促进了国际贸易的发展。但是，对巨额的美国国际收支逆差而言，这只是杯水车薪。20 世纪 60 年代中期以来，随着越战的升级，美国的军事开支不断增加，其财政赤字急剧上升，导致美国国内通货膨胀问题越来越严重，以及这个时期的经济衰退导致其产品在国际市场的竞争力不断下降，加剧了美国国际收支的逆差。1971 年前两个季度的美国国际收支逆差增加了 119 亿美元，其中的经常项目逆差占主要部分(1971 年美国的经常项目首次出现了 14.32 亿美元的逆差)。到 1971 年，美国的黄金储备减少到 110.8 亿美元，较布雷顿森林体系建立之初缩减了 60%多，其中 1971 年初到 8 月上旬，美国的黄金储备就流失了近 30 亿美元。这加深了外国政府和金融市场对美元贬值的预期，进而纷纷抛售美元兑换黄金以及马克、日元和瑞士法郎等货币，以规避美元贬值的风险。当越来越多的境外投资者和政府都施压，将持有的美元兑换成其他资产时，美国被迫于 1971 年 8 月 15 日宣布停止美元与黄金兑换，这标志着布雷顿森林体系失去了存在的根基。

5. 对布雷顿森林体系的简单评价

布雷顿森林体系是建立在黄金基础之上，以美元作为最主要的国际储备，实行“黄金—美元—其他货币”的“双挂钩”制度，也就是美元按照 35 美元/盎司的价格直接与黄金兑换，其他国家货币实行可调节的钉住汇率制与美元挂钩。该体系设立国际货币基金组织（IMF）作为永久性国际金融机构负责运行，主要承担国际汇率的监督、国际信贷的供给和国际货币关系的协调。

由于该体系的核心是“双挂钩”制度，因此该体系需要以下两个条件同时存在才能正常运转。第一，美国国际收支持续顺差。美国国际收支的逆差将会直接影响到美元的币值稳定。而作为该体系中最主要的国际储备，其币值的不稳定将会严重影响整个货币体系的根基，引发国际货币关系的混乱和国际金融市场的动荡。第二，美国需要拥有充足的黄金来应付随时发生的美元与黄金的兑换和固定的黄金官方价格。一旦美国的黄金储备无法履行美元与黄金进行固定价格的随时可兑换承诺时，美元的信心将会大幅下降，国际金融市场的抛售美元兑换黄金的狂潮将不可避免，美元危机随之即来，国际货币体系岌岌可危。

布雷顿森林体系的建立结束了二战之前国际货币关系与国际金融领域混乱的局面，在近 30 年的运行中（尤其是整个 50 年代和 60 年代前半叶），为世界经济的发展提供了比较稳定的国际货币与金融环境，促进了国际贸易和国际投资的发展，拉动了世界经济的增长。“可调整钉住汇率制度”对汇率波动范围的严格限制，为国际资本流动和国际贸易发展提供了稳定的汇率环境，促进了国际贸易和国际金融市场的发展。据估计，布雷顿森林体系时期的全球出口贸易的增长速度大概在 7%～8%之间，远远高于之前的任何时期。

该体系是建立在黄金基础上的，所实行的“双挂钩”原则是美元走到了黄金和其他货币之间，扮演着“关键货币”的角色，成为了最主要的国际储备货币，在一定程度上是等同于黄金，从而解决了国际储备短缺、清偿能力不足的问题，降低了整个国际货币体系的系统性风险。该体系促进了国际货币的合作、建立了多边支付体系。美元为多边支付和多边贸易体系提供了相应的支付手段和清偿能力，促进了战后各国（尤其是西欧国家）经济的重建与恢复。IMF 为那些处在逆差困境中的成员国家提供的各种类型的中短期信贷，减缓了这些国家的国际收支失衡的困境，维护了这些国家币值的稳定和国际收支的平衡。

相对于以前的国际货币体系，布雷顿森林体系的最大优点是解决了前者无法提供足额的黄金来满足资本主义经济日益发展的需要。在汇率的设置上，两者都选择了固定汇率制度，但是金本位制度的汇率是通过各国的铸币平价来确定，其浮动范围在铸币平价加减黄金输送点之间的成本，自动进行调解；而布雷顿森林体系的汇率是通过各国货币的法定平价来决定，浮动范围是人为的规定在 1%以内，而且人为进行调节。金本位制度下的国际储备只有黄金，金汇兑本位的国际储备为英镑、美元和法国法郎，而布雷顿森林体系时期的国际储备则是黄金、可兑换的货币（以美元为主）以及后来的特别提款权（SDR）。在金本位国际货币体系时代，黄金自由流动，货币可以进行自由兑换和自由多边贸易结算；金汇兑本位制国家允许居民用英镑、美元、法国法郎等外汇向英国、美国、法国兑换黄金；布雷顿森林体系时代只允许各国政府将其持有的美元向美国兑换黄金，外汇管制比较严重，很多货币不能自由兑换，贸易支付选择双边安排。在制度的设计上，布雷顿森林体系较前两种国际货币体系完善很多，制定了《国际货币基金协定》和现代国际货币管理制度，将整个国际货币体系统一为一体，约束成员国的行为，规定成员国的义务等；建立了永久性国际金融机构——国际货币基金组织（IMF），实施相关协定，协调各种政策，监督各国行为。

然而，因为汇率的浮动范围只有 1%，无法很好地调整国际收支失衡，纠正国内外经济失衡，对此顺差国和逆差国只能分别采取扩张性和紧缩性货币政策，从而分别引发经济衰退和通货膨胀。“双挂钩”的体制将美元作为唯一主要的国际储备，其他国家货币依附于美元，使它无法摆脱金汇兑本位制那种依附关系的弱点。当美国出现国际收支顺差时，国际贸易和国际金融领域就缺乏其发展所需要的国际储备，导致世界范围内的“美元荒”；反之就会出现“美元灾”，造成美元泛滥，引发美元危机，直接冲击布雷顿森林体系的根基。因此，这种以美元为唯一主要储备货币的国际货币体系，其实质是建立在美国经济的基础之上的，无论美国经济如何发展，国际收支怎样调整，都极其不稳定，必然会崩溃。

（四）后布雷顿森林体系

布雷顿森林体系崩溃以后，国际货币关系和国际金融秩序再次陷入了混乱与动荡的局面，许多专家、学者、政治家提出了不同方案来构建新的国际货币体系，如恢复金本位、恢复“黄金—美元”本位、构建最优货币区等，但是均未获得实质性突破。针对黄金非货币化以后国际货币体系各种事态的发展，国际货币基金组织（IMF）于 1972 年 7 月组建了“二十国委员会”来负责具体拟定有关改革货币体系的方案。1974 年 9 月，“二十国集团”提出了关于改进国际收支调节机制、确定主要储备资产以及实行稳定可调整汇率制度的《国际货币体系改革大纲》，并随之宣布自身解散，取而代之的是国际货币制度临时委员会。该委员会于 1976 年 1 月在牙买加首都金斯顿举行会议并修订条款，经过激烈竞争与反复磋商，达成了《牙买加协定》，形成了新的国际货币体系——后布雷顿森林体系，也称为“牙买加体系”。由于该体系缺乏国际货币体系的三大支柱——本位货币及其约束机制、统一的汇率制度、国际收支调节机制，因此又被称为“无体系的体系”。

1. 后布雷顿森林体系的形成背景

1972 年 7 月 26 日，国际货币基金组织（IMF）组建了“国际货币体系改革和有关问题委员会”，以征求各方意见和建议，负责改革，重建当时的国际货币体系。该委员会由“十国集团”成员国和澳大利亚、阿根廷、巴西、印度尼西亚、伊拉克、摩洛哥、墨西哥和扎伊尔等 9 个发展中国家组成，因此也称为“二十国委员会”。

通过调查研究、意见汇总、协作磋商后，“二十国集团”于 1974 年 9 月发表《改革大纲》，认为未来国际货币体系的汇率制度必须要稳定，而且要以可调节的评价为基础，国际收支的调节作用需要进一步扩大，而不能像以往那样只有其他国家在负责调节的责任，美国却无需承担任何责任。在储备货币的选择上，体现各国平等、职责对称，提升 SDR 国际储备地位，使其成为主要国际储备。加强国际资本的全球合作，促进国际资本和实际资源流入发展中国家，支持发展中国家经济发展。

在汇率制度方面，各国分歧比较大，有的主张固定汇率，有的主张稳定且可以调整的汇率。由于争论比较激烈，“二十国集团”并没有对汇率制度作出明确规定，只是主张固定可调的平价。同时，它们表示任何国家无论是出现盈余还是赤字，都要迅速地对评价作出合理的修改，并且报 IMF 同意，也就是说只有当 IMF 认为固定汇率已经不符合当时的经济环境时才允许进行相应的浮动。IMF 规定，汇率平价必须要用 SDR 进行，即其汇率只能在 SDR 汇率的上下进行 2.25%的波动。因此，“二十国集团”并没有在汇率问题上作出本质性改革，也没有对汇率制度的安排进行详细的规定。在改进国际收支调节机制方面，“二十国集团”指出，不同国家的宏观经济状况差别较大，因此改善顺差国和逆差国在国际收支调节方面不对称的最好办法就是双方共同承担责任。对此，美国提出了“正常货币水平”的想法，规定了储备货币数量的限度，指出任何国家的储备货币低于该限度的最低值或者超出该限度的最高值，必须对本国的国际收支进行纠正。同时，新的国际货币体系必须要改变货币多样化的格局。

对此，“二十国集团”将 SDR 进一步发展成主要储备货币，并采用新的方法，以各国货币来确定 SDR 的价值。但是，SDR 毕竟是一种虚构的储备资产，很难被各国都用来作为国际储备。在黄金的官价是否应该与市场价格一致等问题上也没有达成一致的意见，只是取消官价、允许各国央行按照市场时价对黄金进行自由买卖，此时黄金已经完全成为了普通的商品。

在《改革大纲》公布之后，“二十国集团”随之宣布解散，其工作由即将成立的专门负责国际货币制度问题的“临时委员会”（Interim Committee）接替。

由于各成员国利益的严重冲突和地位的巨大差异，在任何一个国家都想从新的国际货币体系中获得支配地位或者某些方面利益的时候，“二十国集团”只能选择磋商和妥协的办法来缓减紧张局势，导致国际货币体系的改革与重建无法取得实质性的进展。在 1974 年石油危机的冲击下，整个改革彻底失败。

“临时委员会”（Interim Committee）也是由 20 个国家（包括 IMF 份额最多的 5 个国家在内的 14 个工业化国家和 6 个发展中国家）的部长代表组成的咨询机构，专门负责国际货币制度问题的研究和国际货币体系的改革。1976 年 1 月，“临时委员会”在牙买加首都金斯顿举行会议，探讨修订《国际货币基金协定》相关条款，主要集中在扩大和重新分配份额、处理黄金官价和 IMF 的库存黄金以及修改 IMF 有关汇率的规则等三个方面。关于黄金和汇率制度的安排是整个会议期间争论最多、改革困难最大的问题。

以美国为代表的很多工业化国家认为除了金平价以外，各成员国可以自由选择自己的汇率制度，但是法国以及大部分发展中国家则坚持主张以固定平价为目标的汇率制度。《国际货币基金协定》规定各国份额的 25%的黄金占比的规定以及对各国央行在黄金买卖方面的规定严重阻碍了该会议的第一个重大目标——扩大和重新分配份额的进展。各国经过多次磋商，最终达成了并签署了共同协议——《牙买加协议》。

《牙买加协议》主要涉及修订份额、黄金问题、汇率制度、储备资产和发展中国家的资金融通问题，但其中的核心还是黄金和汇率制度。该协议首先规定增加成员国基金份额。新增加分配的份额不得超过总数的33.5%，增加后的份额分配使石油输出国组织所出的资金增加了一倍，达到全部成员国出资总额的10%。成员国的基金份额从原来的292亿美元SDRs增加至390亿美元SDRs，增幅达33.6%。在重新修订后的份额中，发达国家的投票权相对于发展中国家减少了。此协议提出了实行浮动汇率制度的改革，承认浮动汇率制度，允许各国自行选择汇率制度，开创了浮动汇率与固定汇率并存的时代，但是各国货币汇率政策仍然受到国际货币基金组织的严格监督和共同协调。协议正式废除黄金条款，取消黄金官价，允许成员国中央银行按市价自由地进行黄金交易，取消成员国相互之间以及成员国与IMF之间须用黄金清算债权债务的规定。这拉开了“黄金非货币化”的序幕，黄金因此与货币完全脱钩，成为了纯粹的商品。协议还积极提倡加强SDR在国际储备中的地位，扩大其在国际货币体系中的适用范围，最终将其作为主要储备资产，将美元本位改为SDR本位，并且适时修订特别提款权的有关条款。

同年4月，国际货币基金组织理事会通过了《国际货币基金组织协定第二次修正案》。1978年4月1日经修改的国际货币基金组织协定获得法定的60%以上的会员国和80%以上多数票的通过，从而正式生效，将国际货币体系带入了一个新的阶段。该体系是布雷顿森林体系之后的新体系，人们将其称之为“后布雷顿森林体系”，又由于它是在《牙买加协议》框架下建立的新体系，因此也被称为“牙买加体系”。

2. 后布雷顿森林体系的特征与运行机制

后布雷顿森林体系的运行已经不再以黄金为基础，而且美元的地位相对于以前已经在逐渐下降，但是美国仍然是第一经济强国，美元依旧处于国际货币体系的中心。因此，后布雷顿森林体系是以美元为主导的多种储备货币制度，是混和汇率制度、多种国际收支调节方式并存的国际货币体系。

虽然《牙买加协议》提升了SDR的国际储备地位，增强其在国际储备中的占比，但是SDR创设条件的先天性缺陷无法与大国货币进行博弈，最终也未能够代替美元国际储备的主导地位。根据《国际金融统计年鉴》（Internantional Financial Statistics）数据计算可得，SDRs在国际储备中的占比由1971年的4.5%下降到1977年的2.8%，在1982年增加到4.8%，之后基本保持不变（参见表3-2）。

此时的美元仍然是国际间最主要的计价单位、支付手段和价值贮藏手段。世界上绝大分国家的GDP、各种产品和商品、黄金价格、进出口总额、外汇储备等指标都是以美元计价。用美元结算的进出口贸易大约占全球贸易总额的2/3，国际金融市场的绝大部分外汇都是以美元进行交易。美元依旧是外汇储备中的主导货币，占全球外汇储备的65%左右，远远高于SDRs、英镑、西德马克和日元（参见表3-2）。同时，美元还是国家贷款和国际债券市场上最主要的资产。

表3-2　1971～1990年各主要储备货币在国际储备中份额　（单位：%）

年份	1971	1977	1980	1982	1985	1987	1988	1989	1990
SDRs	4.5	2.8	3.1	4.8	4.8	4.7	4.8	4.8	4.8
美元	77.2	79.4	67.3	70.5	65.0	67.9	64.7	60.3	56.4
英镑	10.4	1.6	3.0	2.3	3.0	2.4	2.8	2.7	3.2
西德马克	1.9	8.2	15.2	12.3	15.2	14.5	15.7	19.1	19.7
日元	0	1.2	4.4	4.7	8.0	7.5	7.7	7.8	9.1

数据来源：1965～1975年数据来源于国际货币基金组织（IMF）的International Financial Statistics 1983年；1977～1990年数据来源于IMF《国际货币基金组织年报》（1978～1991年）。

虽然该体系不是以黄金作为基础，而且《牙买加协议》明确提出“黄金非货币化”，废除黄金官价、降低黄金的货币作用。但是，这并没有彻底消除黄金的货币作用。黄金仍然是国际储备中的主要储备资产，充当着国际清偿手段，用以解决国际收支逆差问题。由于该体系将汇率浮动合法化，导致浮动汇率被普遍实施，引发汇率经常出现剧烈波动，使得一国货币很难被保值。相比之下，黄金的价值却呈现出比较不稳定的态势，被很多国家选为保值的手段。

随着西欧（尤其是西德）和日本经济的快速增长，它们在世界经济中的地位不断上升，西德马克和日元在国际贸易与外汇交易中被广泛使用，在国际储备中的占比分别由 1977 年的 8.2%和 1.2%上升到 1990 年的 19.7%和 9.1%，而同期的美元国际储备占比却由 79.4%下降到 56.4%（参见表 3-2）。

虽然西欧、日本等国经济的不断强大对美元构成了强劲的竞争，以及这些国家不断削弱美元霸权地位的措施，阻止美国对外提供美元、输出通货膨胀来解决美国国际收支逆差问题。但是，美国强大的经济实力和综合实力是任何国家无法动摇和替代的，美元依旧是主导货币，占有国际储备的绝大部分份额，西德马克和日元只是美国美元补充性的国际储备货币。

《牙买加协定》将浮动汇率合法化，允许成员国自行安排汇率，同意固定汇率与浮动汇率并存，将国际货币体系带入了联合浮动汇率制度的时代。但是，各国中央银行仍然有权对汇率进行随时干预，使汇率处在一个比较合理的范围内。此时的汇率制度主要有钉住美元、钉住法国法郎、钉住其他某一货币、钉住特别提款权（SDR）、钉住其他一揽子货币、管理浮动、独立浮动、联合浮动、对一种货币有限浮动和按一组指标调整。美国、日本、英国、加拿大和瑞士实行的是独立浮动汇率制度，多数工业化国家选择了不同形式的浮动汇率制度，发展中国家主要选择钉住美元、法国法郎等钉住某一货币的汇率制度，欧共体部分成员国实行的是联合浮动汇率制度。根据 IMF 的统计显示， 186 个成员国在 2001 年底实行了 8 种汇率安排，分别是不事先公布干预方式的管理浮动（42 个国家）、单独浮动（41 个国家）、无独立法定货币的汇率安排（40 个国家）、其他传统的固定钉住制（40 个国家）、货币局制度（8 个国家）、爬行带内浮动（6 个国家）、水平调整的钉住（5 个国家）、爬行钉住（4 个国家）。这显示出后布雷顿森林体系的汇率制度比较灵活、非常复杂。

该体系实行了多种形式的国际收支调节机制，主要表现在汇率调节、利率调节、国际金融市场的调节、国际金融机构的调节以及外汇储备的调节，其中最主要的调节方式还是汇率调节。处于经常项目顺差的国家，外汇增加，其货币汇率随之上升，出口受抑制、进口就膨胀，国际收支很快恢复均衡；反之，汇率下跌，进口受抑制、出口就膨胀，国际收支也恢复平衡。但是，这种调节只适用于经常项目的调整，而对金融与资本项目不起作用，甚至会在国际游资的冲击下会起到反作用。对此，需要将利率调节、国际金融市场调节等方式加以辅助使用。

当一个国家将通货膨胀率控制在比较稳定的水平时，其名义利率水平的提高或者降低将会引发资金的流入和流出，从而起到调节国际收支的目的。国际金融机构和国际金融市场在调节国际收支问题上起到了很大的作用。国际收支逆差国可以向国际货币基金组织和其他国际金融机构贷款弥补国际收支逆差，当国际收支出现逆差的时候，可以将顺差获得的资金输送到国际金融市场，以缓减顺差引发的国内流动性膨胀等问题。当然，国际资本的流入与流出可能会引来国际游资的冲击，导致国际金融市场的动荡。20 世纪 70 年代以来，国际货币基金所发放的各种贷款（如石油贷款、信托基金、中期贷款等）帮助很多处于国际收支逆差状态的国家摆脱困境，而且监督、协调了大量国家的调节政策，使顺差国和逆差国能够进行对称性调节，共同承担相应的义务。对于国际收支逆差较小的国家，可以通过动用外汇储备来调节，但是长期调节或者一次性的巨额调整将会导致外汇储备的大量流失。

3. 对后布雷顿森林体系的评述

后布雷顿森林体系吸取了以前国际货币体系的先天缺陷和破灭的教训，解决了布雷顿森林体系的困境，在一定程度上稳定了国际金融市场，维护了世界经济的发展。

第一，以美元为主导，马克、日元、SDR 等为补充的国际储备，摆脱了其他国家货币依附于基准货币的弊端。多元化的国际储备使得国际清算与支付手段不再依靠美国是否对外提供美元。在该体系下，即使美元储备超过美国的黄金储备或者出现美元贬值预期，也不会引发抛售美元、购入黄金的狂潮，导致发生美元危机，冲击国际货币体系。这在很大程度上解决了“特里芬两难”问题，维护了国际货币体系的稳定。

第二，混合汇率制度的安排使得各国可以按照自己的经济状况选择汇率制度，及时准确地反映世界经济的变化，加大了各国经济之间的协调性，增强了对外政策的灵活性。各主要储备货币根据外汇市场的供求变化自发地对汇率进行调整，及时灵敏地反映国际金融市场和世界经济形式的变化，保证了各国币值的真实状况，促进了国际贸易和世界经济的发展。在混合汇率制度下，各国可以充分考虑国内外经济条件，自主选择适合本国经济状况的汇率制度，可以较好地应对境外宏观经济和国际金融危机的冲击，保证本国宏观经济政策的独立性、有效性，促进本国经济的长期稳定发展。由于浮动汇率的合法化，各国无需向以往那样为了维护固定汇率而储备大量外汇和黄金，因此更多的外汇储备可以用来发展本国经济。

第三，以汇率调节为主，利率、国际金融机构、国际金融市场、国际储备等作为补充的国际收支调节机制在一定程度上解决了以前国际收支调节机制失灵的困境。在各国经济状况差异悬殊、世界经济发展不平衡的状况下，根据世界经济的大环境和自身经济的特点与发展目标，选择相应的调节方式。这减少了以前单一调节方式的代价，解决了以往国际收支调节机制失灵的困境，促进了国际贸易和世界经济的发展。

虽然该体系为多元化的世界经济提供了比较灵活的机制，相对稳定的环境，为世界经济的稳定与发展提供了良好的条件，但是作为“无体系的体系”，它也有着先天性的缺陷，而且随着世界经济的发展，这些缺陷越来越严重。

首先，该体系以美元为本位，储备货币是以美元为主，马克、日元、SDR 等为辅的信用货币。多元化的货币体系本身缺乏统一稳定的货币标准，从建立之初就存在很大的不稳定性，而且这些国际储备完全建立在人们对这些货币有信心的基础上，尤其是对美元的信心，导致其根基更加不稳定。20 世纪 70 年代以后，美国的经济实力不断下降，以及 80 年代以来长期持续的大规模逆差导致美元币值一路下滑，美元信心明显下降，引发了资本主义国家利益的巨大冲突和矛盾的严重激化。对此，各国纷纷调整政策，导致汇率波动更加频繁、更加剧烈，汇率市场混乱动荡，货币危机、金融危机频频爆发。由于货币地位的不对称，以美元为首的国际储备货币不断地对外发行换回实物资源，发展中国家因为出口贸易大量积累了巨额外汇储备，导致全球经济长期处于失衡状态。

其次，混合汇率制度加大了汇率制度的复杂性，加剧了汇率市场的不稳定性。作为最主要储备货币的美元和两大辅助储备马克与日元之间的汇率关系构成了该体系下汇率关系的基础。但是，这三者之间的汇率却频频波动，愈演愈烈。在20世纪80年代，美元汇率在前五年与后五年分别下降与上升了60%左右，日元和德国马克分别升值60%和20%左右，给国际外汇市场带来了巨大的波动，加剧了国际金融市场的投机活动，严重影响着国际贸易的发展和世界经济的平衡。因为汇率的波动一方面影响贸易进口国和出口国的进口与出口状况，也影响双方的成本与利润核算；另一方面会使国际借贷的某一方（债务方或者债权方）蒙受实际资产的损失，引发债务危机。而且，利率的波动容易引发通货膨胀问题，对一些防范与调控能力比较差的发展中国家而言，这是致命的打击，会引发这些国家的经济危机。

最后，国际收支调节机制不健全，各国宏观经济政策也未能自主独立。多种手段共同对国际收支进行调整，但是每种手段都存在着一定的缺陷，如汇率调节受到出口商品弹性的限制、利率调节对通货膨膨胀的影响、国际借贷加剧借债国的债务积累引发债务危机等。虽然《牙买加协议》规定国际收支逆差国和顺差国共同承担，对称性地对国际收支进行调节，但是却没有一个法定的强制性机构对此进行监督和引导。因此，自 1973 年以来，国际收支失衡的局面越来越严重，顺差国主要集中在新兴市场国家和石油出口国，其外汇储备积累越来越大，而主要国际储备货币发行国（美国）的逆差越来越严重，加剧了国际金融关系和全球经济的失衡。

二、国际货币体系的核心关系和决定因素分析

未来国际货币体系构架不是什么天才设计，而是世界经济格局变化和经济规律作用下多种力量碰撞的结果。阐明国际货币的核心关系及其背后的决定性因素，就会了解国际货币金融体系的未来发展趋势。

（一）布雷顿森林体系的核心关系

对布雷顿森林体系核心关系的认识涉及对国际货币体系演变规律及决定因素的认识。西方的传统观点是将战后布雷顿森林体系的核心关系看作汇率制度问题，布雷顿森林体系意味着固定汇率制度的建立，

1971年美元停止兑换黄金意味着建立浮动汇率制度。这样的认识引导我们将国际货币体系重建的核心放在“设计一个什么样的汇率制度可以更好地保证国际贸易和国际投资的环境更稳定”的问题上。

实际上，美国1944年是靠经济实力迫使世界签署符合美国利益的协议（美元与黄金挂钩，各国货币与美元挂钩），而在1971年又单方面撕毁协议，宣布美元不再兑换黄金，这也是凭实力来维护美国的最大利益。我们认为布雷顿森林体系及其演变的核心关系是美元的霸主地位，支持这个地位的是美国的经济、政治实力，而具体的货币和汇率制度则服从这个利益，是从属和可以有选择的。这样的认识将引导我们以我国和其他各国的利益关系为中心，以经济实力为支点来考虑如何重建国际货币体系。

（二）政府因素是如何从边缘走到中心——当代国际货币体系形成的重要推力

在19世纪或更早的时期，国际贸易结算中是不承认纸币的，因为它没有价值。在国际间实行的是金块本位，只有黄金才是货币，纸币只有在有稳定含金量和随时兑现保证的时候，才被作为黄金的代表进入流通，这就是金本位制度。此时，所有国际货币都是靠黄金的自然价值来保证其货币功能的。但是在20世纪20年代初实行的金汇兑本位就不再仅仅是靠黄金的自然力量来维持国际货币的地位了，少数国家（当时的美国和英国）承诺其货币可以兑换黄金，其他国家的货币则与这些国家的货币挂钩。在国际间流通的主要是承诺兑换黄金国家的货币，其他货币在国际贸易中的使用量很小。这种制度是靠黄金的自然力量与政府的信用一起来支撑的，相对于金本位和金块本位，政府信用已经越来越多地加入到金汇兑这种国际货币体系中来。但是直到金汇兑本位时，黄金仍然是国际货币体系形成的决定性因素，只不过政府作用在逐渐增强。布雷顿森林体系的建立则直接显示出了政府（美国政府）在国际货币体系建立过程中的决定性作用，尽管兑换黄金的承诺仍然占有重要地位。解读国际货币体系的历史发展进程，可以看到国际货币是怎样从依赖黄金价值的自然力量，向依赖政府超市场力量的转化过程。这就是说，目前条件下重建国际货币体系必须重视和依靠超经济的政府力量。

（三）中央集权与货币的统一性

黄金等贵金属直接充当货币时，货币可以自动进入和退出流通领域。因为当一两黄金只换一个烧饼的时候，由于二者价值差别太大，人们觉得不合算就要储藏黄金，于是黄金自动退出流通，变成金银首饰和金块等；如果一两黄金换两头牛，黄金换回的价值比自己本身价值高许多，储藏的金银就会被铸造成货币进入流通。黄金靠自身的价值来自动维持其货币的功能和统一性。但信用纸币没有价值，没有这个自动进入和退出的机制，就不能靠其自身价值来维持货币的功能和统一性。信用纸币和符号货币的数量与统一性必须靠中央银行的中央集权来控制，目前所有国家的国内都是如此。这一点意味着重建国际货币体系的正确方向必须强调集权和有效控制，而不是分散决策的自由化。

（四）20 世纪国际货币体系的两个重要转折：1971 年的美元和 1999 年的欧元

1. 1971 年之后国际货币体系中的权利与责任失衡

1971 年尼克松宣布美元停止兑换黄金，导致美国对外提供美元不再有黄金储备的约束，理论上美国可以无限制的对外提供流动性。美元不再有含金量，它与任何国家内部的信用纸币一样，被彻底虚拟化了。而在 20 世纪 70 年代，没有任何货币可以向美元的世界霸主地位挑战。在缺乏替代货币的前提下，美元依然维持其世界霸主地位，这实际上确保了美联储世界中央银行的地位和权利，它有权向世界提供任何数量的流动性，却没有任何世界中央银行的责任和义务。这就是 1971 年以后国际货币体系中最根本的问题，国际货币权利和国际货币责任的失衡。

正是这个失衡导致了美元在世界范围内的泛滥，导致了美国国内实体经济与虚拟经济的失衡，导致了美国国内累计金融资产的膨胀和杠杆活动泛化，为今天美国的金融危机和正在开始的美元危机埋下祸根。

2. 1999 年欧元的出现导致国际货币的统一性与多元化现实的矛盾

前文已分析过，失去自身价值的信用货币本身要求统一性，在二战后到 1999 年之前，美元的世界霸主地位客观上满足了货币统一性的要求，或者说美元霸权之所以长期存在，因为它承担着世界货币的统一性的功能。1999 年，欧元开始在国际间正式使用，2002 年欧元完成了大多数欧洲国家的货币统一，并在国际上开辟了美元、欧元两大主要国际货币与英镑、日元两个次主要本位货币的多元化国际货币格局。在美国金融危机不断加深和美元霸主地位衰落的情况下，各国纷纷努力将自己的货币推向国际储备货币地位：印度成立了一个总理领衔的“推进卢比自由兑换和国际化”委员会，俄罗斯则直接宣布其天然气和石油交易时必须用卢布结算，拉美大国阿根廷和巴西最近也宣布开始双边贸易结算将不再使用美元，而以其本国货币比索和雷亚尔替代，这些国家都在推进经济增长的同时，为将其货币推向国际本位货币的地位做种种努力。当霸权遇到挑战的时候，实际上就是货币统一性遇到了挑战。我们认为美元霸主地位的衰落意味着国际本位货币的统一性正在丧失，国际货币体系开始进入无政府状态，开启了一个任由“虚拟货币”的流通规律来左右的时期。

（五）当代美元、欧元两大本位货币的国际货币体系为什么会加速崩溃

世界面临金融危机的巨大危险，美国、欧洲和中国的关系将遇到空前挑战。而这一切变化的根源来自美国长期向世界注入美元国际本位货币，以及2000年后欧元国际本位货币类似美元的急速扩张。

1. 小国货币的从属性与霸主货币的缺乏约束

1971年美元停止兑换黄金之后，美元的霸主地位依然维持下来的原因有三个：一是20世纪70年代美国实体经济仍然十分强大，当时美国GDP占世界GDP的47%，其中制造业占其GDP比例还在21%以上；二是当时世界上没有美元的替代品；三是世界货币彻底虚拟化之后，“小国货币”难于摆脱美元霸主货币的决定性影响。

美国经济学家麦金农提出了“小国货币的原罪”说：如果小国经常项目不断逆差，它就要靠借外债来弥补其贸易逆差，这会导致其货币不断贬值，积累的债务负担越来越重，直到破产边缘（20世纪90年代初的拉美国家外债不断膨胀就是如此）；如果经常项目顺差，就会不断积累外汇储备，本币不断升值，外汇储备不断缩水，国内流动性充斥，资产价格高企，直到发生泡沫经济（20世纪80年代初到90年代的日本就是一例）。只有保持经常项目收支平衡，且与大国货币汇率保持稳定，

才能避免损失。即使美元滥发引起美元贬值趋势，也是一样，小国必须调整以跟上美元贬值的步伐，不然自己货币升值过大或过小，都会引致大量对本币的投机活动，直至引起本国经济衰退（如 1997 年东南亚金融危机时的泰国等）。小国货币单独采取措施抗衡美元的结果无异于“自杀”，这就是美元霸权下小国货币附庸地位的悲哀。

这就是说，当代国际货币体系的命运完全依赖于对霸主货币的约束，在美元没有外部约束的情况下，就只好依赖于美国的“自律”，依赖于其货币当局是从全球利益来制定政策，还是仅仅考虑美国利益。不幸的是美国货币当局考虑的仅仅是美国的利益，而且不是其长远的根本利益。

2. 欧洲 12 国政府力量冲破美元独大的藩篱

当任何一个“货币小国”随着本国经济增强，打算将其货币推向国际货币的时候，最初总是要与美元保持一个相对稳定且汇率持续走强的趋势。但是其最终能否成为国际货币则取决于它能否有效借助政府超经济的力量冲破美元强势的束缚。日元和当年的西德马克都曾经在保持与美元基本一致的情况下试图摆脱美元束缚成为自主的国际货币。1985 年的广场会议迫使日元迅速大幅度升值（1 年时间内从 213 日元兑 1 美元大幅升值到 80 日元兑 1 美元），彻底封闭了日元在国际上继续扩张的道路；而 1991 年欧共体 12 国签订的《马斯特里赫特条约》则将西德马克摆脱美元影响的道路进一步拓宽，为欧元的诞生奠定了基础。没有这种超经济的政府力量合作干预，欧元是不可能出现的，美元的霸主地位也不会遇到实质性的挑战。欧元的出现最终打破了美元一统天下的世界货币格局，使得国际货币体系进入一个新的发展阶段。

3. “滥币陷阱”将国际货币体系引向崩溃

欧元的诞生使得美元霸主地位受到挑战，从根本上动摇了当代国际货币体系中世界货币的统一性。我们研究表明在两大货币同时存在的体系中，存在着一个“滥币拉良币”的“滥币陷阱”。当美国国内长期财政赤字和居民长期低储蓄造成美国经常项目持续逆差的时候，美元大量流往美国境外，刺激了美国境内外美元资产的膨胀和积累。美元资产在境外泛滥导致美元汇率持续下跌，也使得刚刚诞生的欧元不断升值。如果美元不断贬值，欧元不断升值，欧洲的出口就会受到抑制直至衰退；与此同时，在欧元坚挺的时候，企业和金融机构以欧元计价发行债券容易取得成功，经纪商也更容易赚钱。于是，欧元国际债券从 2003 年起就迅速膨胀，到 2004 年 9 月份，欧元取代美元成为国际债券和票据市场发行量最大的币种；截止到 2007 年 12 月末，欧元在国际债券和票据市场中余额高达 11 万亿美元，占比为 49%，欧元占世界官方外汇总储备的比例也从 1999 年的 18%迅速上升到 2007 年的 26.5%。在两大国际本位货币共存的情况下，一个主要货币的滥发一定会迫使另一个货币跟着滥发，且美元汇率下跌终究会拉欧元跟着一起下跌，而其他小国货币又必须跟进，反过来，如果欧元因过度发行而贬值，最终也会拉着美元和其他小国货币跟着贬值。显然，目前国际货币体系已经掉进了一个“滥币拉好币”的陷阱，整个系统变成了一个败德的货币体系，导致世界范围内的流动性不断膨胀，这就是“滥币陷阱”为什么会将世界货币体系引向崩溃的原因。

2002 年以后国际金融资产大幅度飙升，全球各国货币当局手中的外汇储备从 2002 年的 2.4 万亿美元迅速膨胀到 2007 年底的 6.4 万亿美元，5 年扩张了 1.6 倍；国际债券与票据从 2002 年底的 9.3 万亿美元扩展到 2007 年底的 22.8 万亿美元，翻了 1.5 倍；全球对冲基金资产总额在 2002 年底不过 1 万亿美元，2007 年底资产总额已经上升至 1.9 万亿美元，5 年近乎增长了 1 倍，整个世界进入了一个金融资产迅速膨胀和泛滥的陷阱。正是欧元出现使得世界货币体系的统一性遭到破坏，世界货币数量进一步失去控制，导致国际货币、金融资产和投机资金的泛滥，迅速引发了整个世界货币金融体系的危机。

三、美国的问题及其在国际货币体系中的利益所在

由于国际货币体系的核心关系是利益关系，所以我们认为了解次贷危机对美国和欧洲的影响深度，了解美国和欧洲的利益所在，是认清当今国际货币体系客观上可能的改进及其演变路径的基础。

（一）美国面临的问题

美元一直在国际货币体系中具有霸主的地位，但也正是美国长期滥用美元国际霸主地位的做法使美国发生了“百年难得一遇”的金融危机。欧元的出现动摇了美元的霸主地位。这次金融危机的迅速深化将美国逼到需要与世界上其他国家商量如何联手应对金融危机以及寻求外援的地步，故我们认为美国面临的最大问题是如何防止美国金融危机的进一步深化，并维持美元国际货币霸主地位的延续。

（二）美国金融危机的深度

美国金融危机的最根本的原因是其实体经济与虚拟经济的长期失衡，因此其调整有两个内容：一是过度膨胀的虚拟经济要“消肿”，也就是通过银行和金融机构倒闭以及资产贬值使得虚拟财富大量削减；二是重建其制造业为主的实体经济。前者决定着金融危机持续的深度和时间，后者决定着美国在金融危机过后的经济调整方向以及经历高失业率的时间长度。

1. 美国资产进一步“消肿”的规模

第一，房价持续下跌尚未止步。市场普遍估计美国平均房价还有10%～15%左右的下跌空间，房价继续下跌意味着抵押贷款的违约率还要上升，甚至优质抵押贷款债券也会受到波及，这意味着号称美国居民“自动提款机”的房地产市场远没恢复；第二，美国的救市措施是用政府信用代替银行信用，现在大量的呆坏账被政府担保，但实际上没有清除；第三，现在美国政府的定量宽松货币政策已经使得美国政府背负了大量债务，目前美联储已经是美国两房的 MBS 和国债市场的重要买方。这一切都说明美国建立在私人信用基础上的虚拟经济部门（金融和房地产）远没有恢复。

2. 美国救市措施的困境——财政赤字进一步扩大将引起美国经常项目逆差和境内外美元资产迅速扩张

由于美国是财政赤字，所以美国救市所需的约 2 万亿美元资金的来源主要是向境外借债，这必将引起美国财政赤字进一步上升。2008 年美国财政赤字高达 1.5 万亿美元，估计未来几年在 1 万亿美元以上已经肯定，这必将引起美国经常项目逆差进一步增加。这就是说美国对外发行的债券还要进一步加大，刺激美国的股票、债券等虚拟资本进一步膨胀。

金融危机本来是让次级抵押贷款、债券等金融资产“减记和消肿”，但现在美国的救市措施却在进一步加剧美国境内外金融资产的膨胀，特别是境外金融资产的膨胀，这显然是饮鸩止渴。

（三）美元危机的必然性

1. 国际本位货币美元和欧元扩张的规模与速度

美元曾经面临崩溃，其停止兑换黄金挽救了美元的霸主地位，但问题并没有得到根本解决。1971 年，美元危机迫使尼克松总统宣布美元停止兑换黄金。之后，世界经济开始了一个新的时代。在布雷顿森林体系中，美元承诺兑换黄金，美元的支柱就是它的黄金储备。美元外流意味着美国的黄金储备外流，黄金储备就构成了美国对外提供美元的约束力量。当美元不再承诺兑换黄金之后，各国央行持有的美元储备便不能在美国兑换黄金，而只能购买美国财政部发行的债券和其他金融资产。债券和其他金融资产替代黄金成了支撑美元国际货币的支柱，美元不再需要黄金储备作支撑，只要有足够的债券、股票以及其他金融资产，就足可以替代黄金以应付来自境外美元回流的压力。境外美元的支柱从黄金储备改为债券和其他金融资产之后，境外美元的支柱虚拟化了，美元流往境外也就不再有约束。失去了约束，美元流往境外的速度加快，规模也越来越大。这加剧了美国经常项目的赤字化，美国经常项目逆差从 1982 年的 55 亿美元，迅速扩大到 2006 年的 8000 多亿美元，24 年间增长了大约 143 倍。任何国家的 GDP 和实际资产都不会有这样的增长速度。美国现在持有的黄金和外汇储备不到 1000 亿美元，而且长期保持在这个水平，因此其经常项目逆差就是美国 80 年代后对外疯狂注入美元的基本渠道。

观察美国的国际收支平衡表，从 1982 年开始，美国通过经常项目的持续逆差总共向外输出了 5.2 万亿美元，累计形成了 3.1 万亿美元的官方外汇储备。据统计，欧洲个人和非官方机构手中持有近 3 万亿美元储备资产，日本国内非官方机构和个人就持有近 2.4 万亿美元储备资产，是日本央行手中 8000 多亿美元储备资产的 3 倍。中国外汇储备已经超过 1.5 万亿美元，非官方外汇头寸大约 2400 亿美元。此外，石油输出国、韩国和中国台湾、中国香港以及拉美国家都有大量美元资产。在美元本位制的世界货币格局中，各国外汇资产大约65%以上是美元资产。按照美国财政部数据，2006 年底美国外债总额总计约有 12.3 万亿美元（境外美国居民持有），而美国 2006 年的名义 GDP 不过 13 万亿美元，美国国内的全部现金 M1 不过 1.3 万亿美元，M2 不过 7 万亿美元。这些全球化的美元资产交易因大量投机活动而生成风险，各种“从众效应”、“蝴蝶效应”等的放大作用时常会使其形成金融风暴和金融危机。世界并非因失去了黄金而变得疯狂，实在是因为被过多地注入美元虚拟资产而变得风雨飘摇。

2000 年以后，第二大国际本位货币欧元在世界范围内迅速扩张，其占世界官方外汇储备的比例迅速从最初的大约 18%，上升到 2006 年的 25%。美元和欧元加在一起占世界官方外汇储的 90%（日元和英镑加在一起占大约 6%，其余货币的比例很小）。正是国际两大本位货币的高速增长导致了世界性的流动性膨胀。

2. 美元危机和国际货币体系动荡已经不可避免

大量美元（现在还有欧元）进入经济领域之后，短期可以靠各种对冲办法减少流动性，中期可以靠流往国外减少国内膨胀的流动性（仅对国际化程度相当高的货币），但从长期来讲，如果实体经济不够强大，长期累计起来的流动性的唯一解决途径就是贬值。根据美国的国际投资头寸表，截止到 2006 年底非美国居民持有美元金融资产的存量已经达到 16.3 万亿美元，而 2006 年美国 GDP 不过 13.2 万亿美元。美国通过债务经济不断消费世界各地的产品和资源，而各国得到的仅仅是美元和美元资产储备。“世界上没有免费午餐”如果还是正确的话，美国就一定会为此付出代价，美元危机因此不可避免。我们认为美元一定会发生危机的理由如下：

（1）美元支柱的虚拟化

自美元不再兑换黄金之后，美元的直接支持就是国际投资者对美国金融资产（特别是美国长期债券）的信任，对美元的信任实际上就在于对美元资产的信任。美元面临的风险已经不是传统意义上的市场风险、信用风险等，而演变为国际投资者对美元的信任风险。

（2）美国实体经济的退化

二战后，美国 GDP 从占世界总量的 50%已经下降到现在的近 25%（当然这仍然是一个不小的比例）。但是美国制造业 GDP 占其总量 GDP 的比例却从二战后 50 年代的 25%下降到现在的 12%左右，而其地产、金融等服务占比却从 50 年代的 10% 左右上升到现在的 21%。显然，支撑美元最终购买力的美国实体经济正在不断被削弱。正常条件下，美国境外大量美元储备的对应物不仅仅是美国的实体经济和虚拟经济，也是各国在国际间提供的商品和劳务以及美国提供的大量国际性虚拟资产。但是如果有一天，某种投机活动引起的某种事件突然使得国际投资者对美元丧失信心，就会形成抛售美元金融资产的狂潮，这时美元的购买力就必须用美国自己的实体经济来衡量和支撑。美元的根本风险就在这里。

（3）美国“次贷危机”成为美元危机的导火索

目前正在发生的美国次贷危机就是美元危机的一个导火索，它会将美元金融资产的危机引向更大规模。次贷危机的根本原因是流动性膨胀而不是流动性的短缺，因为按照信贷资金放出的顺序，风险小、收益最安全稳定的最优先获得贷款，依次是信用级别逐渐降低，风险不断增高，当次级贷款市场发展起来的时候，恰好表明美国的流动性膨胀已经到了最低收入阶层都可以获得大量贷款的地步，显然美国次级信贷市场的发展已经是流动性充分膨胀的最终结果。现在美联储除去注入美元流动性之外没有任何其他办法可想，而从根源上来讲次贷危机不是美元流动性过少，而是人们不再信任美元资产，并对美元未来逐步丧失信心所致。美国人靠自己根本不可能度过这次危机。我们认为美元的全面危机即将爆发。

（4）国际投机基金规模巨大

国际个体和机构的对冲基金的规模已经达到 1.5 万亿美元，这些金融大鳄的单个“体重”早已超过百亿美元，它们已经长大，不会再仅仅钉住泰铢那样的小货币，而是要在美元、欧元、日元、英镑等主要货币市场上获得营养。小货币已经养不起它们了。此外，国际上经营外汇储备资产的主权财富基金已经达到 1.9 万亿美元，它们的行为也具有越来越大的投机性，而且越是在危机四伏的时期，它们为了自保，越是要抛售弱势货币及其资产。因此投机者对美元的信心越来越成为美元潜在的支持力量，一旦投机者开始对美元投机，就可能引发全面危机。

（5）美国没有调控和平准美元汇率的力量

任何货币在其汇率大幅度下跌时，其当局都会干预其汇率，用持有的黄金或外汇购进本币，以支持其汇率。这就需要足够支持其汇率的外汇和黄金储备。美国全部黄金和外汇加在一起，不足 1000 亿美元，同巨大的境外美元和美元资产相比，杯水车薪。因此美国自己无力直接干预美元汇率。目前美国靠调节利息率，来调节美元资产收益与其他国家资产收益的关系进而调节资金流入和流出，以便维持美元汇率。但这前提是人们只对资产收益短期变动感兴趣。当越来越多的投资者意识到美元和美元资产收益长期历史走势是加速下跌的时候，这种基础就动摇了。美元汇率一年多以来已经跌了 10%，且由于欧元的加速崛起，美元汇率的跌速正在加快。

（6）美国解决美元危机的唯一出路是寻求国际支持

美元危机唯一的解决办法是寻求欧洲、亚洲实体经济强大的国家用本国货币购买美元，购买美元资产以便支撑美元汇率。这件事发生不过是时间问题，到时经过谈判，一定会有国家出来支持美元。因为美元完全崩溃将导致全世界减少 8000 亿美元的需求，而中国这样的劳动密集型国家每 100 亿美元的就业人数大大高于发达国家，损失外部需求，中国经济也会进入衰退，而中国目前承受不了经济增长下降以及就业率的下滑。在此情况下，美国和中国都面临巨大的困境：美国是面临美元危机，而中国则是面临国内流动性膨胀和人民币大幅升值的压力。中国目前迫切需要向外输出人民币及资产减压，以缓解国内流动性膨胀的压力和对外升值的压力。但也面临巨大的历史机遇，中美可以谈判和合作一起来解决问题，中国可以适当输出人民币及人民币资产来支撑美元资产及其美元汇率，这将缓解目前美国面临的最大危险，同时这也将保持中国制造业的平稳增长和缓解国内高涨的流动性以及人民币汇率升值压力，取得双赢。

四、欧元面临的重大问题与重大利益所在

我们的研究表明欧洲在此次金融危机中面临的经济情况也很严峻，大致概括为如下几个方面：

第一，前文已经分析过由于“滥币陷阱”规律的存在，欧元和欧元资产发行量正以比美元还快的速度膨胀。但更为严重的问题是欧洲也在迅速滑向美国的经济运行方式。欧元区中诸如西班牙、意大利、爱尔兰、希腊等也基本上都是依靠金融服务、地产和旅游等虚拟经济行业或靠近虚拟经济的其他服务业维持经济运行。其中西班牙、意大利、爱尔兰（其GDP 占世界 0.45%）从欧元诞生之后的 2000 年起都是经常项目持续逆差，而且迅速扩大。意大利 2000 年经常项目逆差占其 GDP 的比例为 1%，2006 年达到 4%，2007 年也有 3%；爱尔兰的经常项目 2000 年还是基本平衡，此后持续逆差，2007 年其经常项目逆差已经占到 GDP 的 5%以上，西班牙则一直逆差，且逆差占 GDP 比重由原来的 4%狂涨到 10%，而美国最严重的 2006 年这个比例不到 7%。整个欧元区的年度经常项目逆差已经达到 1500 亿美元以上，可以看到欧元区内部一些国家正在高速重复美元的游戏：通过消费其他国家的商品和服务向外输出欧元，然后通过输出欧元计价的债券、股票等虚拟资本回收通过经常项目逆差流出的欧元。显然，欧元和欧元资产也正在全球迅速膨胀，欧洲经济在次贷危机影响下迅速恶化也根源于欧元和欧元资产的过度膨胀（换句话说，欧元区的虚拟经济与实体经济也失衡了）。欧元的表现也充分说明了目前成为国际储备货币的国家都只是通过储备货币地位获得利益，而不考虑储备货币国家的义务。

第二，欧洲的金融机构主要是银行业参差不齐，许多国家的金融业抗风险能力弱于美国。统计数据表明欧洲一些银行的杠杆比例比美国还要高，导致欧洲在此次金融危机中损失堪比美国。例如，2008 年倒闭的雷曼兄弟发行的债券居然有一半是欧洲金融机构买走的，雷曼 6000 亿美元的坏账，欧洲人承担了一半。

第三，欧洲整体经济比美国弱，且由多个经济体组成，经济体之间

联系紧密相互影响不亚于美国的各个州之间的影响，但政府和金融机构的协调性和反应敏感度远比美国国内的整体性要差。于是，欧洲由于其不是一个统一的国家，利益摩擦不断，直接影响欧洲经济的一体化，欧元在欧洲维持“货币统一性”比美国困难。

第四，由于欧元区对成员国政府赤字有较严格的限制，因此欧元国际债券中最大的部分是公司债券，其信用较美国政府债券要差得多。所以，一旦投资者意识到欧元区的基本面问题，抛售欧元计价公司债券的速度要比抛售美国国债和机构债券的速度更快，我们估计欧洲问题绝不比美国小，欧元区的经济在未来一段时间内会受到更大的打击。

第五，目前欧盟内部应该已经达成一致，将此次金融危机看成是欧元挑战美元霸权机会的一个绝好时机，至少应该有效扩大欧元在世界外汇储备中的占比，它们准备重塑国际货币基金组织（IMF）在国际金融监管中的地位与作用。目前欧盟 27 国在 IMF 大约拥有 31.6%的投票权，处于绝对领导地位，所以它们力促将 IMF 变为一个全球金融活动的实质监管机构，扩大 IMF 对金融活动的多边监督权。但我们认为，欧元区由于次贷危机引致的问题以及它们内部实体经济的问题实际上并不比美国少，甚至可能比美国更严重，所以在未来一段时间中无论欧盟提出什么样的提升欧元地位的方案，如果没有外援最后可能都会流于形式，因为从本质上来讲欧洲的经济和欧元要接受的考验与挑战并不比美国和美元少。

五、美元单一国际本位制还能恢复吗

我们认为，正像欧元不可能替代美元一样，无论美元如何走强实际上也不可能完全消灭欧元，固然美元走强会使得全球投资者争持美元资产，美国也会利用此机会进一步向外提供诸如国债等金融资产，美元在世界外汇储备中比重会上升，欧元地位会下降；但过一段时间当投资者发现手中美元资产越来越多，越来越不值钱的时候，它们又会转而持有欧元，于是欧元区的一些国家也会加速向外提供欧元资产，欧元在世界外汇储备中的比重也会上升，美元会下降；再过一段时间投资者又会发现欧元资产越来越多，越来越不值钱，它们又得继续转向支持美元……在此过程中，由于欧元区内核基本经济力量的存在（就是德国），我们认为欧元不会被消灭，其国际货币占比即使下降到最初的19%，世界还是两大主要国际本位货币的格局。于是只要这两个主要国际货币的对外发行没有约束，通过借钱（向外提供美元和欧元）来维持经常项目逆差的运行方式就不会停下来（实际上这种方式正在被越来越多的欧元区国家复制），与美国一样的经济运行不但不会停下来，还会进一步发展。这才是国际货币体系最需要重视的现状，只要两大国际本位货币国家不断通过经常项目向外提供本位货币，然后通过提供债券等金融资产回收本位货币，美元资产和欧元资产数量就会不断膨胀，美国和欧元区各国经济虚拟化程度也就不断加深，加剧这些国家虚拟经济与实体经济的失衡，从长期趋势来看欧元和美元危机都不可避免，国际货币体系必定面临越来越大的危机。我们认为，近期内无论美元与欧元在国际储备货币体系中占比如何演变，结果都是美元资产和欧元资产的进一步膨胀，国际货币体系危机程度会不断加深。

六、构建新国际货币体系的基本原则和可能方案

对未来国际货币体系的重建问题，我们认为要做的实际不是“设计”，而是在规律认识基础上对可能结果的估计。

（一）国际货币体系现存的基本问题

根据前文的分析，国际货币体系现存的基本问题有四个：

第一，2002年以前美元一币独大情况下，显示的最重要问题是国际货币发行（引起世界外汇储备、国际债券乃至全球投机资金力量迅速扩张）没有从全球各国利益出发的约束。美国有世界中央银行的权利，却没有世界中央银行的责任和约束。因此新体系要对国际本位货币的提供有从全球角度和世界各国利益出发的约束。

第二，欧元加入世界货币体系之后，出现了“格雷欣法则”的变种，“滥币陷阱”的新规律。它同美元一币独大的情况相比，并没有使得货币滥发的情况得到抑制反而使得货币在美元霸主时期的统一性被破坏，

加速了国际货币体系的崩溃，最近卢布、墨西哥比索、印度卢比都试图国际化，给我们描述了一个争抢国际货币带来的利益，不考虑应有责任的一幅“货币无政府主义”的图画。显然，如果所有货币都变成世界货币，只能是使世界更加混乱。保持货币的统一性仍然是未来国际货币体系中最重要且最具技术性的问题。

第三，非强势本位货币特别是其中的非储备货币居于从属地位，其国内经济受到外来因素影响越来越大，且任何危机总是躲不过去。1997年的东南亚国家如此，2008 年进入 10 月以来亚洲的巴基斯坦、韩国、印度、印尼、菲律宾，东欧的乌克兰、俄罗斯，拉美的巴西、阿根廷，非洲的南非也是如此，这些国家都出现了资金抽逃，汇率大幅波动，金融业岌岌可危且实体经济受到严重影响，金融危机正在向新兴市场国家迅速蔓延，它们多数是“无辜受害”，应考虑现有货币体系对弱势国家的保护机制。

第四，现行国际货币体系目前最现实的危机就是直接支撑美元和欧元的主要是虚拟经济，而不是实体经济。美元国际本位货币的直接支撑是其债券和其他金融资产，美国债券市场余额为 27.4 万亿美元，境外债务为 13 万亿美元，美国当前金融危机的根源在于其虚拟经济的过度膨胀，因此它将虚拟经济的不稳定性带给了美元和整个世界货币体系。欧元也类似，欧元计价的国际债券高达 11 万亿美元，但它更大的问题是欧元区的经济和政治摩擦带给欧元许多不稳定因素。由于美元和欧元直接的支撑——虚拟经济不稳定，美元和欧元为主要货币的体系就一定会不断处于动荡不安的状态，但更重要的问题是至今没有看到美国和欧元区有削减其虚拟经济的措施，哪怕是停止虚拟经济扩张的措施。这就是说，要么欧元区和美国经济实体化，要么必须有新的力量将更多实体经济的因素带进国际货币体系，否则就没有可能修改或重建国际货币体系。

（二）国际货币体系的基本功能和目标

国际货币体系为什么要重建以及怎样重建，依赖于对国际货币体系功能和功能保障的认识。根据前面的分析，我们认为国际货币体系的基本功能是：为国际贸易、国际投资提供稳定的计价标准和支付手段，并为世界金融的稳定提供监管和调整的框架，防止金融危机；其建设目标是：建立一个更加包容有序的国际货币金融体系，各国应该共同推动增加发展中国家在国际金融机构中的发言权和代表性，增强国际金融体系的有效性。

（三）未来国际货币体系重建的几种可能

目前，一方面各国都想参与新的国际货币体系构架，我们认为虽然新的国际货币体系要顾及中小国家的利益，但是国际本位货币本身的集权要求和统一性要求，实际上不允许过于民主，至少在执行中要集权，否则没有约束力；另一方面真正重建和构架的结果不是靠讨论，而是靠经济和政治实力。我们估计未来国际货币体系的重建有如下几种可能：

1. 现有美元与欧元主导的国际本位货币不能继续维持

我们认为现有美元和欧元国际货币体系的问题（上述四大基本问题）靠它们自身不能得到根本解决，如果欧元与美元合作能够解决问题，那人民币在未来国际货币体系构架中想挤进去实际也进不去，但目前的问题是这两个主要本位货币支撑的国际货币体系已经维系不下去了。美国和欧盟可能会联合制定类似巴塞尔协议的东西来规范国际金融活动，还会加强各国间合作以增强金融信息披露，以及及时协调干预措施等。这些虽然有必要，但是不解决前文分析的四大根本问题，国际货币和金融秩序的重建就只会沦于做表面文章，既不能缓解现在的危机，也不能保证现有危机不再重犯和继续发作，国际金融环境亦不会有根本的改善。

根据前文分析，我们认为由于美国经济的去工业化和经济虚拟化，美国不再有力量独立支撑国际货币体系，欧洲经济也已经虚拟化，其实体经济也存在很大问题，欧元也不可以支撑现行国际货币体系，它们无论如何联盟都不会阻止国际货币体系危机在未来的进一步发展。如果这些货币与印度、墨西哥或东亚联盟，货币联盟的国家越多，越不好协调；美元和欧元尚且如此，再加进一些并不比这些货币稳定的国家参与于事无补。因此，我们认为如果国际货币体系危机的事态不严重，世界各国都会各提各的方案，只有等危机严重了，需要担起责任而不是只顾眼前利益的时候（利益是付出巨大代价之后的长远利益），喧嚣才会会静下来，各国才会勇于承担风险和责任，顾及世界其他弱小国家利益的国际货币体系方案就会迎来尊重和拥护。

随着危机的进一步加深，美国和欧洲最终会意识到只有人民币才会将中国实体经济的稳定性带给国际货币金融体系。如果新一轮国际货币体系的构架和发展不是将人民币拉入，美元、欧元加上日元、英镑的体系尚能稳定住（它们已经占世界货币的 95%以上了），人民币就没有机会，挤也未必挤得进去，人民币国际化必须从长计议，但这并不妨碍我们做各种各样的准备。

2. 美元—人民币联盟

如果人民币与美元建立一种货币联盟关系，即使美元—人民币联盟占世界货币比例还是美国的比例（64%），美元—人民币联盟还是可以稳住。当然，第一要务是协议控制货币供应量，稳定住美元—人民币联盟的货币数量以及计价金融资产的数量。这时，欧元如果滥发不会导致美元—人民币滥发，因为：首先美元—人民币联盟货币的占比远大于欧元占比，欧元滥发无异于自杀；其次最重要的是美国和中国实体经济联系的实力要远远的高于欧洲，这是对此联盟的最根本支撑。其他货币只能围绕这个核心货币浮动。当然这仅仅是一种假设性的估计，目的仅仅是表明我们对中国因素可能对世界货币体系起到稳定作用的信心。

3. 美元—人民币—欧元联盟

这种设想更有可行性。因为从目前来看美国还试图在全球维护其霸主地位，在此情况下，中欧存在极大的合作空间。但我们前文已经提过欧元今后的问题会很多，货币协调框架会更复杂一些。

4. 设计新的类似“特别提款权”的一揽子货币

我们认为这种方案没有可行性，因为从凯恩斯的“班克尔”方案到“特别提款权”流于表面形式，已经表明没有实力支持的方案再好也没有可行性。但是可以在一揽子货币的名义下实际实行三大货币（人民币、美元、欧元）方案或五大货币方案等，其他货币按 GDP 比例和国际贸易占比在一揽子货币中具有一定席次。中国的人民币无论如何不会现在就被承认为大货币，有可能占比不会高于日元、英镑，甚至被放在与印度卢比类似的比重上。但问题是如果这样，实际上就是维持现状，如果现状可以维持，国际货币体系就没有必要重建。

（四）国际货币体系的控制权及其机构

国际货币体系的控制权实际上一直掌握在个别国家手里。无论是世界银行还是国际货币基金组织对世界货币及其资产膨胀基本上没有控制权，所有的国际货币都有其本国货币当局根据本国利益和经济情况来控制。我们认为如果不可能建立世界中央银行（实际上也不可能建立），就只好将主要货币发行权掌握在各国货币当局手中的同时，加强90%以上货币发行的协议约束，相应的国际机构辅助约束是必要的，利用现有国际机构加强其监督和约束机制是必须考虑的。未来的国际货币体系必然还是具有“统一性”的国际货币体系，但会通过协议约束各主要储备货币组成为近似一元化的本位货币，其他国家在参与对本位货币约束机制的条件下自行决定自己的货币政策。

第四章　为什么当代国际货币体系是不稳定的——双本位国际货币体系分析

在第三章分析的基础上，我们继续分析当代国际货币体系的研究现状。美元本位制使得美国经济走上了“去工业化”和“经济虚拟化”道路，导致美国核心经济的转变，虚拟经济与泡沫经济的本质区别在于前者更加依赖金融杠杆，后者更加依赖价格泡沫，这为美国金融危机奠定了基础；美国核心经济恢复的基本条件是“自由化”的经济环境，但美国政府在危机中的强力干预破坏了这个环境，导致美元危机的风险正在逼近；而欧元的出现则使得国际货币体系进入了类似“金银复本位”的“欧元—美元”双本位的国际货币体系。这是一种比金银复本位更加不稳定的国际货币体系，全球金融失衡和动荡根源于此。

我们认为国际货币体系是国际经济活动中的核心关系，当代贸易失衡、金融失衡和动荡都是起源于这个国际间的核心经济关系失衡。从1971年美元停止兑换黄金那一刻开始，世界就被迫接受了美国联邦储备银行的“世界中央银行”的地位，在美国长期行使世界中央银行权利，却毫不理会其应尽义务的情况下，世界逐渐陷入了金融失衡的漩涡，它改变了美国和部分发达国家的经济运行方式，刺激了这些国家的金融业出超和贸易入超，引起了全球的贸易失衡。这种失衡由来已久，并深深植入当代世界经济格局之中，决不是靠调整人民币汇率或美联储的利息率所能缓解的，必须找到根源才能从根本上避免世界经济进一步堕入金融失衡、动荡和贸易失衡的深渊。

一、当代美国核心经济恢复的可能性

美国经济的虚拟化导致了金融杠杆的泛化，为金融危机埋下祸根。从这个意义上看，美国经济的恢复与美国是否加强监管毫无干系，反倒取决于美国核心经济能否恢复，怎样恢复，以及恢复到什么程度等。20世纪70年代以前那些凯恩斯干预有效需求的政策对于高度虚拟化的美国经济已经不再适用了。当代美国的问题不是消费增长，而是投资能否增长，而投资增长的主要方面不是传统的实际投资，而是被宏观经济学称为储蓄的“金融投资”能否恢复。如果美国核心经济不能恢复到往日的繁荣，美元资产被抛售的危险就会增大，美元危机就会发生。

（一）“去杠杆化”为什么对美国经济恢复是一个致命羁绊

虚拟经济既然不是泡沫经济，它就不能靠大规模增加货币来恢复，而一定是靠金融杠杆来恢复。而目前美国限制金融业高管薪酬、限制金融创新、加强监管以及“去杠杆化”的一系列措施都不利于虚拟经济的恢复。美国经济的虚拟化是在金融自由化的环境中繁荣起来的，失去这个条件，美国1/3经济的保障就再也不能有往日的繁荣，没有这个高价经济的带领，美国整个经济就需要寻找新的引擎。没有了活跃的金融创新以及广泛和大规模的杠杆活动，美国的虚拟经济也就失去了动力。而要恢复金融创新以及杠杆活动的往日辉煌就必须有“金融自由化”的环境。次贷危机之后，由于美国政府对金融和房地产业的强势介入，美国的自由化环境已经被破坏得相当严重。当自由经济的核心价值观受到挑战，金融自由化的环境被强势政府抑制的情况下，恢复美国核心经济（金融与房地产服务业）就一定会困难重重。美国的证券业不能恢复往日繁荣，境外持有美元的企业、个人和政府就会削减持有美元资产的规模。而黄金非货币化之后，美元的直接支撑就是美国的虚拟经济，对美国虚拟经济丧失信心美元就岌岌可危了。

（二）美元资产被大规模抛售的可能性正在增加

2009年10月初在国际市场上就出现过短暂的抛售美元资产和美元的风潮，抛售是由英国《独立报》的一篇报道引起的，报道称阿拉伯国家、中国、俄罗斯、日本和法国正在秘密商讨停止用美元结算石油交易的事宜，转而采用一揽子货币进行结算。小道消息之所以能够引发抛售美元的风潮，根本原因还是美元与美元支柱已经虚拟化了，虚拟化的价值系统是心理支撑的价格系统，在美国经济恢复乏力的情况下，很容易引起对美元资产的恐慌。这也是美元未来前景黯淡的根本。从IMF最近公布的资料看，美元占官方外汇总储备的比例在缩小，从欧元出现之初的70%下降到危机前的64%，现在则下降到了62%。这组数据充分表明了官方储备当局减持美元资产的倾向，持有千亿美元及以下的国家往往会随时根据市场情况调整外汇储备构成，以避免损失。真正的风险在于：一旦投机者意识到境外美元资产过多以及美国实体经济基本面的问题，开始对美元投机，最初的交易就可能通过金融杠杆被迅速放大引发危机，而危机一旦露头，较小的外汇储备国家往往会像企业一样趋利避害，特别是那些有外汇主权基金的国家，它们不是美元的稳定因素，在美元出问题时它们往往会起推波助澜的作用。

目前美国金融业中的传统业务已经恢复，如存贷款业务、抵押贷款业务、股票买卖和发行业务等都有一定程度的恢复，而金融创新和各类债券的衍生物交易则再也不可能恢复危机前的繁荣程度和业务规模，因为去杠杆化和加强金融监管的趋势决定了靠杠杆化为生的证券业不可能再有往日的辉煌，所以在此情势下寻找美元替代品是越来越明智的投资选择，目前由于欧元经常比美元还糟，使得人们一时找不到明显的替代品。既使如此，寻找替代品的趋势还是越来越明显。实际上私人寻找美元的替代品并不困难（中国的人民币资产就是非常好的美元替代品），我们认为“美元没有替代”不是一个真实命题，而是一个心理命题。如果人们相信这个信条，他们就愿意持有美元资产。如果人们不相信这个信条，他们就一定会找到替代资产，包括其他货币的金融资产，其他国家的实际资产、股权等。当世界上有大约1万亿～2万亿美元开始因寻求避险而被转手的时候美元危机就会出现。而非官方机构和私人投资者寻找到美元替代资产达到1亿～2亿美元的规模是并不困难的事情。与制造业不同，在虚拟经济中，羊群效应、蝴蝶效应随时都会发生，将小事件扩散并放大成巨大的金融风暴。

（三）"流动性陷阱"显示美国核心经济前景依然暗淡

按照凯恩斯的理论，在利息率很低的时候，利息率的调节作用就消失了，这时人们对现金的偏好无穷大，利息率无论怎样低人们也不再愿意持有任何资产，只希望持有现金，这就是所谓流动性陷阱。它意味着投资停止，经济运行陷于停顿。

在当前的这次金融危机中，美联储为了救市其资产已经从2007年8000多亿美元迅速增加到2008年底的2.25万亿美元，翻了近三倍，它所增加的1.4万亿美元的负债，导致M1从2007年的13472亿美元迅速扩张到2008年底的16246亿美元，M2从2007年的70507亿美元迅速上升至81711亿美元。如此之快的货币供应增加，不但物价没有上涨，资产价格也没有上涨，资产价值还在大幅度缩水。这与美国任何时期都不同，已经维持了一年的这种状态并没有明显缓和的迹象，这就说明美国还处在流动性陷阱的状态中，人们持有现金不愿投资的状态没有根本改变。在这种状态下，只能恢复传统的存贷款业务和股票、国债业务，美国证券业的繁荣实际上也就是美国核心经济的恢复还远远看不到。

（四）美元与美国金融业面临的"恐怖均衡"

美国前财长萨默斯告诉中国人不要指望抛售美元债券可以躲过风险。因为中国持有的美元债券太多了，如果抛售，美元资产价格会暴跌，中国存量外汇储备会蒙受巨大损失，因此他认为中美之间可以称之为金融"恐怖均衡"。

实际上完全不是这么回事。首先，中国的外汇储备只能用于境外，其在境内结汇时实际已经用过一次，完全不会影响到中国实体经济的运行。例如出口1亿美元的汽车，中国汽车制造商得到1亿美元，当汽车制造商将1亿美元换成6.8亿元人民币的时候，汽车制造商可以继续它的经济活动，1亿美元到了外汇储备局手里，国内实体经济活动也就不再与转变为外汇储备的美元有关，因此中国外汇储备的状况并不直接影响中国经济运行。其次，如果中国出售美元债券，无疑美元债券价格会大幅度下跌，甚至引起美元汇率大幅度下跌，中国没有来得及卖掉的存量美元资产就会蒙受巨大损失。但是，外汇买卖有两种方式：一是卖掉美元债券收回美元现金，这样美元汇率会涨，美元债券价格会跌，中国就只会蒙受损失而无补偿；另一种是卖掉美元资产买进其他货币的资产，比如说欧元资产。这样“中国买什么什么就涨”的规律就会同“中国卖什么什么就跌”的规律同时起作用。欧元资产会大涨，卖美元的损失会从买欧元的利润中得到一定程度的补偿，自然这很难说欧元上涨得到的利益会大于存量美元资产下跌的损失。但前面已经说过，因为外汇储备是不会影响中国实体经济运行的，所以实际上中国大规模卖出美元资产同时买进欧元资产，对中国经济根本没有什么恐怖可言。

对美国就完全不同了：美国的核心经济是虚拟经济，制造业已经被边缘化。当境外大规模抛售美元资产的时候，美国的核心经济将再次遭受重创，美元会大幅度下跌，美国近二十多年来的经济运行方式就会完全被破坏，美元下跌、美元资产被抛售会使美国遭遇比这次金融危机更加严重的局面。真正的“恐怖均衡”是针对美国的，美国将自己的经济命脉挂在了境外美元资产不被抛售上。目前这种暂时的均衡是极其脆弱的，对美国也将是极其恐怖的。这是美国当今最害怕出现的情况，任何其他情况都可以应付，唯独大规模抛售美元资产是美国无法应付的，所以美国经济和美元面临的才真正是一种“恐怖均衡”。

二、美元—欧元双本位国际货币体系的动荡及其发展趋势

美国历史上曾经长期处于“金银复本位”的不稳定状态，虽然为此一直存在着争论，但现在几乎所有的经济学家都公认它是一种不稳定的货币制度。在当代，贵金属早已退出货币领域，从1971年到2002年欧元正式使用之前，美元是唯一的国际本位货币，欧元的出现打破了美元一统天下的格局，世界形成了“美元—欧元的双本位”货币体系，国际货币金融体系正在陷入一个空前动荡的时期。

（一）从单一美元本位到当前极不稳定的双本位体制

在2002年以前，国际货币体系是美元本位的货币体系。这个体系是1971年美国宣布“美元停止兑换黄金”之后形成的。而2002年以后，欧元正式进入国际货币体系，从此美元一元化本位货币的格局被打破。到2008年底，欧元占国际总储备货币的比例已经从最初的18%增长到

了 28%，欧元迅速成为一个与美元地位相当的国际本位货币。欧元和美元共同执行国际本位货币的职能——计价、交易媒介、支付和储藏手段。当前的国际货币体系非常类似于当年美国金和银同时流通的复本位货币制度，只是比金银复本位制度更加不稳定，因为金银同时作为价值衡量标准其生产率的变化会改变二者的价值比，导致套利机会，出现劣币趋良币的现象。而现在的双本位制之所以比金和银复本位制度更不稳定，是因为：无论是美元还是欧元，都是没有含金量的法币，它们的发行没有金银储备的约束，完全取决于欧洲和美国货币当局根据自己的利益需要，以及对未来的判断通过操纵货币政策来控制的。

（二）“滥币拉良币”的怪圈

不加约束的双本位制度会使得国际货币体系进入轮番膨胀的滥发货币的陷阱即“滥币陷阱”。在金属铸币流通或金银复本位时期，货币都有自动退出的机制，劣币趋良币的格雷欣法则会使得流通中的货币数量与需要量大致相等。而在当代，欧元和美元都是法币的时候，就不再有自动的退出机制。格雷欣法则就变种为“滥币拉良币”，即一种大货币滥发必然逼使另一种大货币也滥发，否则就会受到惩罚。例如，当美元过度膨胀的时候，欧元汇率坚挺，美元持续下跌，这一定会导致欧洲出口困难；同时，坚挺的欧元汇率会吸引越来越多的企业和其他经济机构发行欧元债券和其他欧元金融工具，从而逼使欧元滥发而膨胀；当欧元膨胀导致其汇率下跌的时候，美元坚挺，持续坚挺的美元汇率会损害美国的出口，并迟早会引起美元再度膨胀和再度贬值。而对于其他非本位的储备货币以及非储备货币（通称小货币），当本位货币滥发的时候，小货币不滥发，就会因不断升值而导致经济停滞甚至危机。如果本位货币不滥发，小货币滥发，就会自己引发本币贬值遭受抛售，就像 1997 年金融危机小国货币的悲惨遭遇一样。小国货币天生就是一种从属的货币，它甚至将自己国家经济带入一种大国经济的从属地位。总之，双本位国际货币的轮番膨胀会将整个世界带入一个更加动荡不安的国际金融体系之中。

在国际货币失去了贵金属做基础的情况下，无论利益关系如何，各国经济实力对比关系怎样，靠市场自发力量是不可能形成稳定的国际货币体系的，最终的渠道只有通过政府间的谈判，通过建立或利用现有的国际经济组织来实现国际货币体系的改革。当各主要当事国认识不到这一点的时候货币危机和金融危机就会不断打击它们，直到它们终于走到谈判桌前。在没有实际力量和利益关系再次一统货币天下的时期，最现实的就是各行其是，从而进入一个更加动荡的时期。这个时期是各种力量消长变动的时期。只有经历这样一个时期，真的衰退和真的实力上升都会经受考验，最终剥去伪装将真实经济力量暴露无遗。只有经历这样一个时期，我们才能最后明了美元的一统天下是否还能恢复，中国经济是否真的强大到可以支撑人民币与美元分庭抗礼的地步。

美元、欧元的货币当局根据自己的最大利益采取一切措施避免货币危机发生，而新兴市场国家和其他发展中国家也可以根据自己的最大利益寻求摆脱美元影响，推动非美元、非欧元结算的措施。一旦这个趋势越来越明显，世界就会进入更加不稳定的时期。投机机会会比金融危机前更多，由于现有投机力量巨大，一些发展中国家可能要为此付出巨大代价，可能引发新一轮的货币危机，国际货币体系会更加动荡不安。

（三）多元化国际货币体系的历史趋势

最符合发展趋势和带有规律性的结果就是：以最有实力的主权货币为核心形成新的货币体系，也可以称多元化的货币体系，靠主权货币之间的联盟（包括协议及相关国际组织）来协调各主要货币之间的关系，靠几个大货币之间的相对稳定汇率协调机制保持国际货币的统一性和相对稳定性，靠以多打少来约束破坏协议的经济大国。例如，形成美元、欧元、人民币三者的汇率协调机制，如果美元破坏协议自行大规模扩张，欧元与人民币将联合行动抑制其做法，反过来也是一样。当然，其前提是没有一个国家（也包括美国）还可以凭自己的实力在货币领域一统天下。所有国家都要为自己最大利益努力，当这些努力撞在一起的时候，就一定是各种利益交织形成的最大势力左右全局，它们凭实力说话以实现其共同利益，并逼使不愿放弃超额利益的国家就范。最有实力的国家和利益集团将形成这个超级货币俱乐部。超级货币俱乐部就是由三四个最大的主权货币，通过协议形成联动的货币体系。各国保持相对独立的货币发行权，但要受到协议的约束。一旦违反协议约束，将受到其他有实力国家的联合打击。这种建立在实力基础上，以共同利益为纽带的“货币联盟”是唯一可行的改变，也是大势所趋的必然结果。它可冠以各种好听的名字，可以有各种变化。但以经济实力支持下的利益关系为核心则是新货币体系演变的根本。

第五章　全球金融危机的政府干预：短期目标与长期隐患

国际货币体系的内在矛盾和经济虚拟化是推动当代全球金融危机形成的两大根本因素。国际货币体系的内在矛盾和美国债务自循环累积机制，制造了全球流动性膨胀并推动了全球经济虚拟化。这两大因素使得金融不稳定与宏观经济不稳定相互关系发生转变，金融不稳定成为影响宏观经济稳定的首要因素。正是基于这样的背景，金融危机中各国政府为维持金融稳定，必然要干预金融市场。

随着次贷危机愈演愈烈，两房、雷曼等金融机构的破产，金融危机蔓延到全球，并对实体经济产生巨大影响。究其根源，危机产生的原因实质与国际货币体系内在矛盾和经济虚拟化日益加深有关。在这个背景下，如何保证金融安全，实现金融稳定已经成为各国政府最为关注的问题。在众多关于金融危机和政府干预问题的传统文献中，缺少对现代金融危机形成机制和干预政策演进的总体研究。本章从国际货币体系的内在矛盾以及经济虚拟化的视角，对政府对金融市场干预的发展和演进进行了研究。

一、全球金融危机的发展

随着20世纪80年代以来各国推动金融自由化和经济虚拟化程度的不断加深，各国虚拟资本的比重大幅上升，虚拟经济呈现出脱离实体经济独立运行的趋势，金融危机的形成与虚拟经济范畴、金融自由化以及当今国际货币体系的关系越来越明显。当代经济虚拟化和全球不均衡的货币、金融体系的内在矛盾已经成为现代金融体系不稳定的重要背景因素。1997 年东南亚金融危机和 2007 年美国次级债危机，其发生机制和影响范围已经不同于以前的金融危机，我们需要在不均衡的国际货币、金融体系以及经济虚拟化这个背景下，来研究政府干预金融政策的演进。

传统研究常常把金融危机划分为银行业危机、证券市场危机、债务危机和货币危机。但经济虚拟化之后，规模庞大的投机活动导致资金在债市、股市、汇市、大宗商品期货市场、金融衍生品市场、房地产市场以及收藏业市场等之间循环流动并将它们连成一个有机整体，在此情形下依据发生领域区分金融危机的研究方式不再适用，因为这样的划分模糊了现代金融危机中各金融市场的联动性和整体性，割断了现代金融危机与虚拟经济整体之间的复杂关系。在 1990 年日本泡沫经济、1997 年东南亚金融危机、2007 年次级债危机中，金融危机形成背景更复杂，通过杠杆撬动的资金链条明显被拉长，各种类新金融机构的资产负债表之间形成了错综复杂的关系，金融危机的形成与发展已经跨越了银行、证券、房地产、汇市、大宗商品期货市场的界限。2007 年次贷危机首先从美国开始，但迅速蔓延到欧洲、日本等发达国家，新兴市场国家也受到了较强的冲击（参见图 5-1），全球金融系统都受到重创。

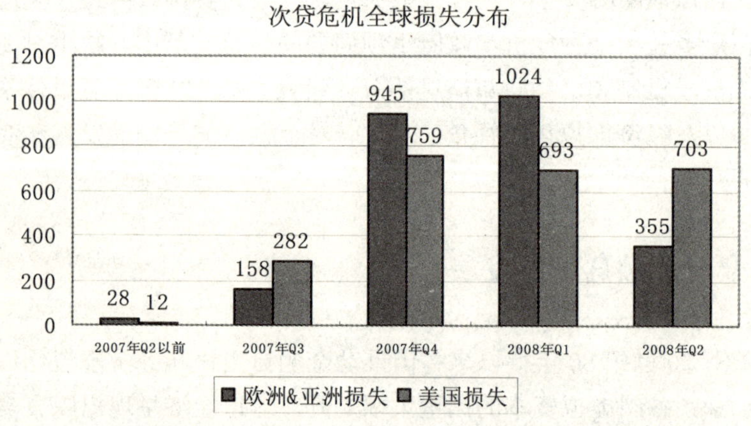

图 5-1 次贷危机全球金融系统损失分布图 （单位：亿美元）

数据来源：IMF 季度报告。

很多学者认为次级债危机表明全世界在给美国次贷危机买单，为什么美国的次贷危机能迅速扩展到全球，而且还使得全球投资者一起承担损失？这就牵涉到美元在当今国际货币体系中的地位问题。美国在布雷顿森林体系崩溃之后，确立了美元在世界货币体系中的霸主地位，20 世纪 70 年代初为摆脱经济滞胀和提高金融机构的竞争力推行了金融自由化，这个过程是在美元主导的世界货币体系下发生的，美国和欧盟获得世界货币体系主导权。Greta R.Krippner 认为美国经济中出现的新问题是美国经济的金融化发展的结果。以强大国际化货币为基础，美国国债和其他资产成为一些国家重要的外汇储备资产，美国经济的持续发展可以不断地从其他国家获得低成本、甚至是无偿的资金。发展中国家和新兴市场国家在世界货币、金融体系中处于劣势地位，发展中国家建立出口导向型经济模式，需要为维持本币汇率稳定，而采用高频钉住或低频钉住美元或欧元的汇率政策，其国内实体经济发展和虚拟经济发展都深受影响。这些国家都持有大量美国等发达国家债券和货币作为外汇储备。麦金农指出发展中国家在资本市场不开放，但实行钉住国际货币的固定汇率制度，容易过度负债，特别是短期债务过高的风险，即存在“原罪”问题；而依靠对外贸易实现经济高增长，带来大量顺差的同时，在固定汇率制度下则会出现“高储蓄两难”问题。在此情况下我们认为：第一，当代金融危机的形成已经涉及各金融领域，迫切需要从虚拟经济这个综合的视角来审视当代的金融危机；第二，由于金融自由化推动带来资本流动的全球性，再考虑到美元在国际货币体系中的霸主地位，使得我们考虑金融稳定必须纳入国际货币体系的全球视野。

二、经济虚拟化与全球不均衡的货币、金融体系

目前全球经济已经进入虚拟经济时代，经济虚拟化的核心就是货币虚拟化以及通过资本化的虚拟资本创造。

（一）货币虚拟化与经济虚拟化进程

1973 年布雷顿森林体系崩溃后，美元最终与黄金脱钩，世界上再也没有任何国家的货币用贵金属作为其价值基础的时候，货币就完全虚拟

化了。黄金的非货币化和自由主义推动的金融自由化导致了欧美国家浮动汇率制度的形成，为全球范围的经济虚拟化开启了大门。80年代以后，美国对外提供美元的主要途径是经常项目逆差。美国通过经常项目逆差用美元买回各类资源和其他国家的商品，其他国家再用出口这些资源和商品换回的美元现金购买美国的债券和其他金融资产，当这些债务到期时，美国会用包括利息在内更多的美元现金偿还其债务，这些美元现金最终还会购买美国的金融资产或存入美国的银行。美元现金通过经常项目逆差流出美国，又通过金融账户流回美国。美国经常项目逆差从1982年的55亿美元，迅速扩大到2006年的8115亿美元，25年间增长了大约148倍，任何国家的GDP和实际资产都不会有这样的增长速度。这个过程中，美国一方面消费了别国的资源、商品、劳务；另一方面却在境外留下了越来越多的美元债券和其他的金融资产。美元向外过度提供逼使欧元和其他国际货币也加入了过度提供的行列，导致了全球性的流动性膨胀，并导致了经济的虚拟化发展。

（二）全球不均衡货币金融体系的内在矛盾与流动性膨胀——金融危机的国际背景

克鲁格曼（1984、1998）、麦金农（2006）等都阐述过布雷顿森林体系崩溃之后的汇率不稳定与金融危机问题；刘骏民（2007）提出由于作为国际货币美元的过度扩张引发全球流动性膨胀和经济虚拟化，进而导致全球金融风暴不断出现；左小蕾（2007）认为源于全球流动性过剩带来的资本流入，最终根源在于美元本位的货币体系。发达国家拥有世界货币体系的主导权，美元、欧元等成为全球最主要的储备货币、支付手段、结算工具、价值储藏手段、计价单位、资本市场交易工具、外汇市场干预货币及信息发布的主要媒介。由于美国具有世界货币地位，所以其国债发行机制缺少控制，美国向全球金融市场注入了大量美元，造成全球流动性过剩；各金融机构持有大量美元资金，各国外汇储备机构也管理着大量的美元资产。这些资金必然要在全球寻找投机或投资机会，在各国间大规模流动，造成了全球金融体系的动荡。

次级债危机使世界货币体系中存在的基本矛盾再次被放大，引起了广泛的关注。此前特里芬阐述了“布雷顿森林体系”核心货币国家存在丧失汇率独立性问题，即一国向全世界提供世界货币的同时，该国不能独立制定汇率政策。特里芬预见性地揭示了布雷顿森林体系中，美国面临汇率调整的难题。“布雷顿森林体系”崩溃30多年后，我们发现黄金—美元本位制被美元本位制所取代。“特里芬难题”很好地揭示了“布雷顿森林体系”的内在矛盾。但是，美国在1973年实际上逐步确立了美元本位制后，美国就确立其在世界货币金融体系中的主导地位。而美国在其“最初、最大金融违约”后，也就打开了全球资金的闸门。美国通过完善的金融体系和发达的虚拟经济部门，从全球吸收资金，推动了本国虚拟经济和新兴产业发展。虚拟经济成为其缓解资金流动冲击的泄洪区和蓄水池。这样美国就通过虚拟经济以及经济、政治和外交等手段，既推行了美元本位制，又具有影响主要汇率水平的能力。从理论上讲，只要货币主导国家的虚拟经济与实体经济保持一个相对稳定的关系，全球投资者对美国经济的信心就能够维持，对其虚拟资产的投资就被认为是安全的，那么美国的财政赤字就可以维持，美国就可以持续享受这种优势地位带来的种种好处。而其汇率调控完全可以通过其他手段，与其他发达国家进行协调，并且这种汇率调控政策成为美国经常采用的另一项工具。

但是，不论美国主导的世界货币体系，还是欧元主导的世界货币体系都存在这种危险——一国或区域货币充当世界货币，会刺激该国或地区虚拟经济（主要是债券、股票和房地产，以及其他金融衍生品市场）的过度发展——价格过度膨胀和规模扩大同期出现，因为其他国家将该货币作为外汇储备，在没有更好的地方投资的时候，会将该储备货币投资回货币发行国家，通常是购买国债、股票、房地产等资产。这种虚拟经济过度膨胀会进一步刺激该国货币过度发行，这一趋势是不可逆的。全球货币金融体系存在的内在矛盾成为全球流动性膨胀和国际资本大规模流动的根源。这种货币发行与负债应该保持一个合理的比例才能保持稳定，但是发行国家虚拟经济的发展，发行国的发行冲动必然使这种世界货币的发行不能保持与全球实体经济发展相匹配，这种失调是造成全球流动性膨胀的根本原因。我们也知道一旦虚拟经济发展过度，偏离实体经济所能支撑的限度时，虚拟资产价格崩溃，进而出现金融机构因为风险失控出现资金断流时，大量过剩的资金却流向别的市场。因为纸币最终是不能退出市场的，全球流动性过剩问题依然存在。如果全球不均衡货币、金融体系没有有效的协调机制，这种危险就始终存在，类似次级债危机的情况就会在未来不断发生。

三、政府干预金融市场政策的演进

虚拟经济论基于非对称的国际货币体系以及经济虚拟化，探析政府在这种形势下如何在金融危机中进行救助，具体的分析仍然在政府干预理论的基本框架内进行。

（一）政府干预金融市场的缘由与目标

在金融自由化和经济虚拟化进程中，虚拟经济规模的扩大以及杠杆活动的泛化使得金融链条更加复杂。金融自由化的发展和金融市场开放，又在国际范围内打破了金融市场界限和国家金融界限，结果是在金融机构资产结构中，国际金融资产的比重在增加，并且金融链条被延长到全球范围内。随着这些新形势的发展变化，政府对金融市场进行干预的基础理论也随之演进。

新古典经济学对政府干预范畴的界定，是基于市场失灵的认识，主张政府在信息不对称、公共产品、外部性和自然垄断方面，发挥积极作用。青木对政府作用和市场作用之间关系的研究，提供了另一个可以对比的对象。青木对政府作用的描述，基本源于新制度经济学，主要强调政府在市场拓展、产权制度建立、规范和保护、提供公共产品、补充价格机制等功能。

但从当代金融危机的发展来看，金融危机不能主要依靠市场来自行解决，政府必须进行救援。在实践中，实际上早就出现了政府在危机中对金融市场进行救助的活动。正如上面所分析的，现行全球货币金融体系存在的内在矛盾，造成了全球流动性膨胀、国际资本流动和各国虚拟经济发展间的复杂机制，改变了金融机构的风险结构，加剧了金融市场不稳定性。传统理论认为是宏观经济周期变化影响着金融稳定性。现在看到的是金融不稳定与非对称的国际货币体系以及虚拟经济的不稳定息息相关，进而对宏观经济稳定产生重要影响。我们认为在全球货币金融体系不均衡发展的背景下，一国宏观经济和金融市场机制作用的发挥，不可能不受国际货币金融因素的影响；在缺乏国际金融监管和有效的政策协调机制的情况下，不可能仅仅通过本国经济和金融机制来化解国际货币金融风险，而国际货币、金融因素会加剧国内金融的脆弱性。所以，政府在维持国内金融稳定上具有重大的责任，这必然会超出新古典和新制度经济学理论所主张的干预范畴。在实践中，政府对金融市场干预的深度也确实在不断加深，政府不断尝试保持金融稳定和宏观经济稳定的各种政策机制。

（二）政府对金融市场干预的演进模式分析

随着经济危机和金融危机的加深，政府干预在不断深化，围绕各种干预方式进行了广泛争论。从全球看，形成了两种模式：

第一种模式是在市场经济国家和地区，经过了由自由竞争市场经济向政府干预逐步强化的发展历程。新古典理论主张积极完善市场的资源配置核心功能，尽可能减少政府对经济的干预，认为正是政府政策造成了经济和金融的波动与危机。长期以来新古典理论所主张的市场失灵理论，被视为界定政府干预范畴的标准。但随着现代金融危机的发展，这个理论界限在实践中被彻底打破。在 1998 年香港金融危机中，作为最具自由竞争市场经济典范的中国香港，在国际游资冲击时，政府主动对汇市和股市进行最直接的干预，打退了国际投机客，保持香港联系汇率体系和金融稳定，从而保持香港经济的稳定。香港政府的成功经验，让我们不得不思考政府在什么情况必须进行干预，这种情况下的干预是一种偶然，还是今后必然发展趋势。2007 年爆发的次级债危机再次暴露了现代金融体系的脆弱性，现代金融危机是金融多种脆弱特性存在的必然结果，正如上文所阐述的那些基本特质。在这样机制复杂、规模巨大的金融危机面前，各国政府根本来不及考虑这些直接干预在其主流理论中是否有合理解释，存在什么风险，政府需要尽快实现金融稳定才是眼前最重的事情。因为金融体系一旦崩溃，整个经济将为此付出巨大代价，重建信用体系和市场信心将付出巨大成本，以及长时间的经济低迷（日本泡沫经济就是最佳例证）。没有一个私人机构能够承担得起这样的责任，政府就被赋予了在短期内干预金融市场，保持金融市场迅速稳定，并在危机后实现经济复苏的职能。并且在最近的金融危机中，越来越多的国家政府实施了稳定金融的直接干预政策。

2007年美国次级债危机爆发以来，美、欧、日本等国进行了异乎寻常的大规模直接救助，如美联储就创新出了三种新型的直接救助金融机构的手段：定期贷款拍卖（TAF）、一级交易商信用工具（PDCF）和定期证券借贷工具（TSLF），通过三种金融救援创新，一是有效延长了给金融机构贷款的期限；二是扩大了抵押品范围（从传统的国债抵押扩展到AAA非机构债券抵押）；三是增加了流动性供给的对象（从传统商业银行扩展到一级交易商、大型投行、保险公司）；四是有效降低了处于危机中的金融机构获得流动性的成本。三大创新的救援机制彻底打破了长久以来美欧等国政府不对金融市场进行直接干预的“惯例”。随着金融危机的不断深化，美欧政府对金融市场的干预在不断扩大。接管两大房贷机构，雷曼兄弟破产，随后美国政府7000亿美金的救市方案出台，这已经是政府干预金融市场的最高形式。

第二种模式是政府干预金融市场的演进模式，是以中国为代表的发展中国家。这些国家正处于向市场化转变的阶段。这些国家政府一直以来对金融进行全面控制，虽然随着市场化改革，政府行政干预方式逐渐被放弃，政府干预正在向市场调控政策转变，但是政府依然对金融市场具有很强的控制力，例如大部分金融机构仍然具有很深的国有特征，政府通过行政管理机制控制着多数大型金融机构的管理体系。另外，在中国具有浓厚政府主导色彩的金融体系中，政府实际上充当了信用担保人，所以在很长时期里，尽管商业银行坏账率已经超过新巴塞尔的标准，但是市场并没有产生任何恐慌。从这个角度看，在经济高速增长过程中中国政府客观上维护了金融稳定，这是非常值得研究和思考的问题。政府可以通过货币政策、财政政策、资本管制和汇率管理政策等，仍然对经济有很大的直接干预能力。1997年以来中国两次都避免了国际金融危机对本国经济造成重大冲击，这得益于中国金融市场还没有完全开放，政府还具有很强的直接干预权力。政府维持金融稳定、市场信用体系稳定的坚定信心和能力发挥了积极作用。在次级债危机中，我们也看到欧洲央行以及美联储和财政部也放下长期奉行的自由竞争市场大旗，进行大规模直接干预。在与虚拟经济密切相联系的现代金融危机中，如果任由金融危机发展，将使信用体系遭到毁灭性的破坏，并不可避免地危及实体经济发展。所以，尽管政府干预产生明显的负面影响，但其积极作用也是显著的。

1998年以来金融稳定成为全球关注的焦点。如果以是否实现了金融稳定为最核心的评判标准，那么政府在金融危机中在短期内实行稳定金融的干预措施就是必要的。2007 年美国次级债危机，让我们不得不对30多年的金融自由化和经济虚拟化发展进行反思，也必须重新考虑主流理论对政府干预金融市场的认识。

基于以上分析，我们将政府干预金融市场的研究与争论总结为下面几个问题，希望能够在这些领域继续研究：

1. 解决全球货币、金融体系内在矛盾的途径

这实际上是“布雷顿森林体系”崩溃以来造成全球金融不稳定的最根本问题。蒙代尔、克鲁格曼、米什金、麦金农都在试图寻找消除，至少缓解全球金融不稳定的良方。美欧发达国家积极推行了美元本位制、金融自由化和浮动汇率制度。掌握了国际金融决策权的发达国家总是强调金融自由化和浮动汇率的好处，却忽略了美元本位制不可克服的内在矛盾——一国货币充当世界货币，该国总是存在过度发行冲动，这种过度发行掩盖在市场交易机制和虚拟资产价格膨胀中，发展中国家持有大量该国虚拟资产作为外汇储备和资产，而该国很便宜地使用其他国家的资金，并且常常可以通过汇率调控实施“赖账”。由于全球流动性膨胀风险和经济虚拟化使我们很难确定均衡汇率的合理水平，实践也证明不能通过汇率调控来调节国际收支（日本泡沫经济时期，美、欧、日汇率调控结果是显著证据，日元兑美元汇率升高并没有使美国国际收支逆差问题得到解决）。所以各国就不能放弃对汇率和资本流动的控制，保持汇率相对稳定对于保持经济稳定极为重要。目前，比较可行的办法就是建立多元的全球货币体系，这是唯一的缓解途径，也就是本着“宽容、克制、合作”的精神进行多国间的谈判，以修正当前不稳定的世界货币体系，重建稳定、和谐、公平的国际货币金融新秩序。

2. 经济虚拟化程度的加深不断推动金融监管机制的强化

在主流金融理论中通常不将金融监管视看作干预，我们认为新监管措施的出现就是对市场机制的再一次修改和完善，会对金融稳定产生重要影响，我们应该考虑新监管措施对金融稳定的影响。约翰·伊特韦尔和艾斯·泰勒认为金融市场监管的主要任务是："第一，通过管理系统风险和预防市场欺骗行为以及经济犯罪活动，确保市场的有效运作；第二，要保护消费者利益。"在1929年大萧条之后，随着金融市场的发展变化，监管思想和监管措施也在不断完善与发展。20世纪80年代以后，由于发达国家金融市场的竞争加剧，一些国家出现金融业务多元化发展，推动了金融混业经营的发展。金融机构的资产负债中虚拟资产的比重上升，金融机构风险来源变得更加复杂。一些虚拟资本价格的波动，使金融机构风险状况非常不稳定。因此，也迫使政府对金融市场的监管，由分业监管走向联合监管，并且越来越强调金融监管的专业性和效率。各国将中央银行制定货币政策的职能与监管职能分开，对银行、证券和保险业进行联合监管（英国成立了金融服务局）。当前金融市场监管强调风险管理，突出对信息披露问题、对金融交易行为和金融机构的经营状况进行严格实时监控管理，监管当局通过制定财务会计标准，强制金融企业披露更详细和及时的财务会计信息，保证金融市场的信息透明。2001年美国华尔街财务丑闻的出现，说明需要更充分、更及时的信息披露，需要对金融主体和中介机构进行更严格的金融监管。

3. 货币政策与财政政策的作用

Nouriel Roubini 和 Adam S. Posen 两篇评论性文章代表了关于这一问题的两种鲜明的观点。客观上，美国货币政策也开始关注资产价格波动问题，越来越多的政府意识到需要对虚拟经济发展作出调控，虽然保持资产价格稳定还不是货币政策的干预目标，但是正在被各国中央银行所关注。美联储前主席格林斯潘曾经明确表示，今后美联储在制定货币政策时，资产价格问题将被认真考虑。政府政策关注资产价格实际上就是通过政策信号引导投资者的预期，间接影响资产价格。对于次级债危机的形成，多数经济学家和格林斯潘本人也承认，是20世纪90年代末以来宽松货币政策和信贷政策起很了重要的推动作用。对于次级债危机的救助，充分显现了美联储货币政策当局处在两难境地，美联储如果继续向金融机构提供流动性，会加剧通胀；如果为抑制通胀，加息或收紧货币供给就会使金融危机继续恶化，抑制经济增长。

4. 政府是否应该充当最后贷款人，对金融市场进行直接救助

最后贷款人问题一直因为具有明显缺点，而存在争议。我们认为应该关注不同危机情况下最后贷款人作用的研究，建立最后贷款人机制，关键在于决定什么状况下应该发挥最后贷款人的作用。目前从理论上讲，还没有任何研究能给出明确的答案。但在实践中，已经有了很多有用的案例。

中国香港政府一直奉行对经济不干预的政策，所执行的自由经济政策被认为是多年来成功的基础。1998 年香港政府在决定入市干预时，经受了来自各方面的巨大压力。事实上，干预的成功一方面是由于香港政府具有强大的外汇储备，另一个重要原因是中国中央政府做出了必要时向香港政府提供支持的承诺，这使得市场信心空前高涨，对国际炒家的信心造成沉重打击。

2008 年 7 月为防止房地产和金融市场危机进一步加剧，美国财长保尔森表示房利美和房地美在美国住房融资体系中发挥着核心作用，而且必须以股份公司的形式继续发挥作用。美国住房市场正在进行调整，此时两家机构对住房市场的支持尤为重要。美国财政部表示将提高这两家机构的信用额度，并承诺，如有需要，美国政府将出资购买这两家公司的股票并出借资金。美联储也发表声明说，如有必要，美联储将对这两家非银行融资机构开放“贴现”窗口，即像对待商业银行一样为它们提供直接贷款，以解决融资困难问题。

5. 存款保险与再保险制度对金融市场稳定的作用

美国在 1934 年成立联邦存款保险公司，政府对一定数额的存款进行担保。同时，通过复兴金融公司，对大银行提供信贷支持，以增强其实力。主要目的是为银行客户存款保险，以避免一家银行破产波及其他银行的连锁反应。在金融市场发展过程当中，市场的稳定意义重大，政府必须在效率与稳定之间进行权衡，在保证市场稳定的同时就必然会牺牲一定的效率。但是，也有很多学者对保险机制提出批评，认为存款保

险制度和最后贷款人一样，会使大金融机构产生依赖，即金融机构会认为在出现危机时政府一定会进行干预，从而出现“too big to fail”的问题，阻碍了市场优胜劣汰机制作用的发挥，降低了金融市场的效率。而次级债危机中，已经暴露出存款保险资金损失太大，出现资金短缺的情况，这是20世纪80年代储贷机构危机以来又一次存款保险不足的情况。

6. 资本管制和“托宾税”能否有效防止国际短期资本流动冲击和抑制虚拟资产过度膨胀

关于资本管制和“托宾税”都有成功的经验，也有失败的教训。关于资本管制的重要经验是在本国资本市场还不完善，金融监管体系还不够的情况，应该谨慎对待资本市场开放。实际情况表明，多数情况下“托宾税”并不能有效抑制资产价格膨胀和过度交易。一个需要关注的问题是“托宾税”的制定，需要考虑虚拟资产价格膨胀水平和汇率波动。如果通过虚拟资产价格变动和汇率波动，可以获得的利润水平，远超过“托宾税”税率的话，那么对国内虚拟资产的投资过热和国际短期资本流入，就起不到什么作用。

（三）非对称国际货币体系和经济虚拟化条件下的政府干预金融市场演进趋势

如何解决政府干预过程中存在的道德风险，是政府干预金融市场问题研究的重要内容。金融危机中政府干预为什么常常备受争议，主要的担忧是关于政府干预的成本和隐含的风险，破坏市场机制和加大了道德风险。格林斯潘认为“道德风险”是政府在危机中对金融机构和市场进行救助必然要付出的成本，“我们不可能没有成本，却收获我国金融体系及其稳定带来的好处”。金融全球化和全球不均衡货币、金融体系造成国际金融风险，并使这种风险能够在国际间传递。经济虚拟化则使金融风险形成机制更加复杂、脆弱，也使得金融链条拉得更长。这种趋势下出现的金融不稳定对宏观经济稳定的影响就会更加重要。可以预见的是在危机出现时，任何国家和地区政府在短期内首先要采取各种手段保持金融稳定，然后再不断完善市场机制和监管机制，尽量降低道德风险对市场机制的破坏。

第六章　美国、欧盟经济复苏政策困境与全球流动性膨胀

在全球金融危机中，美国和欧盟救助金融市场措施的本质就是挽救正在崩溃的银行信用，终止人们对整个金融业的恐慌，重建对美国金融业的信心。由政府斥巨资购买呆坏账，注资银行，实行国有化等救市措施的本质是用政府信用来支持银行信用，但美国和欧盟的根本问题在于经济机构失衡，采用宽松货币政策和大规模财政刺激的政策，在长期是不可维持的，并且造成全球流动性泛滥。

一、美国为什么先救金融，后救实体经济

在次贷危机全面爆发后，美欧政府首先进行金融救助，原因在于美欧国家经济的金融化、对外高负债和金融机构高杠杆化经营。自 20 世纪 80 年代证券化浪潮以来，美国经济运行方式正在悄悄发生着重大变化，50～60 年代美国三大支柱产业：汽车、钢铁和建筑业早已雄风不再，美国人的生活已经不再依赖于“自己能生产和创造什么”，而更多地依赖于“美元能买到什么”和“怎样创造出更多的货币收入”。炒股票、炒房地产等非制造业的经济活动完全可以不通过任何实体经济的增长而增加人们的货币收入。这一方面造成了美国制造业的衰落，另一方面也支持了金融业和房地产服务业这些不生产实际产品却可以创造大量货币收入行业的发展。美国制造业占总 GDP 的比例从 1950 年的 27%下降到 2007 年的 11.7%，美国金融服务业和房地产服务业的 GDP 占总 GDP 的比例从 50 年代的 11%增加到 2007 年的 21%。资产炒作多是重复交易，其服务收入只占交易的一个极小比例，那些差价收入虽然巨大却不计入

GDP。这就造成了美国新的经济循运行方式，资本运作，创造货币收入，再依赖美国特有的国际循环方式用美元购买其他国家的产品和资源。

美国为解决 20 世纪 70 年代开始的长期的“滞胀”，推行了经济、金融自由化政策。尽管在实施金融自由化政策之前，美国在 60 年代就已经出现一些规避管制的金融创新，但正是 70 年代后以放松金融管制为特征的金融自由化政策真正推动了全面的经济虚拟化。美国经济虚拟化是以杠杆机制、金融创新机制与监管制度和债务—美元下的国际资本自由流动机制为核心内容，形成了一个循环经济机制，并维持了 20 多年。但 2008 年美国金融危机证明这个经济虚拟化的机制和循环机制是不可能长期维持的，虚拟经济依靠债务—美元货币体系吸收国际资本支持，美元又依靠不断的金融创新来维持。金融危机表明这种金融自由化已经走到尽头，经济陷入了去杠杆化的危机，美元地位也就无法继续维持。

美国的金融自由化不仅仅是利率自由化、银行管制放松和金融创新，与其他国家金融自由化最本质的差异就是与债务—美元形成了相互支撑机制。因此，美国的金融自由化吸引全球资金支持，也支持了债务—美元体系，而日本的金融自由化就不具备这个条件。美联储实施的货币主义的货币政策与房地产政策为金融创新发展提供重要支持。这两方面政策属于金融自由化的更宏观层面的因素。

（一）经济滞胀与金融自由化政策

20 世纪 70 年代以来美国实施的金融自由化政策成为摆脱经济滞胀的重要手段。美国金融自由化政策主要体现为：

1. 对金融机构的管制放松，对储蓄机构、商业银行业务管制放开，允许这些机构从事高杠杆、高风险金融业务，推动了金融混业。

2. 允许和推动了证券化与金融衍生化创新的发展，由传统证券化，发展到高杠杆、高风险的金融衍生品，风险/收益进行了再分配，使风险通过证券化机制渗透到金融链条的各个层面。

3. 在储贷机构和商业银行管制放松的过程中，也相应修改了监管机制，但是对投资银行和非银行金融机构的监管存在严重漏洞。

第二次石油危机使美国宏观经济“滞胀”状况更加恶化。1975 年由投资银行创设的货币市场基金将货币市场与资本市场连接起来，在高通胀、高市场利率状况下，由于储贷机构的业务和利率受到严格管制，大量资金流向货币市场基金，即“金融脱媒”，货币市场基金规模从 1979 年底的 39 亿美元，1982 年年底猛增到 2300 亿美元，储蓄贷款机构全面陷入危机。为此挽救储贷机构，美国国会通过了一系列法案，放松对储贷机构和商业银行的管制，结果金融机构业务开始融合，层出不穷的金融创新大规模出现。主要有：1980 年《放宽存款机构管制与货币控制法》（DIDMCA）承诺逐步取消储贷机构最高利率上限，从而可以提供具有灵活利率的抵押贷款；联邦注册储蓄机构可提供商业性房地产贷款、商业性非担保贷款、消费贷款；1982 年加恩—圣杰曼吸收存款机构法（DIA）给予储蓄机构与银行相似的业务范围却不受美联储的管制。允许储贷机构开设不受利率限制的账户：货币市场账户（MMDAs）和超级 NOW 账户（SNOW），以提高其竞争力。该法案还放开了对储蓄机构盈利资产组合上的限制，例如储蓄机构可将其资产的 3%投向房地产开发等领域进行股票投资的服务公司，可以购买商业票据和公司债券，可将资产的 10%投向商业贷款。非银行存款机构也被允许从事工商信贷和吸收存款。一些非银行金融机构，例如共同基金、财务公司、保险公司，以及美国三大汽车公司附属的金融公司，开始从事一些商业银行业务。而大企业通过兼并银行和非银行金融机构，成为金融控股公司从事金融各种业务。1986 年修正后的《货币控制法》废除了“Q 条例”，并减少了储蓄机构业务限制。1989 年国会通过的《金融机构改革、振兴和强化法》（FIRRE）目的是加强储贷机构的资本和监督标准监管，改变储贷机构监管机制，财政部直接管理储贷机构监管局。但该法案存在的主要问题是新资本要求是建立在账面价值比率上的，这使储蓄和贷款机构可能故意“粉饰”有价证券的账面价值，从而累积风险。

1999 年《金融服务现代化法》允许银行控股公司通过设立子公司的形式经营多种金融业务，如存贷款、证券承销和经纪以及保险、经济咨询等。该法案确立对于从事多种金融业务的公司实行伞形监管与功能监管。2000 年以来的金融创新往往同时涉及银行信贷、证券、保险、投行业务等多个领域，单一领域监管容易出现交叉领域的监管真空。同时，金融创新迅速发展，产品设计过于复杂，交易缺乏透明度使得监管部门在监管能力和经验上都难以跟上金融创新的脚步。2008 美国金融危机暴露出金融高度混业情况下，这种监管体制监管效果已经滞后，因为内部协调机制效率低和分工不明确而延误化解金融风险的时机。另外，美国金融监管存在监管盲区，对投资银行的监管很少。这种伞形监管和功能监管的分工是：证监会（SEC）负责监管投资银行，美联储负责监管银行控股公司和商业银行。证监会只要求投资银行提供连续年度财务报告，并且只监管其中的证券经纪业务，在 2009 年美国金融监管改革之前 CDO（债务担保证券）、CDS（信用违约掉期）这样复杂的金融衍生工具和对冲基金不受联邦监管。

（二）金融自由化的本质特征：证券化与杠杆化

美国金融自由化政策的本质在于：进行了全面的资产证券化和更复杂的金融衍生化，并允许包括储贷机构在内的金融机构以高杠杆从事证券化和金融衍生品交易。证券化与金融衍生化反映的是金融产品创新和技术创新；而杠杆化揭示了投资机构从事证券化和衍生产品交易获取高风险收益的本质机制，只有高杠杆交易才能获得高收益，没有交易杠杆美国虚拟经济就不会发展到这样的规模。全球金融创新经历了四个阶段，并主要集中在美国：20 世纪 60 年代以规避税收和政府法规为目的的产品创新；20 世纪 70 年代以适应全球化和转移风险需要的产品创新；20 世纪 80 年代以规避各种金融风险为目的的产品创新，在美国出现了期权、股指期货、期货期权等，满足投资者防范和管理金融风险的需要；20 世纪 90 年代经历了深化发展的过程，欧美和亚洲新兴市场国家推出的各种金融创新产品，网络技术和计算机技术的广泛应用大大扩大了这个市场规模（参见表 6-1）。

表 6-1　各阶段金融创新的主要特征

时间	金融创新具体内容	创新目标	国别
20 世纪 60 年代以规避管制为目的			
1960	可转换债券	转移风险	美国
1960	可赎回债券	提供流动性	英国
1961	可转让存单	提供流动性	英国
20 世纪 60 年代	混合账户	突破管制	英国
20 世纪 60 年代	出售应收账款	转移风险	英国
20 世纪 70 年代以转嫁风险为主要目标			
1970 年	特别提款权	创造信用	国际货币基金组织
1972 年	汇率期货	转移汇率风险	美国
1974 年	浮动利率债券	转移利率风险	美国
20 世纪 70 年代中期	物价指数挂钩国债	转移通货膨胀风险	美国
1975 年	利率期货	转移利率风险	美国
1976 年	指数基金	规避税收	美国
20 世纪 80 年代以规避风险为主要目的的金融创新			
1980 年	债务保证债券	管理信用风险	瑞士
1980 年	货币互换	管理汇率风险	美国
1981 年	零息债券	转移利率风险	美国
1981 年	双重货币债券	管理汇率风险	国际银行机构
1981 年	利率互换	管理利率风险	美国
1981 年	投资组合保险	管理市场风险	美国
1982 年	期权	管理市场风险	美国
1982 年	可调利率优先股	管理市场风险	美国
1984 年	远期利率协议	转移利率风险	美国
1984 年	欧洲美元期货期权	转移利率风险	美国
1984 年	高收益债券	创造信用	美国
1984 年	担保抵押债券	提供流动性	美国
1985 年	汽车贷款证券化	提供流动性	美国
1985 年	可变期限债券	创造信用	美国
1985 年	保证无损债券	管理市场风险	美国
1989 年	日经指数看跌期权认购权证	管理市场风险	美国
1991 年	交易所交易基金	规避税收	美国

资料来源：菲利普·莫利纽克斯，尼达尔·沙姆洛克. 金融创新. 中国人民大学，2003.

这里只介绍几个重要的资产证券化和衍生化发展，以阐述其发展趋势。1968 年由美国政府代理机构发行了最早的房屋抵押贷款证券 MBS（政府 MBS），该债券以优先级房贷作为抵押并由政府担保，是一种无违约风险，只有提前还款和利率风险的安全产品。1977 年开始产生以银行等非政府机构代理发行和担保的私有 MBS，该债券以非优级房贷作为抵押，没有政府担保，它将违约风险引入 MBS，使 MBS 成为一种高风险资产。这两类 MBS 都将房贷资产池还款现金直接转付给投资者，被称作传统证券化产品。其他产品：狭义次级抵押债券（RMBS）；次级抵押债券的衍生证券市场（包括抵押担保债券 CMO，房地产抵押贷款投资融资信托 REMIC，剥离式抵押支持证券 SMBS）。在以上产品创新基础上进一步衍生的CDO 市场。传统证券化产品没有对收益/风险重新分配。1988 年出现以重新分配违约风险为主的再证券化创新产品——债务抵押债券（CDO），其资产池中包含的抵押产品除了政府 MBS，更多以私有 MBS 特别是次贷作为基础资产。2001 年 CDO 发行量快速增长，特别是 2005 年以后 CDO 迅速向次贷集中。养老基金、保险公司等机构持有大部分 CDO 产品。由于不受联邦监管，CDO 信息费非常不透明，CDO 投资者更多是对发行者的付款承诺或计量 CDO 价值数学模型投资。正是通过证券化方式，这些衍生产品被设计得异常复杂，大量的国内投行等金融机构，以及国外金融机构持有次级债衍生产品。

从事证券化产品和衍生品交易的金融机构为获得更高的利润，就需要吸收更多的资金支持，就会进一步推高杠杆化率，进而不断推动金融机构推出更多、更复杂的金融创新产品，金融自由化就在这个机制下走向极致。整个金融链条被拉长，但是整个金融市场的风险都系于证券化基础资产的稳定，主要是房地产信贷和消费信贷的安全上，整个金融市场对杠杆的依赖越来越强。2008 年金融危机是一个去杠杆化的过程。由于商业银行、储贷机构可以从事证券化及衍生品业务，商业银行杠杆率由危机之前 9.8 下降到 6.4；对冲基金（例如贝尔斯登为 30）平均为 27.5 倍，目前大约为 20 倍；而房利美和房地美杠杆率在危机之前为 62.5，在美国政府入股之后下降到 43 倍。

纵观美国金融自由化发展和金融创新历程，可以发现在 80 年以后金融创新的性质发生了变化——由规避风险转变为追求高杠杆化下的高利润，在 2000 年以后高杠杆化金融创新达到极致。而在推行金融自由化政策时，政府对衍生品交易和投资银行金融监管缺失，货币当局长期忽视虚拟经济发展的影响，实施低利率的宽松政策使房地产等基础资产价格持续上升。美国整个金融系统高度依赖高杠杆机制，并得以持续了一个时期，而一旦房地产价格下跌和基础利率上升使杠杆交易机制断裂，金融市场就陷入去杠杆化的系统性危机，蔓延成全球金融危机。

（三）美国金融创新的宏观支撑机制——债务—美元体系下的国际资本流动与虚拟经济的循环机制

1968 年美国国际收支状况恶化，从 1968 年到 1971 年美国出现了 500 亿美元的经常项目赤字，黄金—美元体系难以维持，1973 年美国单方面宣布将美元与黄金脱钩，布雷顿森林体系崩溃。随后，黄金—美元本位制被债务—美元国际货币体系所取代。黄金的非货币化和自由主义推动的金融自由化导致了欧美国家浮动汇率制度的形成，国际短期资本大规模流动。20 世纪 80 年代以后，美国通过债务借入境外美元，用来买回其他国家的资源和商品，其他国家再用出口这些资源和商品换回的美元现金购买美国的债券和各种金融资产，这就形成经济虚拟化与债务—美元体系下国际资本流动的相互支撑和循环机制，美国通过这个循环机制从全球吸收资金。这一循环机制之所以能够顺利运行就在于其他国家形成巨额美元外汇储备，各国巨额外汇储备找不到更好的投资，只能将美元外汇储备投资购买美国国债、股票、房地产等资产，以及表面上看风险并不高的次级债、企业债及其衍生产品上，从而使各国金融机构加入这类投资。美国依靠虚拟经济支撑着美元国际货币地位，而债务—美元吸引的大量国际资金支持着美国虚拟经济。所以，债务—美元货币体系下全球流动性膨胀和国际资本大规模流动成为美国经济虚拟化的宏观因素，也是国际金融危机的根源之一。美国房地产信贷危机爆发后，使全球投资者都意识到美国经济所依赖的这一循环机制并不可靠，次贷危机就演变成全球金融危机，美元支撑机制也开始动摇，所以这也是美元危机。欧元与欧盟的情况与此相同。

（四）美国经济虚拟化与日本泡沫经济

我们认为美国经济虚拟化与日本泡沫经济有本质不同。美国经济虚拟化以高杠杆、金融创新机制和债务—美元体系下的资本自由流动的机制为核心，形成了一个复杂的金融链条和循环机制。所以，美国经济虚拟化具体表现为虚拟经济规模的膨胀。而日本的泡沫经济则表现为资产规模相对有限情况下，资产价格迅速膨胀，形成资产价格泡沫。两者的根本差异是美国形成了债务—美元与虚拟经济之间相互支撑机制和循环机制，而日本泡沫经济则没有这种支撑机制，具体说就是日元没有真正成为有影响力的国际货币，所以日本虚拟资产没有形成支持日元国际化的重要基础，而且日本国内缺少资金流出渠道，日元只能在国内运行，基本没有流出缺口，没有境外日元资金支撑日本虚拟经济。

二、经济虚拟化中的金融风险积聚机制与美国金融危机

（一）虚拟资本的演进与风险机制

1. 货币、信用、虚拟资本以及高杠杆化下的金融系统性风险

马克思的货币、信用和虚拟资本理论指出随着商品经济的发展，伴随着近代银行制度的出现所产生的各种各样的信用工具和支付手段，都是建立在资本主义信用制度高度发展的基础之上的。马克思指出：“生息资本的形成造成这样的结果：每一个确定的和有规则的货币收入都表现为资本的利息，而不论这种收入是不是由资本生出。货币收入首先转化为利息，有了利息，然后得出产生这个货币收入的资本。同样，有了生息资本，每个价值额只要不作为收入花掉，都会表现为资本，也就是都会表现为本金，而和它能够生出的可能的和现实的利息相对立。”这个资本的价格是以它的预期收入为基础的，即它的价格实际取决于未来能带来多少收益，虚拟资本在这里实质上是收入的资本化。因此，依据这样一种收入资本化的定价原则，包括股票、债券等在内的各种有价证券以及后来逐渐发展出来的金融期货、金融期权等大量的金融衍生工具，都是虚拟资本。而当这些金融工具的持有和交易活动开始在人们的日常经济活动中不断普及和日益频繁时，对社会资金配置、收入分配、

宏观经济稳定等产生重要影响，即形成虚拟经济活动。

资本资产的一般定价原则是未来预期收益的贴现，那么这个贴现率的确定，以及未来预期收入流的确定和来源就是关键。金融产品的价格最终要靠基础资产的收益来支持。尽管各种定价模型中贴现率的确定已经包含了对各种风险的考虑，但是实际上并不能涵盖系统性风险，并且未来预期收入流可能并不是来自安全稳定的真实收入，而是后续市场的资金注入。在金融自由化推动下的金融创新，最初的一些产品主要以规避风险为主，但是随着全球金融机构竞争的加剧，迫使越来越多的金融机构更愿意为高利润而承担高风险，这就推动了高杠杆交易的衍生产品和市场发展；同时，出现了保险机构为这些高风险产品提供所谓保险支持。这就是 2000 年代以来 CDS、CDO 等衍生产品出现的过程。在次贷危机银行、证券、保险等行业通过混业经营方式联系起来，一起参与到虚拟经济活动中来，不同金融机构之间形成了错综复杂的资产—负债链条，这种确实能产生真实收入的资产链条是建立在虚拟资本价格上的。而保险机制（例如 AIG）“真实”地提高了虚拟资本的信用等级，希望能够保护这个链条不会出现系统性风险，将系统性风险掩盖起来。而缺乏监管的信用评级机构似乎掌握着“水晶球”，具备准确预测金融机构和金融市场风险的能力，现代金融衍生品的复杂性使得投资者们对信息高度关注，投资者们对信用评级机构的能力确信无疑。

2. 金融创新的转变与去杠杆的系统性风险

20 世纪 80 年代末金融创新的目的由规避风险，越来越转变为追求利润，导致杠杆率放大。美欧各国金融自由化发展的主要表现是银行的信贷条件放宽，银行间的竞争加剧，利率实现市场化，资产出现证券化发展趋势，加剧了银行和证券公司、投资银行之间的竞争。1999 年美国政府颁布了《金融现代化法》，标志着金融自由化发展到了顶点。20 世纪 80 年代以来金融创新发展使去杠杆化的金融系统性风险增大。金融衍生工具是 20 世纪 80 年代金融创新的核心，金融衍生工具兼具套期保值的避险功能，又具有赚取高风险、高利润的投机功能。金融衍生产品加以创新的表外性和隐蔽性，使金融机构会计报表的真实性、透明度和准确性下降。信息不对称造成检测与预警有效性大大降低，投资者无法从财务报表中获取相关信息，无法甄别潜在财务风险和市场风险。金融衍生工具创新在一定程度上削弱了中央银行货币政策的有效性，增加了监管难度。在全球化背景下，金融创新打开了金融风险跨国传导的渠道，大大增加了防范和管理金融风险的难度。

（二）全球金融危机爆发的必然性

过去的 30 年，美国经济越来越依赖经济虚拟化机制，经济虚拟化使汇率、资产价格和物价之间达到新自由主义理想的“均衡”，传统宏观经济目标状态“良好”。因而，美联储和财政部没有构建起充分考虑经济虚拟化影响的宏观政策机制，而监管体制的滞后和缺失，使美国的金融自由化缺少有效约束。美国经济从 80 年代初开始金融失衡，在全球则表现为货币体系失衡和全球金融失衡。美欧这种经济高度依赖金融市场的经济结构是严重失衡的，一旦金融链条断裂，整个经济就会陷入衰退和危机，除非这种金融经济结构能够恢复，否则经济就会因为继续去杠杆化而陷入低迷。2008 年金融危机的根本原因不是金融监管，而是这种美欧国家不受控制的过度经济虚拟化的结果，只有通过金融危机才能让它停下来，政府就不得不为维持这种脆弱的金融链条的稳定而进行干预。

在经济虚拟化后美欧政府似乎解决了经济增长和通胀并存的矛盾，20 世纪 90 年代初期以后美欧经济步入稳定增长和低水平通胀的时期，而同时期资产规模和价格却在持续上升。现代金融的高度复杂性决定了经济虚拟化后，政府如果继续以主流理论指导的传统政策方法预测和调节经济增长和通胀，必然出现政策混乱。虽然在 20 世纪 90 年代中后期，理论界一些学者曾多次对资产价格泡沫问题提出警示，但是在泡沫经济没有破裂之前，市场利益主体是不能认同政府挤出泡沫的。另外，受主流宏观经济理论影响的政府宏观经济政策在宏观经济指标都表现“出色”时，不会主动击破泡沫，挤出泡沫的政策会引起相关利益主体的广泛批评，美欧政府无法承受由此带来的政治利益损失。

在金融自由化过程中，系统风险控制实际上是由各种保险机构来承担的。在美国次贷危机中市场力量推动房地产和其他虚拟经济领域大幅发展时，既然有 AIG 这样的大公司作担保，还有什么可担心呢。发行次贷的两房机构和其他房屋信贷机构认为违约率超过危险界限的概率微乎其微，所以也没有什么好担心的，那么美国财政部和美联储也没什么动力去刺破经济“大好发展”形势。虚拟经济就在“市场规律”的推动下走向过度膨胀，直至金融链条变得极为脆弱，危机爆发为止。80年代以后美国债务—美元机制实际上是推动美国经济虚拟化的主要宏观因素，美国虚拟经济逐渐成为美国的主要经济支柱，决定美国虚拟经济是吸引全球资金的重要部门，也是维持美国经济的核心机制。况且，美国虚拟经济的发展被各种风险控制“保护”，房地产和证券迅猛发展都被看作“经济繁荣”的表现，格林斯潘等官员就不可能“逆流而动”，而只能“顺势而为”。2008年美国金融危机实际上从2005年年初就已经露出苗头，几乎所有官员和学者都认为那只是局部危机，因为有那么“健全”的风险控制机制，系统性风险发生的概率“很小”。美欧政府只能因为政治、经济利益束缚、短视和干预机制的滞后，付出更大的代价。

三、以金融稳定为目标的短期宏观政策的长期负面影响

美元资产信用下跌，美国国内金融危机，美国境外美元资产过多，全球化的金融市场上投机资金巨大且疏于监管，现在更严重的问题在于美国对外的经常项目逆差无法停下来，美国向境外输出金融资产的循环也无法停下来，结果是要么出现金融危机使得这一切停下来，要么还继续这种循环。因此，稳定金融和美元地位对美国经济至关重要。在次贷危机中，美国财政部、美联储、证监会、联邦存款保险公司（FDIC）都采取不同的措施，或者通过合作来应对次贷危机。

（一）美联储的货币政策

美联储等机构为防止危机造成金融市场崩溃和经济大幅衰退，在危机的各个阶段采取了力度越来越强的干预。从降息、购买“有毒”资产，最后向金融机构直接注资和实施国有化。直接注资和国有化等手段实质就是用国家信用替代银行信用。

（二）美国政府的主要政策措施

1. 减税。

2. 帮助陷入困境的住房抵押贷款借款人。为缓解住房抵押贷款借款人的还款压力和住房抵押贷款为资产的债券的违约率，2007 年 12 月 6 日布什政府提出了次级房贷解困计划。

3. 将陷入危机的金融机构国有化。2008 年 9 月 7 日，美国财长保尔森、美国联邦住房金融管理局将出面接管房利美和房地美两家公司，财政部还将在公开市场收购“两房”发行的房贷抵押证券，据此向“两房”各注资 1000 亿美元。同时通过美联储的纽约分行向“两房”提供特别信贷额度。国有化也包括在美联储向 AIG 集团提供 850 亿美元的紧急贷款，作为回报，美联储获得 AIG 79.9%的股份，并有权撤换 AIG 高级管理层。

4. 大规模的财政刺激计划，2008 年 10 月 3 日，众议院通过了金融纾困方案，即保尔森 7000 亿计划。2008 年 10 月 14 日，美国政府用其中 2500 亿美元购买金融机构的优先股，其中花旗、高盛、富国银行、摩根大通、美国银行、美林、摩根士丹利、富银行和纽约梅隆银行等 9 家大银行将获得 1250 亿美元注资。并且向美国三大汽车生产商提供资金支持。

5. 对金融机构的债务进行担保。为防止大规模的债务链断裂和居民的挤兑行为，乃至使整个信贷市场的崩溃，直接对居民在金融机构的存款实施全额或部分担保。

6. 加强监管，严禁卖空。

（三）经济金融化后的金融危机与以金融稳定为目标的短期宏观经济政策

美国在处理金融危机的时候，不但采取国有化措施，而且也采取了一些类似计划经济的干预措施，这些措施短期内很有效。例如，政府将十数家问题金融机构聚在一起让它们之间对冲自己的大部分债务并考虑哪些呆坏账可以相互对冲解决，其有效的结果是许多问题在合作中解决，政府只管它们无法解决的部分，这样呆坏账的处理资金就大大减少。问题是，这些临时措施是否会常态化。因为美国实体经济与虚拟经济失衡的根本问题没有解决，美国还是要靠金融，靠高端高价的服务业和制造业维持经济运行，美国现有的救助方式的方向不是重建实体经济和对过大的虚拟经济“消肿”，而是要恢复原状。于是这些临时措施不会从根本上解决问题。

在经济结构失衡问题没有彻底解决的情况下，依靠扩大财政赤字维持经济存在长期隐患。美国救市的资金来自新发行的国债，可以预计，8100多亿美元的债务将导致其财政赤字从今年的4000多亿美元突然暴涨到明年的10000亿美元以上，美国明年的巨额财政赤字会导致其本来已经很高的经常项目逆差进一步加大，这就是说美国对外发行的债券还要进一步加大。刺激美国和世界虚拟经济膨胀的问题不但不会得到缓解，而且还会进一步加剧。美国不允许实行赤字的货币化，即由美国联邦储备直接贷款给财政部（购买政府新发行的债券），美国境内的现金流动性短缺，最理想的筹资方式就是借外债。而美国的外债已达13万亿美元，境外必须不断承担美国救市的资金负担。金融危机本来是让这些虚拟资产减肥、消肿，现在救市措施却在扩大美国财政赤字、扩大经常项目逆差，加剧金融资产的膨胀，特别是境外金融资产的膨胀。

降息与凯恩斯的“流动性偏好陷阱”。美国联储另一重要措施是降息，联邦基金目标利率已经从5.25%持续降到了1.25%。其目的是刺激资产价格上升，恢复人们对美国金融资产的信心。但是，凯恩斯早就说过，在利息率不断降低的过程中，人们持有现金的渴望越来越强烈，直到接近0，向下调整的余地丧失，对现金的持有量无限大，整个经济掉入“流动性偏好陷阱”。

（四）以金融稳定为目标的短期政策的长期影响——全球流动性膨胀

在很长时间里，主流宏观经济理论和政策研究没有重视债务—美元体系下美元滥发造成的全球流动性泛滥问题。1973年布雷顿森林体系崩溃后，美元彻底与黄金脱离，彻底使国际货币发行失去了有效“共同”约束。而美联储和美国财政部首先把国内经济问题放在首位，美国长期国际收支逆差就是依靠长期对外债务实现的，美国就是靠外债和各种金融资产对外输出美元的，这就是全球流动性问题存在的根源。间接的证据是：在20世纪70年代以前，全球的外汇储备维持在较低水平，增长缓慢。但在美元与黄金脱钩，布雷顿森林体系解体后，全球外汇储备呈现爆炸性增长。特别是在发展中国家和新兴市场经济国家外汇储备急剧增长。1948 年全球外汇储备仅为 478 亿美元，到 1970 年增长到 932 亿美元。这 22 年间，全球外汇储备年均增长速度为 3%。从布雷顿森林体系解体，到 2007 年本次全球金融危机爆发前的 37 年间，全球的外汇储备却以年均 12%的水平快速增长，37 年间增长了约 70 倍，2007 年底达到 6.41 万亿美元。最近，随着美联储大量投放美元，全球外汇储备已达到 7.1 万亿美元。国际金融市场参与主体的变化也能反映出全球虚拟经济发展的巨大变化：全球金融市场的主体是投资银行、养老金、保险机构、共同基金、对冲基金、主权财富基金等。其中主权财富基金在 80 年代出现，到 2008 年已经有 37 个国家成立了主权财富基金，成为国际金融市场的重要力量，对国际金融市场稳定有着重大影响。

四、欧盟国家政策协调的困境

美国次贷危机爆发后，最早陷入危机的欧盟国家是冰岛，而希腊是目前困扰欧盟的新问题国家。欧盟国家的危机是受到美国金融危机影响而暴露和爆发的主权债务危机。欧盟国家金融机构因为大量投资美国次级贷款证券衍生产品，导致巨大损失，如法国、英国、冰岛。另一些国家则是危机中暴露出过度负债问题，导致主权债务危机爆发。继爱尔兰、希腊之后，葡萄牙、西班牙、意大利的对外债务问题很可能成为欧盟体系的新危机。所以希腊危机能否很好的解决关系重大。

面对全球金融危机的冲击，欧盟国家相继陷入危机，但由于各国利益冲突，特别是法国和德国的冲突导致救助缓慢。欧盟国家除了遭受次贷危机的直接损失外，暴露出欧盟国家过度虚拟化和高度负债问题，各国经济水平差异大导致政策难以协调的体制问题，实质上暴露出欧元基础并不牢固。

全球金融危机爆发后，欧盟与欧元区国家政策实施过程的特点可以简单概括为从“各自为政”走向“金融协作”。最初，各国政策包括：由政府直接出资，购买欧洲重要商业银行股权；为银行中期债券提供担保；提高储户存款保证金额度等。各国首轮行动如：在 2008 年 9 月底，爱尔兰率先决定援助本国六大银行；英国将“布拉德福德—宾利银行”收归国有；德国政府向地产融资抵押银行注资等。其举措目的，是要以政府信用保证商业信用，防止银行遭受挤兑，促进同业拆借，恢复市场信心，增加流动性，最终恢复金融系统的稳定，防止其冲击到实体经济。在欧盟决定走向协调之前，不少成员国又提出了第二轮担保承诺。甚至在谋求合作的四大国会议（10 月 4 日）上，德国不仅明确拒绝了法国的有关建议，且于次日宣布了本国的巨额自救方案。欧盟各国政府纷纷为本国银行的存款各自提供担保，特征就是以邻为壑。其原因是：第一，独立主权国家仍是欧盟的主要构成单位。尽管欧盟一体化已达到经货联盟水平，但从政治上看并无统一的欧洲政府。各国政府仅对本国负责，最大限度地实现自身利益是各自考虑问题的首要着眼点，这也就决定了财政政策的实施主动权在各国政府手中。第二，金融危机来势迅猛，这要求各国金融机构必须迅速做出反应，动作快捷与否，往往是决定成功的关键因素。第三，各国经济与市场结构和发展程度都不尽相同，采取的举措具有差异性也是可以理解的，毕竟只有本国政府的措施更具针对性。

半个世纪以来，欧盟历经关税同盟、共同市场发展到高级的经货联盟阶段——一个极为庞大、复杂的共同规则、政策与机制治理体系已经建立。虽然在最初阶段各国鉴于自己的差异性，各行其是，但是随着全球金融与经济形势恶化，欧盟各国间协调与合作不得不加强，以共度难关。

危机全面爆发后，2008 年 10 月 7 日，欧盟 27 国财长会议的举行，意味着成员国谋求合作的开始。会议后欧央行实现了首次降息，开始实施力度大的货币政策。2009 年 1 月，欧央行已经完成了 6 次基准利率的大幅调整。2009 年 10 月 12 日，欧元区 15 国于巴黎举行了首次峰会，发表了著名的《欧洲协调行动计划声明》。《声明》强调指出，对各国可以实施的相关举措做出了明确规定，旨在保证行动的“统一性”；同时《声明》还呼吁，非欧元区成员应同样“采纳”有关“原则”，以使“欧盟能作为整体统一行事”。15～16 日，欧盟举行布鲁塞尔首脑会议，决计以“一种协调和全面的方式”显示27国的“团结”，并就未来的行动计划表示了认可。至此，成员国通过不懈努力，终使局面逐步得到扭转，确立了共同应对金融系统危机的基本框架。根据以上安排，欧盟及其成员国的协调举措主要包括以下四个方面：

1. 协调各国举措

合作之前，欧洲各国五花八门的救市做法实质是利用政府宏观调控，暂时以政府信用保证商业信用，如不加以控制，很有可能打破目前欧洲一体化的良好发展情况，经济倒退到贸易壁垒林立，市场无法公平竞争的情况。欧元区15国声明，以及27国的认可，被认为是欧盟实现了“联合救市”的标志性步骤。《声明》“就协调行动的指导方针达成共识”，针对各国举措的目标、手段、机制、条件与期限等方面作出了统一规定，具有重要意义。值得指出的措施有以下两点：

（1）具体列出了六项保障性原则，即确保受援资格不以国籍为基础，各国计划应有实施期限，扶持规模不得超出实际需要程度，鼓励私人部门参与，防止受益者滥用国家扶持，金融部门（特别是依赖国家干预的私人机构）应有适当后续性举措以推进结构性调整等。

（2）各国在制定救助计划时可咨询委员会。后者将指导前者作出必要调整，以便在计划草拟阶段就与规定保持一致。尤为重要的是，根据条约赋予的权限，委员会拥有对各国计划的监督、批准权，即成员国在计划最终确定之前，应提交委员会进行审核、批准。为此，在规定发布后，德、法、英等都迅速递交了本国方案。14日英国的计划即获批准。

2. 加强金融监管

金融监管不力，被普遍认为是危机产生的重要原因之一。仅就欧盟而言，尽管欧元区成员的货币政策已转至欧央行，但对各国银行的监管权仍由成员国掌握，因此，无论是从举措效率与公平竞争看，还是为防止危机再度爆发，加强金融监管协调，都是题中应有之义。

为此，欧元区成员首脑在其《声明》中，明确要求“欧盟和欧元区政府、央行和监管者就一种协调的应对方式达成协议”，并“敦促成员国监管者”根据国际规则精神，“在稳定金融系统的同时实行审慎规则”。显然，这都涉及各国监管机构的协调问题。

3. 欧元区与非欧元区成员国的协调

欧元区内一体化程度较高，实行了单一货币与货币政策，财政政策也受到更严格的约束。而在此次危机应对中，欧元区与非欧元区成员国之间的协调，特别是与英国的协调，亦是值得注意的一大特点。其根本原因是：首先，无论是欧元区还是非欧元区国家都深受危机之害，感到确有必要加以应对。其次，维护市场公平竞争原则，对所有欧盟成员而言均至关重要。因为作为欧洲经济统一的真正基础，单一市场是维系欧元区与非欧元区国家经济交织的共同框架。如上所述，鉴于各国救市力度颇大，如两者不能协调，必将扭曲市场竞争，动摇欧盟存在的根基，严重影响到双方的共同利益。最后，应对危机的手段主要涉及金融、财政政策，属成员国权限范围，这又为双方合作提供了基础；正是基于以上原因，先是法、德、意与英国联手召开四国首脑会议，既而欧盟 27 国财长又举行会晤，认为应制定救市共同指导原则，实施统一经济发展战略。此后的欧元区首脑会议决定称，将遵循财长会议决议，共同应对危机；表示除欧元区成员协调外，还“请求”其“欧洲伙伴采纳”相应“原则”，以使“欧盟能作为一个整体联手行事”。在 2009 年 3 月，欧盟表示，它们将可能把目前供应给各成员国用于刺激经济的紧急资金倍增至 500 亿欧元（680 亿美元）。这些紧急资金的援助对象，只包括在 16 国欧元区以外的其他欧盟成员国。匈牙利和拉脱维亚目前已经接受了共约 100 亿欧元的援助金，以应付它们的外债危机。下一个会寻求援助的成员国将是罗马尼亚。

4. 实体经济危机共同应对计划

欧洲汽车和建筑业遭受重创，经济信心指数降至“历史新低”。因此，采取有力措施，遏止形势恶化成为欧盟各方的共识。正是在这一背景下，谋求协调应对的复苏计划终于及时提出，并很快获得欧洲理事会的批准。继金融领域之后，积极协调应对实体经济危机，又很快构成了欧盟活动的中心内容。2008 年 11 月 26 日，委员会提出了《欧洲经济复苏计划》，这是自欧洲经济货币联盟起步以来，欧盟对经济危机作出“协调回应”的首例“全面行动计划”，无论是对摆脱当前困境，还是从一体化发展的趋向看，都可能产生重要、深远的影响。值得强调指出的是，这一欧洲层面复苏计划的提出，有其内在的必然性和迫切性。

该计划产生的背景与主要内容如下：随着金融危机的发展，欧洲实体经济所受到的冲击也日益显现。欧元区继 2008 年第二季度的负增长之后，第三季度负增长再度出现。这是自 1999 年启动单一货币以来，经济首次连续两个季度下降（这通常被认为是衰退出现的标志）。特别是失业率随之再度上升，引发了欧洲的强烈不安。因为它对其经济发展战略构成了严重挑战：欧盟《里斯本增长与就业战略》的两大核心目标，就是在确立知识型经济的基础上实现经济持续高增长，最终创造更多的优质就业。

从欧盟的基本战略出发，将短期需要与长远目标结合起来，是复苏计划最为突出的特点，集中表现为两大“战略性目标”的提出。一方面，针对当前经济形势，委员会建议成员国立即做出回应，实行有力的财政扩张政策，尽快刺激需求和信心回升，遏制衰退趋向进而推动复苏；另一方面，为提升欧洲的长远竞争力，欧盟将以此为契机，大力促进创新和知识经济发展，以在未来的全球化激烈竞争中立足，最终实现持续增长和就业。

而在这一计划的指导之下，2009 年伊始欧洲各国均纷纷拿出有力措施挽救实体经济行业，2009 年 1 月，欧洲投资银行声称将提供约 40 亿欧元优惠贷款，用于汽车厂商开发安全和环保技术。成员国则通过降低税费等手段，为推广低排放车辆大开方便之门。2009 年 2 月，欧央行批准德国、英国和法国应对经济危机的最新举措，帮助中小企业获得风险资本，为融资受阻企业提供政府补贴，享受优惠利率。

在欧洲经济已紧密交织的背景下，为巩固一体化发展的基石，更加有效应对危机，提高自身国际地位，欧盟终于采取了各项协调举措，以切实保证各国的共同利益。值得注意的是，这是欧盟建立以来，乃至整个欧洲一体化发展史上，欧共体成员国首次在金融市场、然后在实体经济领域，实行了如此大规模的政策性协调。尽管协调启动与此次危机的特殊性相关，同时因内部发展不平衡的存在，其深度与广度仍受到制约，且实施效果如何亦有待观察。

五、全球流动性泛滥对主要发展中国家的影响

自 2008 年以来，全球主要发达国家和金砖四国，在防止金融危机恶化后，又不得不应对全球通胀问题。货币流动性泛滥、全球金融资产膨胀与波动，以及全球长期通胀之间形成了错综复杂的关系，如果没有国际货币体系的深入改革，建立在主要国家之间有效的货币发行约束与协调，流动性泛滥对全球金融系统性风险和通胀的影响，将长期存在。2010 年开始，通胀问题在金砖四国，以及其他新兴和发展中国家尤其突出。在全球范围都实行的法币货币制度下，以及失衡的全球货币体系下，国际货币流动性泛滥的风险必然转移到这些国家，因为这些国家首先依赖出口，而本国货币又不是国际货币，因此受全球流动性泛滥影响的最直接表现就是：（1）资本市场不开放下的通胀压力与汇率压力；（2）资本市场开放下的国际流动性冲击与管制难题。其次，这些国家国内金融市场相对不发达，为防止经济衰退和提高就业，在历次危机中，总是愿意使用大规模扩张性货币政策和财政刺激。这是造成其国内通胀的国内因素。最后，在全球货币体系没有有效约束和协调机制的情况下，全球资金必然追逐各种资产，最主要表现为全球大宗商品价格持续上涨，例如各种矿产资源、石油、粮食等价格持续上升，这些国家的企业和家庭缺少应对这种冲击的对冲手段，而且缺少对大宗商品价格的定价影响，因此受到的全球流动性波动的冲击就更大。

我国从 2000 年以来，国际收支一直是双顺差，尽管 2011 年第一季度开始出现逆差，但这是国际收支调控的结果，国际货币流动性泛滥的根本问题没有解决。我国自进入 2000 年之后，国际收支持续双顺差，持续积累着流动性。从 2005 年以后，我国基本上呈现出从依赖外资到依赖出口的转变，形成了高度外向型的经济，这一方面加速了我国工业化的步伐，另一方面也带来了流动性持续输入的问题。2005 年、2006 年国际收支顺差分别为 2237.81 亿美元和 2599.3 亿美元，2007 年、2008 年则一跃而分别达到 4453.42 亿美元和 4450.72 亿美元。这种加速度的国际收支顺差增幅导致了我国持续高速的外汇储备增加，从而导致了持

续的流动性膨胀。2000 年我国外汇储备仅有 1656 亿美元，2011 年 4 月已经超过 3 万亿美元。同期狭义货币 M1 和广义货币 M2 都迅速增加，输入性国际流动性导致国内流动性日益严重，由外汇占款引起的货币增发在国内是无任何产品和服务相对应的。2005 年以后，外汇占款对我国人民币流动性膨胀具有决定性影响。

2000 年以后，由于全球流动性泛滥引起的我国流动性困境主要表现为各种资产价格的膨胀，以及不断出现的通胀压力。2007 年全球金融危机后，通胀和资产价格膨胀的压力更加明显。政府使用各种措施抑制房地产价格，央行从 2004 年以来一直使用各种对冲手段和信贷规模管制来控制流动性。

第一，对冲流动性，这是央行最常用的控制流动性膨胀的手段，但是对冲流动性是一种被动的应对方法，无法从根本上解决全球流动性对我国国内流动性的影响。

第二，利息率和存款准备金率调节。利息率调节是发达国家中央银行的常用货币政策工具，在发达国家的调控效果在下降。中国人民银行利率政策效力很小，调节准备金比率的政策作用也十分有限。利息率的宏观调节作用是与企业和个人对利息率变动的反应直接相关。在发达国家对金融杠杆的广泛使用放大了利息率对企业和个人利益的影响，金融交易中支付成本或得到收益都被放大了十数倍甚至数十倍，迫使投资者必须对基础利息率的变动做出及时反应。由于我国没有放开金融杠杆机制，所以利率调节的效力非常小。

第三，信贷规模管制。我国 2000 年以来采取的控制流动性的各种政策，一般先是提高存贷款利息率，然后准备金比率上调，但是这些措施的效力非常有限。

第四，使用信贷控制和行政手段，但这种政策虽然暂时控制了通胀，但也损害了投资需求和其他正常的经济活动，制造业和正在进行的产业结构调整会受到抑制，这会使企业再次面临困境，待业下岗会增加，收入减少，需求减少。而投机者不过是暂时蛰伏起来罢了。在流动性膨胀的基本背景下，如果我们不寻求其他有效的出路，这种紧缩、扩张的循环就一定会不断重复，成为困扰我国经济稳定发展的重要问题。

2008 年 10 月份之前我国正在进行控通胀和保增长的努力，但出于全球金融危机爆发对中国经济影响的担忧，政策迅速转向大规模财政刺激和宽松货币政策。结果 2009 年的后半年经济迅速恢复，但从 2009 年底以来流动性再度膨胀，通胀和房地产的资产价格膨胀势头形成。房地产价格居高不下，央行和政府挤压房地产投机的政策措施相继出台。通过央行主要实行了信贷管制，但这会将大量资金从房地产中挤出来，但法币时代这些货币不会消失，在我国资本市场不开放的情况下，这些资金首先选择流到其他金融市场，如期货市场、收藏品市场。由于资金规模非常大，这些资金必然会流动到实体经济中去，这就是我们 2008 年以来看到的大宗商品价格上涨的现象，特别是原材料价格逐渐上涨，消费品价格上涨也会加速。全球流动性泛滥引发的问题对中国、印度等新兴国家和发展中国家产生严重影响，所以全球流动性泛滥是根源，对国内流动性膨胀的治理需要从解决全球流动性泛滥的冲击来考虑。

六、国际货币稳定机制的构建

1971 年尼克松总统宣布美元停止兑换黄金，导致美国对外提供美元不再有黄金储备的约束。在 2000 年以前，没有任何货币能够挑战美元地位。这就是 1971 年以后国际货币体系中最根本的问题，债务—美元在全球范围内的泛滥导致了美国金融资产的膨胀和杠杆活动泛化，并通过国际金融市场将风险转移到其他国家，为全球金融危机埋下祸根。

（一）欧洲主权债务危机暴露的深层问题

1999 年，欧元开始在国际间正式使用，2002 年欧元完成了大多数欧洲国家的货币统一，并在国际上开辟了美元、欧元的双本位货币时代，也进入全球流动性泛滥的新阶段。欧盟国家和英国在此次金融危机中面临的经济情况也很严峻：第一，欧元和欧元资产发行量正以比美元还快的速度膨胀。欧元区中诸如西班牙、意大利、爱尔兰、希腊等也基本上都是依靠金融服务、地产和旅游等行业，或其他服务业支撑经济。其中西班牙、意大利、爱尔兰（其 GDP 占世界 0.45%）从欧元诞生之后的 2000 年起都是经常项目持续逆差，而且迅速扩大。意大利 2000 年经常项目逆差占其 GDP 的比例为 1%，2006 年达到 4%，2007 年也有 3%；爱尔兰的经常项目 2000 年还是基本平衡，2007 年其经常项目逆差已经占到 GDP 的 5%以上，西班牙则一直逆差，且逆差占 GDP 比重由原来的 4%狂涨到 10%，而 2006 年美国的这个比例不到 7%。整个欧元区的年度经常项目逆差已经达到 1500 亿美元以上，可以看到欧元区一些国家实际上通过消费其他国家的商品和服务向外输出欧元，然后通过输出欧元计价的债券、股票等虚拟资本回收通过经常项目逆差流出的欧元。显然，欧元和欧元金融资产也在全球迅速膨胀，欧洲经济在次贷危机影响下迅速恶化也源于欧元和欧元资产的过度膨胀。

第二，欧盟由众多经济体组成，整体综合经济实力比美国弱，各经济体之间联系虽然紧密，但政府和金融机构的协调统一很不容易，同时欧盟国家之间存在利益摩擦，直接影响欧盟在经济政策上的协调统一。而欧元是维系欧洲经济统一的重要纽带，提高欧盟国家经济政策的协调效率，是提高欧元国际地位的重要前提。

第三，欧盟内部财政不统一，未来提升欧元的影响力必须克服这个障碍。由于欧元区对成员国政府赤字有较严格的限制，因此欧元国际债券中最大的部分是公司债券，其信用较美国政府债券要差得多。欧盟经济和欧元在金融危机中会受到很大打击。各成员国，特别是陷入债务危机的成员国，探寻解决财政困境的办法，积极与其他成员国进行协调，以及寻求与其他国家的货币、经济合作才能摆脱债务危机困境，维持欧元地位。

第四，欧洲的金融机构主要是银行业参差不齐，许多国家的金融业抗风险能力弱于美国。统计数据表明欧洲一些银行的杠杆比例比美国还要高，导致欧洲在此次金融危机中损失堪比美国。例如，2008 年倒闭的雷曼兄弟发行的债券居然有一半是欧洲金融机构买走的，雷曼 6000 亿美元的坏账，欧洲金融机构至少承担了一半。

欧盟内部主要国家已经认识到至少应该有效扩大欧元在世界外汇储备中占比，重塑国际货币基金组织（IMF）在国际金融监管中的地位与作用。目前欧盟 27 国在 IMF 大约拥有 31.6%的投票权，处于绝对领导地位，所以它们力促将 IMF 变为一个全球金融活动的实质监管机构，扩大IMF对金融活动的多边监督权。但是欧元区国家由于次贷危机而引发全面的债务危机，也暴露出其实体经济存在的产业结构失衡问题。所以，欧元区国家债务的危机只是表面现象，深层次的经济失衡问题已经很难依靠各国自身解决，而欧元区国家内部存在协调困境，需要外部经济支持就是必然选择，所以在未来一段时间无论欧盟提出什么样的提升欧元地位的方案，如果没有外部经济合作和支持，最后可能都会归于失败。

（二）中国与欧盟和欧元区国家的货币金融战略合作

新的国际货币体系需要人民币将中国稳定的实体经济带进国际货币体系中，中国要进入大国行列，推进人民币的国际化也势在必行。中国的GDP总量世界第二（占比为6%），国际贸易世界第三（占比为7.7%），而国际货币体系中人民币占比为零，这对世界和中国都是一种不对称，一种失衡，我们认为人民币国际化是拯救和稳定现有国际货币体系的必然之路。在此形势下，美国和欧元区哪个地方首先意识到此种趋势并率先展开行动谁就会占有优势。结合前文分析来看，中欧货币金融战略合作可能在如下方面：

第一，欧元为了抗衡美元，需要和人民币结成联盟，因为此时两者的虚拟经济和实体经济比例会发生变化。尤其是考虑到欧元在进一步整合过程中需要大量的资金支持，因为欧元在货币层面已经统一，但下一步的整合主要是在财政统一性方面，存在较大的资金需求，中国可以在人民币国际化的进程中考虑适当的人民币贷款和援助等支持。

第二，人民币需要国际化，需要借鉴欧洲的金融技术平台。比如在欧元区发行熊猫债券，或者欧洲的优秀企业来中国进行融资。在国际金融领域，无论是支付系统、交易系统、金融工程技术，中国国内金融平台和欧洲银行平台都存在重要合作空间。

第三，考虑在国际金融组织（IMF、WB、FSB）层面，欧洲和中国都存在遏制美元独大的需求，故两者存在很多合作空间，找出共同点一起推动为国际标准。

第四，在高科技技术方面，欧洲需要中国的市场，中国需要欧洲的技术。中国目前正处于向制造业强国转化的重要时期，迫切需要西方高端的制造业技术，而欧洲的德国、法国、荷兰都具有较强制造业技术力量，而由于美元危机以及美元走弱，欧洲产品在北美的市场会受到削弱，此时中国的市场会给欧洲的出口带来更多的活力和机会。我们认为只有美元、人民币与欧元之间建立稳定的协调机制，并共同遵守流动性总量控制协议，全球经济和金融才实现相对稳定。

提高人民币国际地位，保持国际货币体系相对合理发展。美欧发达国家积极推行美元本位制、金融自由化和浮动汇率制度。掌握了国际金融决策权的发达国家强调金融自由化和浮动汇率的好处，却总是忽略美元本位制不可克服的内在矛盾——一国货币充当世界货币，该国存在过度发行冲动，这种过度发行掩盖在市场交易机制和虚拟资产价格膨胀中，发展中国家持有大量该国虚拟资产作为外汇储备和资产，而该国很便宜地使用其他国家的资金，并且常常可以通过汇率调控实施“赖账”。由于全球流动性膨胀风险和经济虚拟化使我们很难确定均衡汇率的合理水平，实践也证明不能通过汇率调控来调节国际收支。所以各国就不能放弃对汇率和资本流动的控制，保持汇率相对稳定对于保持经济稳定极为重要。对中国而言，由于资本市场没有完全开放，此次金融危机对国内金融市场冲击有限。所以稳定汇率非常重要，中美间金融合作的前提就是不能再把人民币汇率升值问题作为解决中美贸易问题的根本。

目前，应该加强主要国家间的合作和协调，以修正当前不稳定的世界货币体系，重建稳定、和谐、公平的国际货币金融新秩序。从长期来看，提高人民币的国际地位可以降低美元对人民币的影响。一方面，降低我国汇率风险；另一方面，人民币获得与中国实体经济相衬的国际货币地位，减轻其他国家对美元波动的影响，也可以在很大程度上化解美元波动引发的全球金融系统风险。因为如果中国国内经济能够继续保持强力增长，人民币将是有保障的硬通货。中美合作，从而使各国为维持汇率稳定有了更多的选择和保障。中国虚拟经济的规范化和国际化发展将为人民币资产的国际化交易提供平台和通道。最近，中国与韩国等国已经实现货币互换，这种人民币国际化形式的风险更容易控制。今后，要与主要国家积极探讨和合作实现风险可控的人民币国际化方案，适度推进人民币国际化进程。

第七章 欧洲经济困境和欧元区的整合：能依靠欧盟自己解决吗

本章主要探讨了目前欧洲经济的现状以及欧元的困境，指出欧元区正在危机的打击下不断进行整合。欧洲一体化进程持续了多半个世纪，在这个过程中，金融危机和货币危机不断袭扰着欧洲各国，但每一次危机过后，欧洲经济一体化总是有所前进，欧洲经济的整体影响也越来越大。当欧元形成的时候，欧洲经济一体化进入了一个以货币、金融统一为中心的欧洲经济整合的新时期，国际货币体系也因此进入了一个“双本位国际货币体系”的新时代。欧元的诞生为欧洲经济注入了新的活力，也带来了一系列新问题，它们集中反映在金融危机和债务危机中，这些危机正在逼迫欧盟朝着统一经济监管和政策调控的方向发展，朝着欧洲“中央集权”的方向发展。欧元的地位会在危机中不断巩固，而双本位国际货币体系却会将世界带进一个更加动荡的时期。

一、欧元确立历史的分析

（一）欧洲货币体系

1979年3月，在德、法两国的倡议下，德国、法国、意大利、丹麦、比利时、爱尔兰、荷兰和卢森堡等8个欧洲经济共同体成员国决定建立欧洲货币体系（EMS，European Monetary System）将各国货币的汇率与对方固定，共同对美元浮动。随着1989年西班牙的加入和1990年英国的加入，该体系扩张到了 10 个成员国。该体系在早期获得一定成就之后，随着其成员国经济的发展和世界经济格局的变化，其缺陷越来越严重，无法协调成员国的经济政策，最后引发了欧洲货币体系危机。

1. 欧洲货币体系建立的经济背景

欧洲货币体系是欧洲货币一体化进程中建立货币联盟最关键的一步，是区域货币体系的一大突破。该体系是为了应对20世纪70年代频频爆发的国际金融危机，以及欧共体内部的经济动荡、尤其是不断加剧的汇率波动和货币危机而形成的区域货币体系。

布雷顿森林体系的成立结束了当时国际货币竞争性的贬值，但是并没有建立一个真正的多边贸易体系。欧洲国家之间的贸易是在大量双边贸易基础上协定达成，根据可能出现的经常项目逆差额度来确定一个双边贸易额度，超过该额度的赤字必须通过黄金加以结算。当时的欧洲各国因为重建本国经济，对美国进口远远高于出口，导致各国都缺乏美元，也就是人们所说的“美元荒”（Dollars Gaps），引发所有国家都争取黄金和美元盈余。此时，任何一个国家将其货币进行自由兑换都会导致与其进行双边贸易的国家极力从中赚取盈余，将其兑换成美元，致使该国陷入严重国际收支逆差的困境。

面对如此的窘困，欧洲国家意识到，必须依靠欧洲各国自己的合作与努力，重新确立货币可兑换性。为了加强欧洲国家间的合作，充分利用“马歇尔”计划的援助，欧洲于1948年成立了“欧洲经济合作组织”（OEEC，The Organization for European Economic Cooperation）。1950年，包括 OEEC 的 17 个成员国在内的欧洲国家成立了“欧洲支付联盟”（EPU，European Payments Union）以应对双边贸易信贷额度被耗尽而引发的欧洲内部支付系统的困境，迈出了欧洲货币一体化的第一步。1955年8月，该联盟成员国签署了《欧洲货币协议》，进一步发展了欧洲内部的货币可兑换性。1957年，“欧洲钢铁联盟”的所有成员国（联邦德国、法国、意大利、比利时、荷兰、卢森堡）签署了以建立关税同盟（“共同市场”）和共同农业政策为核心的《罗马条约》，并于第二年的1月1日确立了由这六个国家组成的“欧洲经济共同体”（EEC，European Economic Community）。1958年12月，《欧洲货币协议》缔约国又签订了一项修改本协定的附加议定书，同意把各自国家的货币对美元的波动幅度由±1%缩减至0.75%，将欧洲国家货币之间的最大波动幅度由2%缩小到±1.5%，整个波动范围也由4%缩减至3%。随后，法国宣布法国法郎贬值并且实行有限制的自由兑换，接着英镑也开始了自由兑换，其他成员国也随之纷纷采取同样的措施。从此，“欧洲支付同盟”退出了历史舞台，取而代之的是该协定。

在“欧洲经济共同体”成立的初期，布雷顿森林体系的运行一直处于比较良好的状态，共同体内部物价稳定、失业率保持在较低的水平、国际收支处于盈余状态、货币呈现出稳定趋势，整个经济运行良好。因此，“欧洲经济共同体”并没有对货币合作给予充分的重视，也没有建立一个独立货币体系的需要。

然而，在1968年的第一次美元危机冲击下，法国法郎于1969年8月贬值11.1%，同年9月西德马克升值10%。同时，《罗马条约》的签订使得欧共体各成员国之间的经济与贸易关系更紧密，对加强货币合作的呼声也日益高涨。在1969年12月初的欧共体海牙会议上，联邦德国总理怀特·勃兰特提出了建立“欧洲经济与货币联盟”来协调欧共体成员国之间经济政策，尤其是货币政策，以摆脱该体系之外的汇率波动影响。

1970年6月，欧共体通过了第一份关于创建“欧洲经济与货币联盟”的完整性理论构想——《维尔纳报告》（Werner Plan），是欧元诞生史上第一份重要性报告。《报告》认为，建立该联盟的目标就是要维护欧共体经济稳定，促进其经济增长。这需要建立一个独立于任何一个成员国，只对欧洲议会负责，能够制定统一的、对成员国产生决定性影响的经济与货币政策的政策中心。同时，还需要建立一个类似于美联储体系的欧洲中央银行体系，以便对货币政策进行决策。

该《报告》提出，在1971年1月1日到1980年12月31日的10年内，分三步个阶段来实现货币统一计划。第一个阶段就是从1971年1月1日到1973年12月31日，主要目标是缩小成员国货币之间的汇率波动幅度，将所有成员国的货币都纳入欧洲货币体系的汇率机制，并筹建货币储备基金来稳定汇率，协调货币政策。第二个阶段是从1974年初到1976年底，主要是集中成员国的部分外汇来补充筹建的货币储备基金，加强欧共体干预外汇市场的能力，进一步缩小外汇波动幅度，促进资本流动的自由化。剩余的4年为第三个阶段，主要目标是实现劳务、资本和商品能够在欧共体内自由流动，且不受汇率波动的影响，促进固定汇率向统一货币发展，最终发行统一货币。但是，由于受种种原因的影响，如1973年的石油危机、随后在1974年爆发的世界性经济危机等加剧了欧共体内部的经济差距和发展的不平衡性，导致这个阶段的目标都未能实现。

1971年2月9日，欧共体建立了“欧洲货币单位”（ECU，European Currency Unit），将其作为计价标准和结算手段。“欧洲货币单位”的价值跟美元等值，含金量为0.888671克。在美元经历了1971年和1973年的两次大幅贬值以后，“欧洲货币单位”的含金量仍然没有改变，但是它的价值已经不再与美元相等了，而是与SDR等值。在1971年SDR与黄金脱钩，改为与16种“一揽子”货币定值后，欧洲共同体创设了新“欧洲货币单位”，并且将其成员国的9种货币组成的“一揽子”货币来决定新“欧洲货币单位”。各种货币在“一揽子”货币中的占比由其发行国GDP和贸易额在欧共体中的比例决定。但是，新的“欧洲货币单位”只起计价单位的作用，欧共体中的国际结算、国际储备、外汇干预都使用美元。

布雷顿森林体系崩溃以后，美元危机频频发生，严重冲击着欧共体货币汇率的稳定。为了应对不断加剧的货币危机和汇率波动，欧共体自身的经济状况和货币政策也发生了很大的改变。当时的欧共体委员会主席罗伊（Roy）重申了组建欧洲经济与货币联盟的重要性。欧共体成员国也已经在共同筹建欧洲货币体系这一问题上取得了广泛的基础。每次美元危机的爆发都会造成欧洲各国货币之间的汇率发生大幅度波动，直接冲击着欧洲货币的稳定。欧共体成员国一致认为，在新的国际货币体系诞生之前必须要建立一个符合欧共体自身情况和实际需要的区域性国际货币体系来应对频频爆发的美元危机对欧洲各国货币的冲击。

美元兑欧洲货币的汇率从1977年的1月25日的最高值0.8381一路下跌到1978年10月30日的最低值0.6579，下跌幅度高达21.5%，同期的美元、英镑和法国法郎对西德马克的汇率分别下跌了26%、19%和19%。面对西德马克的不断升值，实行“蛇形制”浮动汇率的国家开始不断地调整本币与西德马克的比价。然而，这种比价的调整严重影响着“蛇形制”浮动汇率制度的稳定，更无法积极应对美元危机的冲击，直接挑战该汇率制度的发展。为了加强各国货币的合作与汇率的稳定，更好地抵御美元危机的冲击，组建欧洲货币体系由原来的广泛共识走上了实际操作。

作为欧共体第一经济大国的联邦德国，其经济在战后的增长主要是依靠对外贸易。但是，在西德马克不断升值的情况下，1978 年德国经济的增长开始转向依赖内需。美元危机使得西德马克持续升值，严重影响了德国商品在境外的竞争力，导致联邦德国的对外贸易萎缩，引发西德马克币值的波动。此时的联邦德国意识到，维护西德马克币值稳定的同时，必须要加强成员国货币汇率的联系，积极筹建欧洲货币体系。从此，作为欧共体第一经济大国的联邦德国开始在筹建欧洲货币体系的过程中发挥了重要作用。

到了 1978 年，欧共体各国的经济状况开始了好转，物价上涨的速度开始缓减，通货膨胀率为 1974 年的一半左右，各国通货膨胀的差异也明显降低。英国、法国、意大利等国的国际收支出现了顺差状态，英镑、法国法郎、意大利里拉的贬值压力减轻很多，而且西德马克显示出十分坚挺的趋势。这为欧洲货币体系的成立提供了十分良好的条件。

1978 年 12 月，在布鲁塞尔召开的欧共体首脑会议决定从 1979 年 1 月 1 日起启动欧洲货币体系。当时欧共体成员国的联邦德国、法国、意大利、丹麦、荷兰、比利时和卢森堡加入了欧洲货币体系，欧共体另一成员国英国因为拒绝参加当时的欧洲货币汇率机制而没有加入。但是，意大利和爱尔兰则要求欧共体增加对它们的援助。法国提出，只有取消共同农业政策中的货币补偿金以后才允许该体系生效，这与德国的利益冲突。欧洲货币体系因为上述矛盾的协调，最终到 1979 年 3 月 13 日正式生效。

2. 欧洲货币体系的内容与运行

建立欧洲货币体系的目标就是要稳定汇率，巩固欧洲国家货币在国际货币领域的地位，把欧洲真正统一成一个市场，共同促进经济稳定、持续增长，为欧洲共同体的建设提供新动力。整个欧洲货币体系是由三大块内容组成的，一是欧洲货币单位（ECU，European Currency Unit），二是欧洲货币合作基金（EMCF，European Monetary Cooperation Fund），三是汇率稳定机制（ERM，Exchange Rate Stability Mechanism）。

欧洲货币单位（ECU）是“一揽子”货币，也是整个欧洲货币体系的核心。欧共体理事会根据欧洲货币体系各成员国 GDP 在近 5 年内的平均值、它们在共同体内部贸易所占份额以及它们在共同体原有短期货币支持基金份额来确定一国货币在 ECU 货币篮子中的含量。根据上述原则，在欧洲货币体系成立之初的构成中，西德马克占有近 1/3 的权重，法国法郎、英镑与荷兰盾的权重都在 10%以上（参见表 7-1），而且这个构成可以在 EMS 生效之后的六个月内进行相应的调整。上述比重将随着各成员国经济状况的改变进行相应的调整。欧共体委员会每隔五年就会对此权重进行审核与调整，而且还规定，当某成员国货币在篮子货币中的比重的实际变化幅度超过 25%时，可以要求调整。随着成员国的加入和各国经济状况的改变，ECU 的构成分别在 1984 年 9 月 15 日、1989 年 9 月 15 日和 1995 年 3 月 6 日进行了调整（参见表 7-1）。

表 7-1　EMS 运行过程中的 ECU 构成

货币名称	1979/03/13～1984/09/14		1984/09/15～1989/09/14		1989/09/14～1995/03/05		1995/03/05 以后	
	含量	权重(%)	含量	权重(%)	含量	权重(%)	含量	权重(%)
西德马克	0.828	33.0	0.719	32.3	0.6242	30.1	0.6242	32.68
法国法郎	1.15	19.8	1.31	19.2	1.332	19	1.332	20.79
英镑	0.0085	13.3	0.0878	14.3	0.08784	13	0.08784	11.17
荷兰盾	0.286	10.5	0.256	10.2	0.2198	9.4	0.2198	7.21
比利时法郎	3.80	9.6	3.71	8.3	3.301	7.6	3.301	8.38
意大利里拉	109	9.5	140.0	10.2	151.8	10.15	151.8	10.21
丹麦克朗	0.217	3.1	0.219	2.7	0.1976	2.45	0.1976	2.71
爱尔兰镑	0.00759	1.1	0.00871	0.3	0.008552	1.1	0.008552	1.08
卢森堡法郎	----	0.4	0.00871	1.2	0.130	0.3	0.130	0.33
希腊德拉克马	----	----	1.15	1.3	1.393	0.8	1.393	0.49
西班牙比塞塔	----	----	----	----	6.885	5.3	6.885	4.24
葡萄牙埃斯库多	----	----	----	----	1.440	0.8	1.440	0.71

资料引自：李卓. 欧洲货币一体化的理论与实践[M]. 武汉：武汉大学出版社，2005:81~83。

作为欧洲货币体系的核心部分——欧洲货币单位（ECU）的运行

主要表现在三个方面，一是确定成员国货币的中间汇率标准和偏离指示器，二是充当欧共体官方信贷的计算单位和价值尺度，三是作为欧共体的储备资产和干预手段。

欧洲货币体系是通过平价网体系（Parity Grid System）和货币篮子体系（Currency Basket System）体系干预外汇机制，实现各国货币汇率的稳定。平价网体系是指欧洲汇率机制成员国货币间的任何两种货币确定一个中心汇率，具体汇率的高低由 ECU 作为标准。篮子体系中任何一种货币的汇率波动幅度都不能超过规定的波动范围，否则双边汇率的相关成员国有义务干预外汇市场，尽可能将双边外汇拉回到规定的范围内。ECU 作为各成员国货币汇率偏离中心汇率的指示器，对偏离幅度进行衡量。

ECU 是欧共体所有官方信贷、各成员国之间划拨清算和经贸往来的价值尺度与计价工具。欧共体的所有财政、关税、预算、统计、核算、农产品价格的制定、对外援助等都是以它作为标准尺度和计价单位。同时，《洛美协定》（Lome Convention）中的财政和技术等援助也是通过 ECU 加以核算。

欧洲货币合作基金（EMCF）自 1973 年 4 月成立以后，集中了成员国各 20%的黄金储备和外汇储备，作为发行 ECU 的准备。因此，ECU 成为了各成员国的重要储备资产，也成为了 ECM 中仅次于美元和西德马克的储备资产。欧共体成员国的央行可以将此作为结算手段进行相互借贷用于干预外汇市场。当某两国货币间的汇率波动超出了规定的范围，相应的发行国有义务通过卖出强币和买入弱币进行干预。如果这些国家缺乏干预能力，可以向 EMCF 提供信贷援助，而且这些援助可以通过 ECU 加以清偿。因此，ECU 充当着欧共体的储备资产和干预手段。

“欧洲货币合作基金”（EMCF）集中了各成员国 20%的黄金储备和 20%的外汇储备，用以加大信贷支持力度、完善信贷支持制度，提供极短期信贷（Very Short-term Financing）、短期货币支持信贷（Short-term Monetary Support）和中期财政援助信贷（Medium-term Financial

Assistance)。提供极短期信贷的目的就是为了增强成员国的外汇干预能力，维护外汇波动的幅度。当成员国双边汇率的波动幅度超过规定范围时，可以通过向 EMFC 申请以 ECU 记账、期限为 45 天（可延长至 90 天）、不受数量限制的极短期贷款来买进弱币和抛售强币，从上下两个方向同时压缩汇率波动幅度，从而增强外汇干预的效果。短期货币支持信贷是为了帮助陷入国际收支赤字的成员国的筹资需要，期限为 3 个月，但是最多可以延长到 9 个月。这种贷款的借贷数量受到借入国债务额度和贷出国债券额度的限制（参见表 7-2）。中期财政援助信贷是为了向那些出现严重赤字且难以在短时间内扭转局面的成员国提供期限为 2～5 年的信贷。由于很难出现所有成员国都在同一时间内都发生严重的国际收支赤字，所以这类贷款的数额并没有具体规定。但是，作为一般要求，任何一个国家所申请的贷款都不能超过该类贷款资金的 50%。这类贷款的具体资金由各成员国分摊，各国对此的出资承诺参见表 7-3。

表 7-2 短期货币支持信贷额度

成 员	债务额度（百万 ECU）	债券额度（百万 ECU）	所占比例（%）
联邦德国	17400	3480	22.03
法国	17400	3480	22.03
英国	17400	3480	22.03
意大利	1160	2320	14.67
荷兰	580	1160	7.34
比利时	580	1160	7.34
丹麦	260	520	3.29
爱尔兰	100	200	1.27
合计	7900	15800	100

资料来源：Ypersele & Koeune. They European Monetarmy System. London: ECSC-EEC-EAEC,1984: 2.

表 7-3 成员国在中期货币支持信贷额度中的承诺

成 员	金额（百万 ECU）	所占比例 （%）
联邦德国	3105	22.00
法国	3105	22.00
英国	3105	22.02
意大利	2070	14.68
荷兰	1035	7.34
比利时	1000	7.09
丹麦	465	3.30
爱尔兰	180	1.28
合计	14100	100

资料来源：Ypersele & Koeune. They European Monetarmy System. London: ECSC-EEC-EAEC, 1984:2.

欧洲货币体系实行的是固定汇率机制，各参与国的货币之间保持一种可调整的固定汇率；对 EMS 以外国家的货币则实行联合浮动。这当中，EMS 成员国货币间的固定（或准固定）汇率，是通过 ECU 所确定的中心汇率及规定的波动幅度，以及必要的外汇市场干预措施实现的。当干预措施不能奏效时，则通过直接、最后的手段——调整中心汇率来达到新的稳定。

3. 欧洲货币体系的成就与发展——欧洲经济货币联盟

欧洲货币体系的运行在抑制成员国的通货膨胀和促进成员国汇率的稳定方面取得了很大成就。就欧洲货币体系成员国自身而言，其名义汇率变动率远远低于欧洲货币体系建立之前。根据 IMF 的研究报告显示，ERM 的汇率在 1974～1978 年的平均波动程度达到 28.4%，但是 1979～1989 年的平均波动率降为 12.7%，1987 年之后都保持在 10%以内；而同期非 ERM 国家汇率的平均波动在 30%左右。在 80 年代中期以后，ERM 的 CPI 平均增长率为 2.5%～3.5%之间，远远低于 1979 年以前 10%左右的水平，也低于同期非 ERM 国家的 4%～5%水平。汇率波动的降低，加强了成员国经济的协调性，也促进了对外贸易的发展。较低的通货膨胀率维持着整个经济的稳定运行。同时，在美元大起大落的 80 年代，相对稳定的欧洲货币体系对稳定当时处于动荡状态的国际金融市场有着积极的作用。

欧洲货币体系成立之后，其成员国不断增加，如果希腊、西班牙、葡萄牙也先后加入到欧洲货币体系之中。1990 年，英国加入欧洲汇率机制，加强了欧洲国家经济的趋同性和汇率的稳定性。绝大多数成员国都选择 ECU 作为储备货币，并给予其一般外汇的法律地位，并且成立了 ECU 清算体系。20 世纪 80 年代以来，世界经济出现了良好的发展态势，各国经济的竞争加剧，依赖性也加强。1985 年 12 月，欧共体委员会提出，在 1992 年底建成一个没有国界限制，商品、劳务和资本可以自由又流动的欧洲统一大市场计划和《欧洲经济与货币政策合作联盟》。

随着欧洲统一大市场的逐渐成形，欧共体国家的经济也呈现出蓬勃的气势。在 80 年代中期，欧共体 12 国的经济总量占全球经济总量的 31%左右，美国、日本分别为 39%和 19%左右，贸易出口额占世界总出口额的一半以上，远远高于美国的 15%和日本的 14%，其国际储备为世界总储备的 1/2，美国和日本的占比仅为 22%和 8%左右。但是，欧共体的经济发展速度却远远低于美国和日本。面对激烈的外部竞争和内部各国经济的紧密联系，建立欧洲经济与货币联盟的进程被加速。1989 年 4 月 17 日，经济与货币联盟委员会提交了其研究成果《关于经济与货币联盟的报告》（也就是《德洛尔报告》）。《德洛尔报告》得到了欧共体委员会的一致同意，并在同年 6 月份的欧共体首脑会议上得到通过。该《报告》对指出，未来的货币联盟必须能够保证货币的自由兑换、资本的自由流动以及实行固定汇率制度；各国的货币政策必须是该联盟所实行的统一货币政策。在该《报告》的基础上，产生了《经济与货币联盟条约（草案）》和《欧洲中央银行章程（草案）》。1991 年 12 月，在荷兰马斯特里赫特（Maastricht）召开的第 46 届欧洲共同体首脑会议通过并草签了《欧洲经济与货币联盟条约》和《政治联盟条约》，即《马斯特里赫特条约》（以下简称《马约》）。它为欧共体建立政治联盟和经济与货币联盟确立了目标与步骤，是欧洲联盟成立的基础。

《马约》明确规定了未来的欧洲经济与货币联盟必须实行单一的货

币，实现高度稳定的物价和高度稳定的汇率，防止严重的财政赤字和债务积累。同时，该条约还对货币联盟的建设划分了三个阶段，并且对三个阶段的目标和任务做出了详细的规定。1990 年 7 月 1 日到 1993 年年底为第一阶段，主要是消除金融一体化的障碍，具体任务为促进欧共体所有成员国都加入欧洲货币汇率机制，缩小汇率波动幅度；取消外汇管制、促进资本流动；加强成员国在制定经济政策和货币政策方面的协调性，实现内部统一的大市场。从 1994 年 1 月 1 日起进入第二阶段，一直延续到 1998 年年底。这是一个过渡阶段，主要任务是进一步加强成员国之间的货币与汇率政策之间的协调性，以及各国经济的趋同性；制定各国的预算规则，即任何一个成员国政府的预算赤字（或实际赤字）不得超过当年 GDP 的 3%，政府债务不得超过当年 GDP 的 60%；通过立法保证各成员国中央银行的独立性，并规定其首要目标是稳定物价；建立欧洲金融管理局（欧洲中央银行的前身），进一步强化了欧洲货币体系的运行。此后为第三阶段，主要是组建欧洲中央银行，发行单一的货币——欧元，确定欧元为单一的法定货币；确定欧元区成员国货币与欧元兑换的永久性汇率，以及欧元与非欧元区国家货币的汇率；规定成员国以欧元为单位发行债券。

4. 欧洲货币体系的缺陷与危机

在欧洲货币体系取得一定成就的同时，它的缺陷也越来越明显，而且随着欧洲货币体系的发展，这些缺陷也越来越恶劣，严重影响成员国货币政策的协调性，引发了后来的欧洲货币体系危机。

欧洲货币体系成员国获得了低通胀率的成就，却是以低增长率和高失业率为代价的。为了避免对外汇干预责任的不对称性，该体系通过设立“欧洲货币单位”，以及依赖于成员国之间货币政策的协调性来干预外汇市场建立均衡汇率。但是，成员国之间经济发展的不平衡性、矛盾的冲突、彼此利益的博弈严重影响了该体系的稳定和发展。而且，仅仅通过强化欧洲汇率机制很难从根本上保证所有成员国货币汇率的稳定。

由于德国在欧洲货币体系中占有举足轻重的地位，其货币政策的走向在很大程度上直接影响着该体系的运行。统一以后的德国，其经济实力大大增强。虽然马克在ECU中的份额不变，但是德国经济的增强提升了马可兑美元的汇率，也就提高了马克在ECU中的相对份额。这种相对份额的变化以及因为马克价值的变化引发的德国货币政策的变化对欧共体的宏观经济产生了巨大影响。但是，当时的英国、意大利等国家的经济却处于疲软状态，增长缓慢、失业严重。对此，这些国家实行了低利率政策，以帮助私人和企业增加投资、扩大生产、促进就业。但是，这与德国在80年代后期一直保持3%以下的低通胀率相违背，尤其是德国统一以后，出现了巨额的财政赤字，更是对通货膨胀极为谨慎。对此，德国拒绝了七国首脑会议降息的要求，而且在1992年7月把贴现率提高到8.75%。这直接引发了人们在外汇市场上大量抛售英镑、意大利里拉来抢购德国马克的狂潮，导致英镑和里拉汇率大跌，引发了1992年欧洲货币体系的危机。

（二）欧元的诞生

欧元继承了马克等国际储备货币的地位，其诞生之后立刻获得了国际储备货币的地位和国际本位货币的角色，打破了美元在国际货币体系中单一霸权的局面，开始了与美元激烈竞争的时代，也将国际货币体系带入了“双本位”时代。

在欧洲货币体系（EMS）成立之初，马克是该体系的主要货币，在ECU中占有33%的比重。随着EMS的发展，该比重基本围绕33%进行微小波动。尤其值得注意的是，德国马克一直是SDRs五种定值货币之一。在1991年SDRs的组成中，马克占21%，仅次于美元的40%，日元、英镑和法国法郎分别为17%、11%和11%。IMF根据上述五个国家在国际金融和国家贸易领域的相对重要性，每五年对SDR的组成进行一次修订。现在的SDR组成为美元占44%，上升了1%；欧元占34%，较马克在1991年的占比上升了13%；日元和英镑各占11%。最为重要的是，当时马克币值的稳定是全球闻名的，而且其在全球外汇储备中的占比为15%～16%，远远高于欧元区成员国法国法郎2%左右的占比、荷兰盾0.3%左右的占比，其他成员国货币的占比几乎为零（参见图7-1）。马克的国际储备占比仅次于美元，这为欧元的诞生奠定了良好的基础。

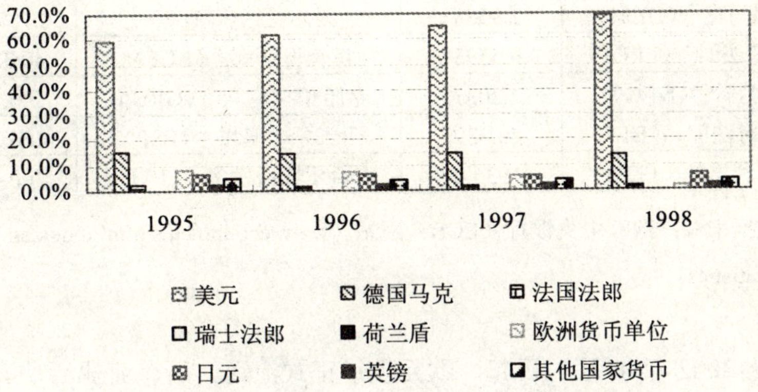

图 7-1 1995～1998 年各主要货币国际储备占比

数据来源：根据国际货币基金组织（IMF）网站（imf.org/external/np/sta/cofer/eng/cofer.pdf）数据整理计算得到。

另外，在欧元诞生之前的 1998 年，欧元区 15 国的 GDP 占全球 GDP 的 20%，略低于美国 21%的份额。同年，欧元区成员国进出口贸易总额占全球进出口贸易的 20%，高于美国 16%的占比；欧元区成员国的黄金与外汇储备占全球总量的 20.6%，是美国 4.1%的五倍；而且前者的股票、债券、银行贷款总量为 27 万亿美元，超过美国同期的 23 万亿美元。

根据经济趋同性报告，欧盟委员会于 1998 年 5 月 12 日在布鲁塞尔确定德国、法国、芬兰、奥地利、比利时、爱尔兰、卢森堡、西班牙、葡萄牙、荷兰、意大利等 11 个国家加入 EMU，此后被称为“欧元区”（Eurozone）。同年 7 月 1 日，欧洲中央银行（ECB,European Centural Bank）在法兰克福成立，主要负责控制通货膨胀、调节利率等。从 1999 年 1 月 1 日开始，欧元成为 EMU 的官方记账单位，但是欧元现钞并不进入流通领域，各国原有的货币仍然是本国法币。此时的欧元只是名义代表，但是，各成员国货币与欧元有一个永久性的固定汇率（参见表 7-4）。

表 7-4 以单位欧元与各成员国货币的兑换率

德国马克 （DEM）	1.95583	爱尔兰镑 （IEP）	0.787564
法国法郎 （FRF）	6.55957	卢森堡法郎 （LUF）	40.3399
荷兰盾 （NLG）	2.20371	希腊德拉克马 （GRD）	340.750
比利时法郎 （BEF）	40.3399	西班牙比塞塔 （ESP）	166.386
意大利里拉 （ITL）	1936.27	葡萄牙埃斯库多 （PTE）	200.483

数据来源：欧洲中央银行（ECB）网站（www.ecb.int/stats/html/index.en.html）ECB Statistics。

从 2002 年 1 月 1 日起，欧元现钞正式流通，所有商业活动必须使用欧元。所有成员货币必须在同年 6 月 30 日之前按照固定兑换率兑换成欧元，此后这些货币不再具有法币的地位，欧元就成为唯一的法币。

二、欧洲统一货币历程背后的利弊分析

欧洲经济一体化的历程意味着各主要的欧洲成员国为消除彼此间的利益矛盾，追求各自经济更快更好地发展而坚持不懈的努力。建立欧洲经济一体化的初衷是为了维护各成员国的利益，它是从欧洲共同体逐渐发展而来。当然欧洲经济的一体化、甚至欧元的出现主要来自以下几个原因：一是以美国经济利益为核心的布雷顿森林体系；二是第二次世界大战之后欧洲经济的迅速崛起；三是欧美经济的利益冲突；四是关键人物即法国戴高乐的提倡。

第二次世界大战结束之后，布雷顿森林体系的建立将世界经济利益的格局进行了新的固化，且将美国利益定格为该体系的核心利益。特别是美元成为世界货币之后，美国对整个世界经济拥有了前所未有的控制力。同时，在二战中付出沉重代价的英国、法国等国其经济影响力也不可避免地受到了大大的减弱，主要表现在两个方面：一是欧洲各主要国在第二次世界大战前对海外殖民地的控制能力被大大削弱；二是各欧洲主要国家对殖民地控制权的范围也开始受到美国势力渗透，经济利益也开始遭受威胁。欧洲整体利益的存在及其与美国相冲突的标志性事件即 1957 年《罗马条约》的签订，从维护国家基本利益的角度来看，欧洲共

同体的建立主要是针对布雷顿森林体系，维护欧洲各成员国的经济利益，避免和减弱由于布雷顿森林体系过于维护美国经济利益而给自身经济发展带来的负效应。

随着欧洲各国经济的不断发展，特别是在60年代到70年代期间，摆脱美国对其经济控制力的趋势和决心愈来愈明显。同时，随着美国黄金的不断流失，1971年，美国开始对其他国家停止兑换黄金，由此所谓的浮动汇率制度开始出现。在浮动汇率制度下，美元相对不再稳定，由此也导致欧洲各国货币的不断波动甚至经常出现货币危机。为了保持经济的稳定发展，不在受美元波动的负面影响，欧洲共同体推出了“蛇形浮动汇率制度”，即个各成员国间的货币汇率保持固定，并联合应对美元的波动性（“蛇形浮动汇率制度”建立的初衷主要是既可以维护欧洲各国内部贸易的正常往来，又可以此减弱或消除由于美元波动给欧洲经济带来的负面影响）。但现实的情况是各成员国之间的经济发展程度相差较大，而各国的经济发展差异又主要集中体现在它们各自货币间的汇率上，所以该汇率制度并没有取得预期的效果。因此，在不同货币的前提下，仅靠各国统一的经济行动是不可能削弱美元波动对欧洲经济的影响，于是建立统一货币——欧元被逐渐提上日程，1991年的《马斯特里赫特条约》将制定欧洲统一货币的时间表进行了明确的规定，随之欧元区诞生。欧元的出现反映了一种特殊的经济现象，“欧元之父”——蒙代尔为保证欧元的顺利实施提出了一系列的要求，如各成员国间的经济发展速度、就业率、通货膨胀水平、政府赤字等各个经济指标不能存在太大的差异。他进一步指出，上述经济指标的差异代表着各国经济实力的差异，因此不可避免地会造成利益得失的分配不均，继而使得欧元无法顺利推出。然而从欧元诞生的历程来看，上述一系列的要求并没有阻挡欧元顺利推行，反而在2008年的金融危机中凸显。但与此同时，蒙代尔在针对欧元提出的一系列要求中，德国马克作为欧元“核心货币”的地位没有得到重视，但这一点对于我们更好地认识和理解此次欧元危机具有重要的意义。从国际储备货币的角度来看，1999年之前，德国马克是世界第二大国际储备货币，其在各国外汇储备的比重中仅次于美元约占15%，远远高于英镑、日元等国际储备货币的比重。因此，我们可以设想一下，倘若仅仅靠欧洲其他国家的货币，如法国法郎、意大利里拉等小货币是不可能形成欧元的。也正是人们缺少对核心货币的正确认识，导致了各个地区都要建立所谓地区货币的潮流，如拉美、东南亚等。事实上，区域货币的形成是需要如德国马克这样的国际货币来支撑的，即以马克为核心将其他各国货币聚集起来进而形成代表更强经济实力的欧元。进一步讲，一个新货币的诞生是需要强大的经济实力来支撑的，而德国则可以做到这一点。因此，我们可以说欧元的形成过程不是简单的将一些货币“拼凑”起来，而是在以马克为核心的基础上，将其他各国货币如法郎、里拉等凝聚起来的过程。

从欧元形成历程及其与美元相抗衡的过程来看，所谓各国货币形成的联合在长期是无法与一国的独立主权货币相抗衡的。当前的欧元虽然是相对统一的货币，但其不是一个主权货币，也正是这一点导致其不断遭受经济打击，如希腊、意大利、西班牙的债务危机接连不断地出现等，有人已经开始发出当初欧元的出现本身就是个错误的论断，甚至还有些经济学家已经开始预言欧元在不久的未来将走向崩溃。但是值得我们思考的是，不断打击欧元更深层次的原因到底是什么，而这种打击是会导致欧元区的解体还是会促使欧洲央行采取必要的措施使得欧元成为一个真正的主权货币。

三、欧元的主要问题以及困境

第一，各欧元区成员国使用欧元作为本国货币之后，金融业得到迅速的发展，即表现为“泛欧洲化”和国际化，即一些经济发展相对落后的国家的银行和其他金融机构仅仅靠提供欧元债券等金融业务即可获得巨大的利润，各国的虚拟经济随之繁荣起来。简单来说，这些国家的经济发展模式逐渐发生了扭曲，即“寄生性经济”，它们不需要提供实物产品或出卖物质资源就可获得更多的货币收入，因为欧元是世界货币。创造货币收入最为简单的途径即大力发展金融业和房地产业。观察统计数据可以发现，各主要成员国的制造业创造 GDP 所占比重正在不断下降，如法国的制造业占比从 1999 年的 16.09%下降到 2009 年的

10.63%，下降幅达近 6 个百分点。同时，各国虚拟经济创造 GDP 所占的比重正在不断上升。因此，我们可以总结欧元的出现直接导致了欧洲整体经济的虚拟化。举个更为形象的例子：假设有一批靠卖饼过活的人群，当他们突然有一天发现仅仅靠经营虚拟资产可获得更多的收入时，理性自然会让他们抛下手中的工具，进入舒适的办公室。但是，如果有一天金融危机的爆发，想要重回卖饼市场却发现，自己的位置已经被别人占领。

第二，欧元是一种世界货币，相对过去，欧元区成员国发行欧元国债更容易被市场接受，特别是容易被其他国家作为一种美国国债的替代品接受。欧元区各国在享受利益的同时，也不可避免地导致了财政赤字的不断增加和国债、外债的增加。如爱尔兰的财政盈余占 GDP 的比重为 2.61%，而到 2009 年却由盈余转为赤字，比重高达 14.38%；希腊的财政赤字比重也发生了重大的变化，由 1999 年的 3.24%增加到 15.4%；西班牙的财政赤字则从 1999 年的 1.44%猛增到 2009 年的 11.14%。总之，大部分欧元区成员国的财政赤字都超过了占 GDP 比重 3%的规定。在这里，我们可以发现这种债务经济的发展形势在本质上与美国的虚拟经济是一样的，因此，债务经济也是经济虚拟化的表现形式之一。

同样可以发现欧元区各成员国外债也在迅速的增长，2009 年的相关数据显示，所有成员国的外债都已超过其 GDP，甚至在一些国家比重非常之高（除德国相对稳定一点），如葡萄牙的外债比例为 234%，爱尔兰外债比例甚至达到了 1072%。欧元区债务的膨胀直接导致了欧元国际债券存量的快速增长，2000 年 12 月，美元占比为 50.02%，欧元占比为 29.74，日元占比为 7.81%，英镑占比为 7.55%，然而在 2010 年各国国际债券在国际债券总额的比重却发生了重大的变化，欧元国际债券的占比达到了 44.7%，而美元国际债券降至 37.3%。因此，欧元的诞生使得欧元债券疯狂扩张。

第三，随着欧元区各成员国虚拟经济的不断发展和财政赤字的不断扩张，大部分成员国的贸易收支也发生了重要的变化，即经常项目开始朝着逆差的方向发展，且有不断扩大的趋势。具体来看，除德国与荷兰的经常项目保持顺差之外，其他国家的经常项目均表现为逆差，尤其以希腊、爱尔兰和葡萄牙最具代表性。贸易逆差的不断扩大让人们意识到，汇率的波动对于贸易的影响程度已经远远不及一国国内经济结构即实体经济与虚拟经济的比重对贸易收支的影响。不论欧元汇率如何波动，德国与荷兰的贸易收支依然保持顺差，但是其他国家的逆差却不断扩大。因此，汇率对于欧元区各国的贸易调节作用正在逐渐减弱甚至已经失灵，若想治理过大的贸易逆差，则需要欧洲统一的宏观经济政策来进行调整。

第四，导致金融危机和欧元债务危机重要的原因是，欧元区各成员在统一经营金融业务的同时，缺乏统一的金融监管政策和货币政策。因为如果成员国在经营欧元业务时不实行统一的监管政策，债券的发行权利不集中管理，则直接后果则是导致各国间的利息率差异不断加大，进而使得大规模的资本在欧元区流动。而这些金融问题又都会反映在欧元汇率上，继而导致各成员国利益得失的不平等。倘若其他成员国对于希腊等出现债务危机的国家不出手相救，后果则更为严重，将直接导致整个欧元区金融业的混乱，其经济也将受到致命的打击。但是，如果救助这些债务国，则会增加一些经济实力相对发达国家如德国、法国的负担，造成经济利益得失的不平等。因此，这将迫使欧元区的金融监管政策如政令统一、监管统一、债务审批权力统一等向中央集权的方向发展。事实上，欧元区正在向着中央银行集权的方向发展，如 2010 年 2 月欧盟成员国在布鲁塞尔达成协议，建立了泛欧金融监管体系，即欧洲监管局和欧洲系统性风险委员会。其中，欧洲监管局主要负责监管银行业、保险业和金融交易；欧洲系统性风险委员会则主要对欧洲金融风险进行监控。

第五，欧元区由于缺乏中央财政直接导致其对宏观经济的协调能力、危机的应对能力相对较差。与美元相比，如在应对金融危机的过程中，美国可以及时采取相应的经济措施，然而欧盟则相对滞后，其中重要的原因在于欧洲没有统一的中央财政。因此，为应对频频出现的债务危机，欧盟 27 个成员国于 2010 年 5 月 9 日成立了“欧洲金融市场稳定基金”（EFSF），负责为出现财政困难的成员国提供贷款，其额度一般依据各国认缴的份额。同时，该机构还可以通过市场的方式募集资金。总之，在一系列债务危机的逼迫下，欧洲逐渐出现具有“准中央财政”性质和功能的金融机制与相关机构。同时，欧盟内部由于实行有差别的税率制度，导致大规模的外资直接流入低税率国家，这势必严重影响整个欧盟经济的稳定性。如爱尔兰的税率明显低于其他国家。因此，采取有效的救助机制和中央财政协调机制是保证欧元区经济稳定发展的重要条件之一。

四、欧洲主权债务危机以及欧元的发展趋势

关于“欧元解体”的论断意味着欧元区成员国需要放弃欧元而重新使用各国旧时的货币，这显然是不现实的。从宏观的视角来看，整个欧元区在使用欧元的十年间其整体经济实力得到了很大的提高。具体来看，自欧元诞生之后，一些相对落后的小经济体可以获得其他经济体的支撑，同时，还可以享受欧元是国际货币所带来的利益，特别是其国内虚拟经济及其国际金融业务的巨大发展所带来的巨大利益；对于一些强大的经济体如德国和法国而言，也可以享受整个欧洲与其一致行动来对抗美元和其他经济体冲击的利益，在欧元出现之前这是不可能的。因此，倘若欧盟解体，则意味着小经济体将失去其他经济体的支撑，同时也无法再获得欧元为其所能带来的巨大经济利益，其经济将面临崩溃的地步。同时，大的经济体德国、法国等其各项经济指标还好，实体经济依然处于发达的水平，倘若欧元区解体将失去其与美国相抗衡的优势。总之，使欧元区各国重新使用旧时的货币放弃欧元是不符合各方利益的，因此，它们必须走下去。

通过对美元与欧元的比较，以及从近年来部分成员国的债务危机对于整个欧元区的经济冲击来看，中央集权化是欧元区唯一可走的道路。首先，各国的金融业、货币权利必须实行中央统一，若二者不能实行中央集权化，欧洲央行不能拥有超越各成员国对于货币的调控权力，则欧元区还会不断遭受金融危机和债务危机的冲击，直到实现中央集权为止。其次，是要实现统一的中央财政，通过上文分析可知，

如果欧元区没有统一的财政，在应对一系列危机以及其他突发性经济事件的过程中则无法采取及时有效的措施；同时各国税率的不统一，导致各成员国间的利益无法得到统一的配置，从而破坏欧元区经济的稳定。最后，简化欧元区的决策程序，提高其对经济政策的协调能力，以及应对重大经济问题时的反映速度。

因此，我们认为欧元区不仅不会解体，而且会不断地朝着中央集权的方向发展下去，否则将会不断遭受一系列诸如希腊债务危机的事件的打击，直至欧洲“统一大业”的完成。欧洲中央集权的形成将更加有助于整个欧元区经济的发展，当然这个过程还需要时间。

如今的中央银行制度要求货币的发行不再受黄金等贵金属的约束，因此，中央政府在原则上可以根据本国经济或政治上的需要随意增发货币。也就是说，货币的供给量可以完全由货币当局控制，可以根据各种理论模型和经济指标如失业率、通货膨胀率等提供流动性。如果欧元与美元在博弈过程中进入这种状态的时候，自然就会进入“滥币陷阱”。

所谓的“滥币陷阱”是指如果美国没有节制的增发美元，则欧元为保持汇率水平不变则必须跟着增发，否则欧元区的贸易会受到严重的影响，出口会大大减少，进而抑制国内实体经济的发展；同时，汇率的波动增加游资对于欧元金融资产的投机性交易，进而导致欧元资产价格的波动性；反之，当欧元进行滥发时，美元同样会受到相同的影响。当然，在两种本位货币不断滥发的过程中，一般的国际储备也必须随着波动，否则其国内经济将受到更为严重的影响。对于本币连储备货币都不是的国家而言，当其经常项目持续表现为顺差的时候则会发生“外汇占款”进而导致本币的增发；当其经常项目持续表现为逆差的时候则会发生债务危机（如 90 年代拉美债务危机），外债过多会引起本国的财政赤字，进一步又会导致本币在国内的增发。因此，在当前的国际货币体系下，如果两种本位货币相继增发货币，则世界其他国家出于保护本国经济利益的考虑，势必也会随之增发货币，最终必然导致全球的流动性膨胀，即进入上文所讲的“滥币陷阱”。同时，世界各国的企业、银行、政府、消费者、投机家和经济政策制定者们都被卷入这个巨大的流动性漩涡当中。当面对新的金融危机时，各个国家又束手无策，而只能继续增发货币。综观当今世界的经济发展形式，全球流动性过于膨胀，经济前景也充满不确定性，因此，势必会出现一个新的经济变革来改变当前的经济格局。

第八章　中国宏观经济中的主要难题与人民币国际化的必然性

前面章节分析了当代国际货币体系的主要问题，本章结合中国宏观经济的形势分析人民币在未来国际货币体系中的地位。美国核心经济的高度虚拟化导致美国政府的一系列刺激经济政策失效，其中多数变为填补呆坏账窟窿的行为，这就注定了美国经济在一两年内不可能有根本性的好转；在欧洲，除德国外其他国家的经济虚拟化程度比美国还高，所以它们的呆坏账情况比美国还严重；日本也正在遭受着日元升值与出口大幅下滑的冲击。这些使得世界将在一两年内处于前所未有的剧烈动荡之中。而中国恰在此时来到了经济大国的门口，我们认为在此情况下中国宏观经济领域有两个难题必须要解决，否则中国的大国之路会被人为的延长，甚至中断。

一、内需不足的根源及其根本解决措施

内需不足是所有低水平市场经济体都需要解决的问题，亚洲四小龙的成功经验是依赖外需从而渡过了内需不足的难题。但是大国不可能长期依赖外需，增加内需是根本，而内需中消费又是根本。解决消费需求低下的根本措施不是经济增长，特别不能是投资拉动的经济增长，相反经济可持续增长的根本却是消费持续稳定增长。因此，解决内需不足的关键是解决收入差距问题和社会保障体系问题。投资拉动的增长模式最终会遇到消费不足的瓶颈，解决了消费过低问题，就从根本上解决了高储蓄率问题，也就从根本上解决了有效需求不足问题，中国就迈过了当代宏观经济领域中的第一个难题。

（一）有效需求不足是所有低水平市场国家必须面对的问题

在世界历史中，有许多国家都是以市场为基础的经济体。如 1949 年以前的中国，20 世纪 50 年代的印度、埃及,等等，它们以私有制为基础，价格完全自由，土地和一切生产资料都可以自由买卖，可以说具备了公认的市场经济运行条件。但是，这些国家的平均收入水平太低，普遍生存困难，普通民众购买力极其低下，市场也极其有限。生产稍有发展，增长的经济中就会有很大一部分转化为富人的收入，低水平经济下的两级分化严重，贫困问题得不到解决，消费需求增长缓慢，不能适应低水平下民族经济发展的需要。凯恩斯理论对此的解释是当经济发展到一定程度的时候，边际投资预期收益率下降，边际消费倾向下降，加上灵活偏好上升，有效需求必然下降；而马克思理论对此的解释则是随着经济增长，出现生产的无限扩大与劳动者有购买力的支付需求越来越小的矛盾，两级分化越来越严重，消费不足终究会引起需求不足，引起经济危机。不论哪种理论，实际上都明确指出了市场经济会周期性遇到有效需求不足引起的经济危机。于是发展中国家解决贫困问题就只好借助于计划经济、经济计划和国有化（印度、埃及等都曾有过国有化浪潮）。越是贫穷，有效需求就越低，生产的产品就越是难于在境内市场上销售。突破内需不足的难关往往需要很长时间，因为经济好容易增长一点儿就会被有效需求不足打回原地。显然，对以市场为基础的低水平经济国家，“有效需求不足”是经济发展的一个瓶颈，不解决这个问题，就不可能根本摆脱落后的状态。

以私有制为基础的低水平市场经济无法解决两级分化问题，因为它必须先解决经济增长问题，而低水平市场经济体是不可能靠内需来支持高速经济增长的。于是，要快速增长就必须将目光转向境外市场。二战后，日本和西德的迅速崛起给了人们巨大的启发，在它们崛起的过程中，外部需求起到了弥补内需不足的重要作用；亚洲四小龙紧随其后的成功验证了一个规律：出口替代（也就是增加外需）是以市场经济为基础的低水平经济国家迅速摆脱内需不足羁绊的有效途径。

（二）中国如何走上依赖外需的道路

1997 年是中国经济体制转变的一个分水岭，因为在此之前，中国经济从来没有经历过因有效需求不足引起的经济衰退。无论是计划经济实行以来还是在旧中国，甚至更早，中国经济一直是以生产落后，物资匮乏为“危机”的主要内容。这就是说：在旧中国虽然可以称之为市场经济，却是低水平的农业经济，持续凋敝的农业经济无周期可言；而计划经济无论工业化程度如何都不会有“有效需求不足的经济危机”。显然，1997 年的通货紧缩是中国有史以来第一次遇到需求不足引起的经济下降，或生产相对过剩问题。以 1997 年为分水岭，中国进入了市场经济的运行轨道，从此有效需求开始主导中国经济的兴衰。当时有报道说“将近 4 亿双鞋的库存”，广州出现“将牛奶往河里倒”的现象，“成千上万的纺纱锭被当作过剩的生产力砸掉”，等等，这些资本主义市场经济初期的现象出现在 1997 年后的紧缩经济中，足以标识中国经济进入市场经济的运行轨道。从此，“有效需求”成为中国经济能否持续增长的基础支柱，当然能否高速增长也在于有没有支持高速经济增长的市场需求。

在紧缩的经济形势下，中国提出了“扩大内需”的口号（如振兴东北、开发西部等）。但在经济水平较低时，内需扩大的条件尚不成熟，扩大外需就是中国解决有效需求不足瓶颈的重要发展阶段。加入 WTO 对拉动外需起着重要作用，与以出口替代来拉动经济起飞的其他经济体一样，中国依靠外需渡过了工业化过程中最艰难的一个重要阶段——低水平内需不足的阶段。只有打破了农业经济向工业经济过渡中这个令人困扰的瓶颈之后，才可能有实力解决两级分化问题（包括社保体系和税收体系的进一步改革），才可能进入经济大国的发展路径。于是，中国带着严重依赖外需的产业结构来到了经济大国的入口，也来到了解决内需不足的第二个阶段：较高水平经济条件下（或对外需依赖过重条件下）解决内需不足的阶段。小经济体可以长期依赖外需拉动，如亚洲四小龙，而大经济体是不能长期依赖外需的。这也是中国必须解决内需问题的一个基本原因。

（三）中国的核心经济与核心需求的特点

目前，中国的核心经济是制造业，在经济下滑的时候刺激对制造业的核心需求来恢复经济活力应是政府干预的主要方向。这需要对我国核心需求有一个较为清醒的认识。我国核心需求的两个特点：一是消费占比过低，投资占比过大；二是出口占比过大。

消费占比过小是我国自 1997 年以来，宏观经济领域长期没有解决的一个问题。如果经济高增长的好处是富人增加的收入过多，低收入者得到的收入少，就会出现消费占比过低，而储蓄率高的结果。因为富人储蓄率要高于穷人很多，收入差距拉大就一定会造成消费占比过低，同时出现高储蓄率的状况；而储蓄率越高，经济增长对固定资本投资的依赖也就越大（因为正常经济运行要求储蓄等于投资）。从 20 世纪 90 年代中国经济开始市场化改革以来，消费占比在下降，投资占比在上升。

1990 年我国居民消费占 GDP 的比例为 48.8%，2000 年为 46.4%，到 2007 年为 37.1%，而美国长期保持在 70%左右，显然消费过低就使得我国的内需必须依靠投资来解决。我国 1990 年固定资产投资占 GDP 的 34.9%，2000 年为 35.3%，2007 年为 44.2%，虽然我国不再是计划经济，但经济结构并没有远离计划经济时期的经济结构。消费比例下降，投资比例上升的趋势反映我国收入差距正在加大，也反映我国高增长依赖投资越来越重的趋势将加重产能过剩，从而必须依赖外部消费来维持经济增长的问题会越来越严重，它会从根本上威胁可持续发展的路径。我国总需求的另一个趋势就是出口占 GDP 比例的持续上升，它与我国消费占 GDP 比例下降，投资占比上升的根本趋势相关，1990 年我国出口需求占 GDP 的比例为 15.4%，2000 年为 20.9%，2007 年为 36%。

我国总需求形成如此结构的基本逻辑可以概括为：经济增长中的两级分化问题没有得到有效的缓解，消费占比不断下降，储蓄增加，经济正常运行对投资的依赖增加，投资增加导致产能膨胀，膨胀的产能最终还是要在境外找到消费需求，最终导致经济过度依赖投资，过度依赖外需的状况。

（四）振兴生产还是振兴消费

有效需求不足是中国面临的核心问题，但有效需求不足的本质不是投资不足，而是消费不足。钢铁、纺织、造船等一系列行业存在或部分存在产能过剩问题，显然，振兴经济的根本在于振兴消费需求，而不是继续扩大产能，加大了我国经济对投资的依赖。这种依赖加大的必然结果就是对外需的依赖。

在短期我国振兴产业的计划是有效的，因为我国对投资依赖的比例过大也表明我国经济对政府的依赖要大大高于美国和欧洲国家。在总需求中，政府消费占大约 14%，政府直接投资占 GDP 的 4%，加在一起占 GDP 的 18%。政府对城市建设投资和公共设施投资的影响力也是巨大的，通过城市建设投资集团等政府企业，我国政府直接影响着市政建设和公共投资，并通过国有企业和招商机构对总投资具有重要的掌控能力，这是欧美政府不可能具有的能力。中国短期内恢复总需求和恢复经济较快增长并不困难。但是从长远出发，增加消费需求是根本。消费增加就是要缩小收入差距，加大社会保障力度，稳定不同收入群体的生活，既是当前和谐的需要，也是长远发展的需要。短期内的产业振兴计划一定要与长远的增加消费目标一致起来，也要与调整过剩产能的政策一致起来。

美国和欧洲，特别是北欧一些国家的“福利社会主义”解决贫富差距，扩大社会福利保障体系的经验可以借鉴，这可以大大缓解工业化经济中的有效需求不足的问题。中国政府已经有能力来解决福利保障问题，我国政府约有 6 万亿元的财政收入，而且政府负债率较低，我国的国债余额占 GDP 的比重大约为 20%，而美国为 71%，欧元区为 67%，日本为 163%，所以我国政府的财政力量足以解决我国的养老、医疗和教育保障问题。此外，政府通过增加举债，一方面可以加大福利措施的力度，另一方面也有利于稀释因为长期双顺差过度增加的流动性，这将有利于人民币国际化的进程。

缩小收入差距，健全社会保障体系，以增加消费为核心来扩大内需将是当代中国宏观经济要解决的第一个难题，这也是我国走向大国之路必须安全迈过的第一道门槛。

二、如何解决中国国内的流动性膨胀问题

中国正在迅速成为经济大国，这是自鸦片战争以来中国几代仁人志士梦寐以求的。但是，在今天的经济大国中如果其货币不是国际储备货币，这个国家就会在货币、金融领域被边缘化。当代中国宏观经济领域要解决的第二个难题就是必须要谋求人民币的国际化，人民币要真正获得国际储备货币的地位。

中国必须谋求人民币国际本位货币地位有两个原因：第一，本币是国际储备货币是一国成为经济大国的必备条件；第二，中国长期双顺差导致外汇占款的流动性膨胀持续不断，21 世纪依赖持续的双顺差使得国内资金只进不出的态势持续过久，就像堰塞湖不断蓄积水源而没有出口一样，最终会累积出问题来。认清这两个原因对理解当代中国宏观经济的运行特征具有十分重要的意义。

(一)“双顺差”怎样触发紧缩政策

中国经济进入 21 世纪之后，迅速形成了一种靠外需和投资拉动的高经济增长模式。这个时期的基本特点是国际收支的双顺差，即经常项目顺差和金融项目顺差。这导致了外汇储备的迅速提高，至今我们已经有接近 2 万亿美元的官方外汇储备。如果以 1 美元兑换 6.7 元人民币的汇率计算，中国累计因外汇占款已经发行的人民币现金（M1）就达到 13.4 万亿元，而中国 2008 年的 M1 总量不到 15 万亿人民币。显然，境内人民币发行几乎完全是因为外汇占款。这就使得我国货币政策的独立性受到了威胁。人民币增加完全是国际收支顺差的结果，被动的对冲流动性成了央行不得不采取的主要政策。流动性膨胀一定会转化为资产价格上升和物价上升的压力。为了防止房地产泡沫，中国在 2007 年末和 2008 年初一直实行打压房地产泡沫的政策。为防止通货膨胀，中央银行连续提高利息率，提高准备金比率。这些政策首先在股市，然后在房地产市场引起了交易萎缩和市场下滑。到 2008 年下半年，当消费物价明显上升的时候，就只有更严厉地实行紧缩流动性政策这个唯一的选择了。

因为人民币没有国际化，缺乏国际出口，在国内流动性膨胀的时候不能适时地调节人民币资金的进出入境。没有国际出口缓解人民币膨胀的压力，那么由外汇占款引起的流动性膨胀就只好堵在境内，引起境内资产价格膨胀和物价上涨。这就是说人民币国际化实际上也是我国经济运行方式正常化的需要。

（二）全球金融危机引起的出口下降加速了我国经济的下滑趋势

2008 年下半年，金融危机对美国和欧洲的影响加剧，欧、美和日本等发达国家经济迅速恶化。这引起了对中国进口产品的大幅度减少，出口在 2008 年末的大幅度萎缩加剧了中国正在紧缩过程中的经济进一步下滑。为纠正经济下滑，从 2008 年 10 月和 11 月开始重启宽松的货币政策，虽然流动性环境恢复到以前的宽松状态，经济回暖却还需要一段时间，就像勒紧缰绳可以让奔跑的马儿迅速减速，而放开缰绳马儿却不一定立即就恢复原来的速度一样，它需要鞭策性的刺激政策。目前中国流动性充裕的状况并没有得到根本改变，所以许多学者担心，一旦经济增长又会出现过热和物价上涨的情况。从这个角度看，人民币国际化的进程将为人民币疏通进出入境的通道。只要控制得当原先单靠境内消化流动性的状况一定能够得到改善。但前提是控制得当，也就是说要有控制资金大规模进出入境的能力。

人民币成为国际储备货币之后，中国就可以迈过当代中国宏观经济领域的第二个难题，成为真正的经济大国。

（三）应对货币冲击风险的实力与建立“风险控制实验区”

人民币国际化的真正挑战在于资本项目的完全开放。资本市场不开放人民币国际化就不可能落实。人民币完全开放一直被看作洪水猛兽，其根本原因是害怕境外资金的大规模进出引发金融危机。但是，这是中国必须要经历的过程，如果什么代价也不付，什么风险也不承担就不可能成为大国。

要具备应对风险的能力有两个条件：一是有应对大规模外部冲击的实力；二是要具有一定的应对货币冲击的技巧和经验。

1. 应对大规模外部冲击的实力

应对外部货币冲击的实力有两个方面，一是本国经济要有实力，包括：要有强大的实体经济，使得境外人民币有实际购买力基础；同时也需要有较为发达的虚拟经济，以便境外人民币短期资金流回时可以大规模购买各种金融资产和房地产，正像美国亚洲金融危机中突然回流了18000 亿美元资金，并没有引起物价上涨，而仅仅是股市和房市攀升一样，靠较发达的虚拟经济可以缓解外部的货币冲击力。二是要有充足的外汇储备作人民币的平准基金。当人民币汇率下跌时及时干预，维持其稳定的汇价，这也是外汇储备的最佳用途。中国有近 2 万亿美元的外汇储备，这个实力意味着人民币在 1 美元等于 7 元人民币的水平上可以应付 14 万亿元人民币同时回流而不必使人民币汇率下跌。至少可以支撑人民币达到国际官方外汇总储备 7 万亿美元的 20%～30%。这就是人民币成为国际储备货币的直接支撑。

此外还有一个非常有意义的经验：我国曾经长期出现高经济增长与高呆坏账率并存，却没有发生银行和金融机构大规模倒闭的金融危机，其背后有许多类似呆坏账处理的经验可以总结，中国曾经不怕呆坏账，至少等于说在资本市场不开放条件下，中国不会发生自酿的金融危机。

2. 要保护好中国公众对银行业的信任

中国公众之所以对国有银行有很高的信任度，不是因为银行业经营的好，管理得好，而是相信国家对银行的支持。与美国不同，中国金融业不是由银行信用来支撑的，而是由国家信用、政府信用来支撑的。人们之所以在国有银行呆坏账率达到 30%以上还丝毫不减信心，也没有恐慌，是因为人们相信政府不会不管，而中国政府也从来没有让公众失望过。要破坏对政府的信心也十分容易，只要四大国有银行有一个倒闭，公众对政府的信心就会荡然无存，国有银行不倒闭，中国人民就永远不会真正体会什么是金融恐慌，谁也不愿意体会恐慌的感觉。这种信心不容易建立，却很容易遭到破坏。公众对国家和政府的信心是防范金融风险最重要的武器。

3. 建议在国内局部地区建立“风险控制实验特区”

人民币国际化是必须要面对的，资本市场开放也是躲不开的，何况我国对外依存度过高的调整需要时间，更需要对动荡的国际货币环境有防御能力；即使我们不想做大国，至少要想办法避免小国总是被攻击，被货币大国牵着鼻子走的境况。控制风险，应对大规模冲击是无论如何也要取得的经验，只有这样才能顺利解决我国宏观经济运行领域的另一个难题。

可控条件下的资本市场开放已经势在必行。邓小平鼓励利用经济特区实验取得经验再全面推开的办法屡屡获得成功。它告诉我们，从局部开始进行“资本市场全面放开”的实验，不但需要，而且可行。局部开始进行“资本市场全面放开”的意思就是将某些局部地区全封闭，控制其境内所有资金与外部的往来，包括人民币和外汇的进出；所谓“全面放开”则是在局部范围内，也就是只在“特区”的范围内对所有金融房地产项目的放开。中国要取得经验必须单独开辟这样一个特区，由监管当局派员组成联合监管机构对其进行监管和干预。这个大的原则确定之后，细节可以在后面实践过程中调整，自然此局部地区要为国家民族的大局承担金融全面放开的风险。

如果我们能在两三年内将消费占GDP的比例提高到50%甚至以上，我们就可以解决中国宏观经济领域的第一个难题；如果同时人民币可以成为国际储备货币（占外汇总储备的15%以上），我们就具备了控制外部冲击的能力，就可以顺利地解决我国宏观经济运行领域的第二个难题，几年之后一个新兴的负责任的大国将给世界带来稳定和持续繁荣。

第九章　人民币国际化的战略路径

人民币国际化是一个规律性和历史趋势性的问题，违反规律会招致越来越大的经济困境，如果尊重规律，顺势而为则会使已经积累起来的矛盾日益缓解和得以解决。规律和趋势所涉及的必然是经济体的核心问题，即主要矛盾，一旦主要矛盾得以解决其他问题将迎刃而解。人民币国际化的好处绝不是目前在学术界流行的所谓“铸币税”所能涵盖的，那是蝇头小利，一个民族不应该也不可能靠“食利阶层的生存方式”生存。人民币国际化首先是为了摆脱小货币引起的整个国家经济的从属地位，从而摆脱目前中国宏观经济政策的被动地位；其次是争取与本国经济规模和经济性质相适应的国际货币、金融的话语权和自主权；最后是积极推进人民币国际化实际上可以有效缓解当前内需不足的问题。

一、中国大经济体和人民币小货币矛盾引发的国内经济运行问题

经济越是增长，大经济与小货币的矛盾就越是突出，中国经济客观上对人民币国际化的要求就越迫切。

（一）当前中国经济中的主要矛盾与流动性膨胀的基本背景

低水平经济的主要矛盾是有效需求不足与经济增长之间的矛盾，当依赖外需解决了低水平时期的经济增长瓶颈问题，并导致经济进入高增长路径之后，新的矛盾产生了：这就是经济高增长与流动性持续膨胀之间的矛盾。依赖外需解决市场经济发展最初阶段的经济增长瓶颈既然是一个规律（也就是所谓“出口替代”），中国在金融项目对外没有放开的条件下的高增长就必然会导致经常项目持续顺差，同时持续的高增长使得中国经济在世界上具有越来越大的吸引力，外资大量涌入使得中国在

经常项目顺差的同时也持续出现金融项目的国际收支顺差，这就是近年来常被提到的“双顺差”的国际收支状况。中国持续的国际收支双顺差导致了持续的资金输入，引起了严重的流动性膨胀。实际上自 21 世纪以来持续的双顺差使得国内资金只进不出的态势持续过久，这就像堰塞湖不断蓄水而没有出口一样，最终会累积出问题来。认清这个原因对理解当代中国宏观经济的运行特征有十分重要的意义，它是我们一切问题的根源。

（二）国内流动性膨胀的严重程度

外汇占款导致的人民币流动性增加都是在境内没有对应产品的。当中国企业出口 100 亿美元的产品时，中国企业得到 100 亿美元的收入，然后企业可以用这 100 亿美元的销售收入在中国银行兑换 700 亿元人民币（假定汇率为 1∶7)。当与官方结汇时，100 亿美元会进入国家外汇管理局成为官方外汇储备，同时人民银行会增加 700 亿元人民币基础货币投放。但是，因此而增加的 700 亿元人民币却没有对应的产品和劳务，因为这是出口产品的收入，产品已经进入国外的消费领域。金融项目的外汇收入也是一样，作为境外投资进来的美元和其他货币在国内产品市场上都没有相应的产品对应。这就是说，截止到 2009 年 6 月底，中国 21316 亿美元的外汇储备意味着曾经在中国境内投放了大约 149212 亿元人民币的现金（M1=现钞＋可以开支票的活期存款），而没有相应的实际产品对应。这是一件非常严重的事情，因为中国的 M1 总量到 2009 年 6 月底不过 19 万亿元人民币左右，中国到了几乎大部分是外汇占款在左右国内货币供应量 M1 的地步。表 9-1 的数据则充分表明了我国的基础货币完全是由外汇占款引起的。

表 9-1　2003～2009 年我国外汇占款与基础货币数据（单位：亿元）

年份	2003	2004	2005	2006	2007	2008	2009
外汇占款	29841.8	45940.0	62139.96	84360.81	108793.39	115168.71	166460.89
基础货币	52841.4	58856.1	64343.13	77757.83	83639.33	101545.40	133406.64
外汇占款比重	56.4%	78.1%	96%	108%	130%	113%	125%

注：2009 年截止到 9 月末。

数据来源：中国人民银行。

（三）流动性膨胀触发国内紧缩货币政策导致经济运行波动

上述这种被动的无实际对应产品货币的发行行为就是小货币从属地位的典型表现，它对中国经济正常运行和宏观调控造成了巨大压力，因为流动性快速膨胀一定会转化为资产价格上升和物价上升的压力，这时只有不断压缩流动性才能保持正常的宏观经济环境。在流动性持续膨胀的背景下，2006 年底至 2007 年底我国的股票市场出现了少有的牛市，同时全国大中城市的房地产市场也呈现出火爆的态势，各种虚拟资产价格不断上涨。由于担心资产价格快速上升所带来的经济泡沫化危险，中国人民银行、证监会等部门出台了一系列的紧缩性政策，从 2006 年末至 2007 年末，多次调高基准利率和存款准备金率，同时在股票市场提高交易印花税率以及在房地产市场提高首付比例。这些紧缩性政策固然将大量的流动性从虚拟经济部门中挤压了出来，但问题是从虚拟经济部门挤压出的流动性不会凭空消失，它们只能从虚拟经济部门流动到实体经济部门，引发了国内 CPI、PPI 迅速持续走高。当消费物价明显上升的时候，就只有更严厉地实行紧缩流动性政策（如信贷控制）这个唯一的选择了。到了 2008 年下半年，流动性得到了控制，但此时前期货币从紧政策与金融危机引致的出口下滑结合在一起导致了中国经济在 2008 年第四季度出现了迅速的下滑，但又不得不采取放松银根的措施刺激经济，使得中国恢复之前的流动性规模。

但问题是无论央行怎么应对，当前中国流动性膨胀的问题并没有得到根本解决，所以经济稍有起色又有许多学者在讨论是否要微调货币政策以避免出现资产价格快速上升和物价上涨的情况。其实真正的问题不在中国人民银行，而在于持续的双顺差，流动性膨胀完全是外来因素造成的。除非人为制造贸易逆差，否则这个问题就不可能得到缓解。而经常项目逆差对于“对外依存度”高达 70%的中国经济来说无异于“自杀”，也就是无异于人为的停止中国经济高增长。显然，解决问题的正确答案绝对不是想办法搞成“贸易逆差”或经常项目收支平衡，也不是拿外汇储备去买境外的什么东西，正确的答案只能是继续经常项目顺差的同时，通过金融项目的国际收支逆差向外输出人民币流动性，实现人民币的国际化，并通过境外人民币的不断增加，形成新的境外对中国出口产品的需求。

（四）当前主要矛盾引起的困境及其启示

中国经济高增长与双顺差并存必然会导致流动性膨胀的机制并没有因为2008年11月份以前的紧缩政策而有任何改变，它使得当前中国经济运行处于两难困境：在短期内中国经济依然高度依赖外需的情况下，只要经济保持高增长，就必然会持续双顺差，流动性膨胀的压力就越来越大，流动性膨胀会导致资产价格膨胀和物价上涨；在越来越严重（也是累积的）的流动性膨胀局面下，政府被逼无奈会采取越来越严厉的紧缩措施，但这又会导致经济下滑；此后又必然采取放松银根的政策。但根本问题是如果中国经济继续增长，同样的问题还是存在，流动性膨胀又会再次出现，再次困扰我国的经济。“两难困境”背后的启示是：一方面昭示我们客观上需要以居民消费为核心来增加内需；另一方面则预示着客观上需要人民币国际化。双顺差意味着资金长期只进不出，就像堰塞湖“只蓄水不泄洪”一样，我们必须认识到正确的决策不是“拒绝蓄水”的问题，而是需要“泄洪”渠道的问题。疏通人民币对外流出的金融渠道，而不是拒绝欧元、美元的流入才是中国流动性持续膨胀要告诉我们的真实答案。它符合“经济大国客观上需要本币国际化”的规律，也是解决“大经济与小货币之间矛盾”的唯一出路。

二、解决大经济与小货币之间矛盾的正确途径——推进人民币国际化

在目前情况下，必须增加人民币的国际市场供给，打开人民币和人民币资产流往境外的出口，积极推进人民币的国际化，这样才是保持中国经济平稳运行的正确选择。因为：第一，只有向外输出人民币和人民币资产才可以减轻国内流动性不断膨胀的压力；第二，只有这样才有可能通过金融项目的逆差来对冲中国经常项目的顺差，使得中国制造业和经济增长在不受太大冲击的前提下保持中国经济平稳运行；第三，只有增加国际金融市场的人民币供给，才能大幅度缓解人民币汇率升值的压力。在人民币国际化路径的选择上，我们认为二战后美元和西德马克国

际化的经验需要认真吸取，而日元的惨痛教训也值得引以为鉴。

（一）二战后美国通过金融项目持续逆差巩固美元霸主地位

二战后美国凭借自己强大的经济实力（1950年美国工业产量占世界工业总产量的56.4%）和巨额黄金储备（1949年美国黄金储备占世界黄金总储备的73%）将美元推向了国际货币霸主的宝座。从二战后开始直到1970年以前的25年内，美国以对外美元援助、对外美元贷款的方式，通过金融项目的逆差，大量向外输出美元；而获得美元贷款和援助的欧洲各国和日本，则再用美元购买美国的钢铁、化工、汽车以及其他制造业的产品。美国通过金融项目的国际收支逆差输出美元，再通过经常项目顺差回收美元，这种美元环流过程一方面刺激了美国以制造业为核心的实体经济，巩固了美国的世界工厂地位；另一方面也巩固了美元的国际货币霸主地位。

总结美元国际化的经验有两条：第一，二战后美元国际化的支撑是美国持有巨额黄金储备以及强大的实体经济；第二，美元国际化的途径是通过金融项目的逆差输出美元，再通过经常项目国际收支顺差流回美元。此种途径既有力促进了美国工业经济的繁荣，又保持了美元的国际货币霸主地位。

（二）20世纪70～80年代西德马克的国际化经验以及日元的失败教训

目前中国的宏观经济运行特征与20世纪70～80年代日本和德国面临的情况类似，都是经济高度依赖外需从而导致巨额经常项目顺差，进而导致国内流动性充斥。我们在研究过程中发现，由于日本和德国两国政策选择的不同（日本采取的是“推挡”政策，而德国采取的是“疏导”政策），日本走上泡沫经济道路，而德国则平稳增长直到以马克为基础创造出新的国际硬通货“欧元”。这个经验对当前的中国是十分重要的。

在20世纪70～80年代日本经济的黄金发展时期，日本采取的是“堵”和“推挡”政策，没有充分利用境外居民对日元合理的升值预期，对金融账户的高度控制限制了日元和日元资产对境外的供给，错失了向境外输出日元积累日元储备的最佳时期。在1972～1980年，日本金融账户累计的逆差约为30亿美元，这意味着其对外输出日元的上限就是

30 亿美元，这么小的数量自然不会形成大规模的日元国际储备。由于这段时间没有充分向外输出日元，这使得日本由于经常项目顺差累计导致的国内资金充斥，物价水平和资产价格持续上涨，1970～1980 年日本 CPI 年均增长高达 9%，为日后泡沫经济埋下祸根。1980 年日本实现了资本账户自由化，日本终于认识到了本币国际化的重要性，开始积极推动。1981～1985 年短短五年时间日本的金融账户持续逆差累计达到了 1360 亿美元，使得日元在世界外汇储备中比重由基本没有扩张到 8%，严重威胁到了美国。但由于日本在政治上对美国的依附，日本同意了由美国主导逼迫日元升值的《广场协议》。《广场协议》生效后，日本没有想到的是短短 1 年时间里日元大幅度升值，从 320 日元兑 1 美元升值至 80 日元兑 1 美元，使得非居民持有日元的预期收益几乎丧失殆尽，加上此时日本的经济发展已经开始减速，日元与美元、马克、英镑相比优势已经不大，境外投资者已经不再愿意大规模持有日元通货进行国际长期储备。醒悟过来的日本政府和央行固然不断地想向外输出日元，减轻国内流动性膨胀的规模，同时形成日元国际储备，以图获取长久之利，但丧失了 20 世纪 70～80 年代战略机遇期的日本最终成效并不十分明显，主要是由于此时在国际上对日元的需求量已经大幅度减少，尽管日本不断想增加日元国际供应量，由于没有日元储备的需求者，最终没有形成较大的境外日元储备。而日元快速升值后严重打击日本的出口，导致日本国内实体经济衰退，同时日本国内流动性充斥的状况因日元流出日本的数量不够，而没有得到缓解，最终形成泡沫经济。

而西德则完全不同，早在 1956 年西德就在贸易顺差和经济增长的基础上实现了金融账户基本自由开放。在德国经济高速增长的 20 世纪 70～80 年代，西德马克开始成为硬通货，与日元一样进入持续升值通道，从 1972 年 3.22 马克兑 1 美元升值到 1980 年的 1.79 马克兑 1 美元。但是西德政府采取的不是鼓励西德企业和公民用美元去买境外资产的政策，而是通过金融项目逆差直接输出马克，增加国际货币市场上的马克供给，这既可以缓解境内流动性膨胀的状况，又可以缓解马克升值的压力。这是真正的流动性“疏导”政策，同西德的“疏导”政策相比，当时日本鼓励用美元到境外购买资产的政策不过是“拒绝再输入美元”的政策。西德这个时期对外输出累计达680多亿美元的马克，同期日本不过输出30亿美元的日元。这也大幅度缓解了因持续经常项目顺差导致的德国国内资金充斥的情况。在美国滞涨、日本国内资金充斥的整个70年代，西德的CPI维持在5%的水平。西德马克也从1970年占世界官方外汇总储备的2.1%上升到1980年的10.2%，到20世纪80年代末这个比例进一步增加到18%，90年代中后期下降到15%左右。马克成为世界第二大储备货币为后来形成欧元打下坚实的基础。当年如果没有德国马克，仅靠意大利里拉、法国法郎、西班牙比索等货币是无法形成欧元的。

总结西德马克的经验：第一，强大的实体经济和充足的美元等外汇储备支撑了西德马克的国际化；第二，金融项目国际收支逆差大规模输出西德马克疏导了西德境内的流动性膨胀，并成为马克国际化的主要渠道。

今天的中国与日本、德国走到了同样的历史关口，两国应对国内流动性膨胀、本币升值压力和推进货币国际化的历史经验告诉我们，必须抓住中国经济增长和人民币汇率具有较强升值预期的这一段黄金时期，顺势适度开放中国的金融账户，在政府和货币当局主导下通过金融账户逆差积极推进人民币和人民币资产的向外输出，否则中国经济有可能和日本一样，在本币不断升值压力的逼迫下，国内不断累积流动性，而又没有及时向外输出本币，最终导致国内经济进入泡沫化，承担泡沫经济破灭的苦果。与此同时，二战后美国的经验告诉我们通过金融项目逆差增加人民币通货和人民币资产的向外输出量，再通过经常项目顺差吸收回流的人民币通货，这种循环方式能够有效刺激国内制造业经济的繁荣，保持整体经济平稳快速的增长。

三、关于人民币国际化研究的文献综述

（一）人民币国际化的内涵及利弊分析

货币国际化顾名思义是指一国法定货币的使用和职能扩展到国际范围。国内外学者一般根据货币的三大职能对货币国际化的概念进行界

总体来看，大多数国内的学者认为人民币国际化利大于弊，支持人民币国际化，即适时逐步让人民币成为国际计价、交换和价值储藏的货币。

（二）关于货币国际化的文献综述

欧元的出现使得美元的国际货币地位受到了极大威胁，从国际外汇储备的币种构成来看，1999 年至 2006 年间，美元所占的比重从最高的 71%降低到 65%左右，而欧元占比则一直攀升至 25%左右。正是在此国际经济形势不断变化的背景之下，关于货币国际化的文献也不断增加。其中以国外学者为主，如 Hayek（1978）指出货币作为一种资产，持有者最为关心的是它的实际购买力；从动态的角度讲，一国货币国际地位的变化很大程度上取决于该货币的稳定性或“未来价值的可预测性”。Eichengreen（1998）通过对历史数据进行计量分析证明了欧元将会超越美元成为最主要的国际储备货币，但同时指出这将是一个缓慢的过程；他还指出建立稳定有效的国际投资市场，货币发行国的央行必须实行持续灵活的管理政策和积极发挥最后贷款人的作用。黄海波（2001）指出欧元具有挑战美元的经济潜质，如经济规模与美国大致相同，金融市场也正在不断深化当中等。但也同样存在一些不稳定性，特别是欧元区各成员国之间的经济状况差异较大。因此得出形成欧元与美元相抗衡的国际货币体系的局面将是一个极其缓慢过程的结论。 Rey（2001）指出媒介货币的出现取决于各国的商品偏好，而不是取决于他们的相对规模，当一国的商品出口越多，即商品被国外需求的越多，则对该货币的国际需求也就越大。 Menie Chin 和 Jeffre Frankel（2007）通过面板数据模型计量分析了从 1973 年至 1998 年间各国央行外汇储备持有的币种构成的决定性因素，其中主要变量包括：货币发行国的总量（GDP 占世界比重）、通货膨胀率、汇率水平及金融市场的发达程度，并对欧元是否会超越美元成为主要国际货币进行了相关预测。

总之，由国内学者的研究可以发现，他们通常采取定性的分析方法，很少涉及对人民币国际化的定量研究上；而从国外学者的研究中可以看到，绝大部分都是关于欧元挑战美元的分析，特别是在各国央行的外汇储备构成上，很少涉及人民币。下面本章主要从实证的角度深刻分析和研究货币国际化的决定性因素，并结合当前中国经济提出人民币国际化之路的可行性。

四、中国的实体经济与人民币购买力的支撑

人民币成为国际本位货币的基础有两个：一是本章第三部分已经分析过的巨额外汇储备，二是与之相适应的强大的实体经济。所谓实体经济强大，可以从两个方面来衡量：第一，从总量上来看，目前中国经济总量已经世界第四，进出口贸易量世界第三。根据 2007 年世界银行按照购买力平价计算的中国 GDP 约占全球 GDP 的 10%，远高于中国名义 GDP 在世界 GDP 中的 5.1%占比；而按照世界上颇有影响的统计学家麦迪森（Angus Maddison）的购买力平价模型计算，2006 年美国占世界（PPP）GDP 总量的 19.6%，中国占 16.8%，并列第三的日本和印度各占 6.1%，德国第四占 3.5%。我们想强调的是，按货币实际购买力计算的 GDP，不论是哪种计算方法，中国的 GDP 占比都会高于其名义占比，而美国则相反。显然，从规模总量上来说中国是有强大实体经济支撑的国家并不为过。

第二，从 GDP 内部的具体结构来看，这里需要突出的是中国 GDP 创造主要靠的是实体经济。表 9-3 给出了 2005 年中国与美国 GDP 中实体经济（用制造业、建筑业与交通运输业代替）与虚拟经济（金融、保险和房地产服务业）绝对值以及占整个 GDP 的比例。

表 9-3　2005 年中国与美国 GDP 构成中实体经济与虚拟经济的比较

	中国		美国	
	虚拟经济	实体经济	虚拟经济	实体经济
产值	14551 亿人民币	81088 亿人民币	25750 亿美元	24530 亿美元
占比	7.91%	43.39%	20.62%	19.64%

数据来源：中国国家统计局与美国经济分析局。

2005 年底中国实体经济创造的 GDP 占中国 GDP 的比例为 43.99%，美国的这个比例是 19.64%。实际上自 20 世纪 80 年代以来美国 GDP 创造主要靠的是金融和房地产服务业，当前这二者创造的 GDP 加在一起

占其 GDP 的 21%，加上高端职业服务业的 12%，美国有大约 1/3 的 GDP 是靠虚拟经济创造的，而中国的这个比例是 7.91%（2005 年底）。数据充分表明中国是实体经济强大，美国则是虚拟经济强大。但是从理论上来讲，货币在没有含金量之后，其价值就是其购买力，即单位货币能购买到的产品数量和劳务数量。比如说 100 美元购买的小麦从 100 公斤增加到 120 公斤，美元的购买力就增强了。当然，不是用某一种商品来衡量其购买力，而是用一揽子商品来综合的衡量其购买力。与之相对应的则是，货币购买力不能用购买多少张债券、多少张股票来衡量。因为 100 元股票可以卖 100 元，100 元可以购买 100 元的债券不过是同义反复，金融资产不能判别货币价值大小，而必须用不同的度量单位才可以，如用多少斤米、多少米布、多少度电、多少升汽油等来衡量 100 元人民币的购买力。这就是说，黄金非货币化条件下货币的购买力是用实体经济来支撑的。所以，实体经济的衰落会带来本币购买力和国际地位的衰落，而实体经济的强大会给本币的国际化以巨大的支撑力，从这个逻辑上来讲人民币国际化完全是有强大实体经济支撑的。

五、当代不稳定的双本位国际货币体制需要人民币

在 2002 年以前，国际货币体系是美元本位的货币体系。这个体系是 1971 年美国宣布“美元停止兑换黄金”之后形成的。而 2002 年以后，欧元正式进入国际货币体系，从此美元一元化本位货币的格局被打破。到 2008 年底，欧元占国际总储备货币的比例已经从最初的 18%增长到了 28%，欧元迅速成为一个与美元地位相当的国际本位货币。当美元占国际货币总储备的比例下降到 64%左右，欧元占国际总储备的比例上升到 28%左右的时候，新的国际货币体系形成了，这就是美元和欧元的双本位货币体系（英镑和日元加在一起占外汇总储备的比例不到 6%，它们是国际储备货币，但不是国际货币体系中的本位货币）。这个制度类似于当年金和银同时流通的复本位货币制度，复本位货币制度会产生劣币驱良币现象，是不稳定的；而现在的双本位制，比金和银复本位制度更不稳定，因为无论是美元还是欧元，都是没有含金量的法币，它们的

发行没有金银储备的约束。欧元和美元的境外数量是欧洲和美国货币当局根据自己的利益需要，以及对未来的判断通过操纵货币政策来控制的，它们的国际发行量没有任何有效的约束。

不加约束的双本位制度会使得国际货币体系进入轮番膨胀的“滥发货币的陷阱”。当美元过度膨胀的时候，欧元汇率坚挺，美元持续下跌，这一定会导致欧洲出口困难；同时，坚挺的欧元汇率会吸引越来越多的企业和其他经济机构发行欧元债券和其他金融工具，从而逼使欧元滥发而膨胀；当欧元膨胀导致其汇率下跌的时候，美元坚挺，持续坚挺的美元汇率会损害美国的出口，并迟早会引起美元再度膨胀和再度贬值。双本位货币的轮番膨胀会将整个世界带入一个更加动荡不安的国际金融体系之中。这一切是发达资本主义国家长期去工业化趋势和经济虚拟化趋势发展的结果，不可能靠其自身力量逆转。国际货币体系越是动荡，就越是需注入新的稳定因素。环顾当今世界，没有比有强大实体经济支撑的人民币更稳定的因素可以制止由美元、欧元形成的双本位货币体系的螺旋形膨胀的怪圈。

无论是从国内经济趋势还是从国际货币环境的演变来看，人民币国际化都是大势所趋，如果不能顺势而为，就一定会在中国和世界“憋出”更大的问题，只有顺势而为才可以使各方面的问题都得到缓解和解决。

六、人民币国际化的实证分析

（一）国际外汇储备的比重构成

目前，关于货币国际化的计量研究最具有代表性的是Chinn和Frank（2005）模型，该模型以国际储备的比重构成作为衡量一国货币国际化程度的指标。本书一方面将从数据范围上进行扩充（数据来自 1980～2008 年的 IMF 国际储备币种构成）；另一方面对于变量的选取进行相应的改进，并对计量模型进行了更为严谨的修正。一般主要国际货币以美元、欧元、日元、英镑、马克、瑞士法郎、法国法郎和荷兰盾 8 个币种为代表。图 9-1 和图 9-2 显示了自 1980～2009 年间在国际储备中，7 种主要国际货币占比的变动趋势。根据占比的高低本书将以美元、欧元、日元、英镑、马克这5个币种作为主要的研究对象。其中美元占比从最高的80%降到50%左右，且近几年一直呈现下降的趋势；欧元则呈现上升的趋势，2009年占比为27.4%；而日元的占比近几年也在不断下降，2009年约占2.9%。

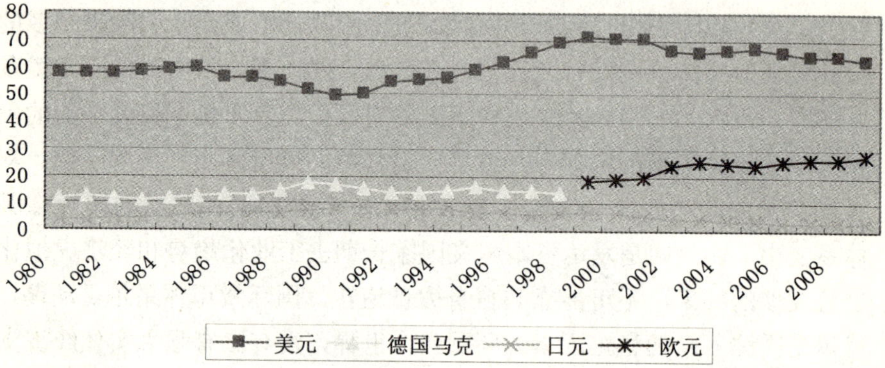

图 9-1 各国中央银行外汇储备持有的币种构成——主要国际货币

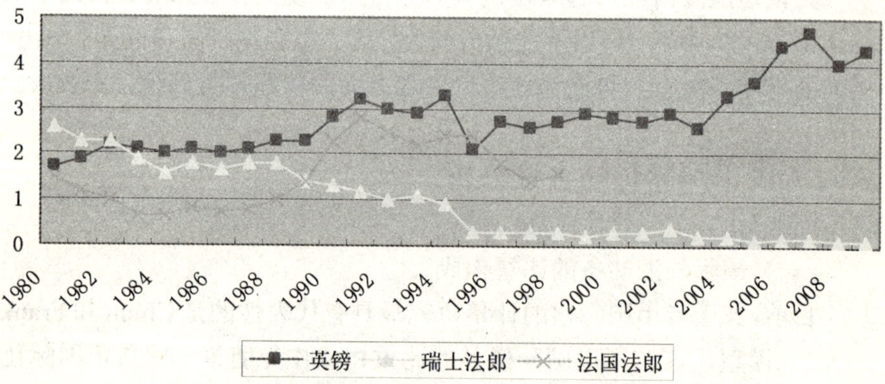

图 9-2 各国中央银行外汇储备持有的币种构成——小国际货币

数据来源：国际货币基金组织网站。

（二）指标选取及理论解释

为了对货币国家化程度进行定量的分析，我们必须选取一些能够衡量和影响一国货币国际化程度的指标，并将其量化。根据前文中关于货币国际化内涵的界定及相关文献，我们可以将价值储藏、交换媒介和计价单位作为衡量一国货币国际化程度的参考指标。本书将沿用 Menzie Chinn 和 Jeffre Frankel（2007）的方法，利用国际货币的价值储藏功能衡量一国货币的国际化程度。

作为价值储藏功能的国际货币通常被其他国家的央行作为一种外汇储备，以债券的形式持有，因此，世界其他国家央行所持有的一国货币在其外汇储备的币种结构中所占的比例越高，则表明该国货币的国际化程度越高。同时在自变量的选取上，除了惯用的一些因素，如国际货币发行国的经济总量、通胀率、汇率的波动、国际货币发行国金融市场的宽度和深度等，本书还尝试进行了补充，如发行国的贸易水平、人均 GDP 等因素。下面对个别变量进行进行经济学解释。

第一，汇率的波动，汇率波动体现了一国货币对外升值与贬值的程度，根据国际货币价值贮藏的定义可以判断，当货币具有一种长期的升值趋势时，则对本币的需求大。

第二，通货膨胀率和汇率水平，二者体现了一国货币对内对外的稳定程度，当一国货币的币值越稳定则持有者持有该货币的信心才会越坚定。

第三，进出口贸易总额，货币发行国的贸易水平越高，意味着发行国与世界其他经济体的贸易往来越密切，即相互间的“贸易依存度”越高；另一方面由于规模效应，在贸易结算中发行国货币的使用可以大大降低交易成本，并且还可以避免汇率波动的风险。因此，当货币发行国的进出口贸易总额越大时，其货币的国际化程度可能也越高。

第四，人均 GDP，首先货币作为一种负债的表现形式，其代表国家的资信水平，国际货币则意味着发行国对世界其他经济体的负债。当发行国越富有其资信水平就越高，货币的国际化程度也就越容易被接受。因此，在本书的研究中也把人均 GDP 作为影响货币国际化的因素之一。另外，通过对当前国际货币发行国（如美国、日本、英国等）的人均 GDP 的测算发现，其人均 GDP 均位于世界前列。

第五，虚拟资本市场的高效性，高效的虚拟经济体系具有一定的广度、深度和弹性。广度是指市场参与者的类型复杂程度；深度主要是指市场中是否存在足够大的经常交易量，从而可以保证某一时期，一定范围内的成交量变动不会导致市价的失常波动；弹性则强调市场价格机制的机动灵活性。发达的虚拟资本市场将使得本国货币显示出强大的活力，提高世界各国持有和使用该货币的意愿：一方面发达的虚拟资本市场有利于激发国外投资者对本国的投资需求，继而促进其对本国货币的需求；另一方面，还可以吸收大量的资金，成为一个隔在外部金融冲击与本国实体经济之间的一个"缓冲器"，以避免该国经济由于游资的大量涌入而导致的剧烈波动，进而保证国外投资者持有本币的信心。上述讨论的因素将作为经验研究的主要指标，为了对货币国际化程度进行实证研究，下文将对各主要指标进行量化处理，如表 9-4 所示。

表 9-4 变量定义一览表

变量名	变量	变量说明
Share	储备货币比例	世界各国央行外汇总储备中各国货币的比重
GDP ratio	一国 GDP 的比重	一国 GDP 占世界 GDP 的比重
Inflation	国内通胀率水平	一国的 CPI 水平
Exchlevel	一国汇率水平	一国货币对一单位 SDR 的汇率
Exchvar	汇率的波动情况	本币对 SDR 汇率的标准差
Intertrade	进出口总额	进出口总额占世界贸易总额的比重
Finance market	金融市场发达程度	股票、债券等金融资产占 GDP 的比重
GDP per capital	人均 GDP	GDP 与该国人口总数之比

（三）实证检验及结果分析

本书在实证研究中采用了动态面板数据经济计量分析方法。基于 Chinn 和 Frankel（2005）考察式进行回归，本书采用 Hausmann 检验方法对模型设置的随机效应和固定效应进行检验。在本研究中，Hausman 检验的 P 值在模型（1）和模型（3）表现为不同程度的显著性，这说明在这两个模型中应选用随机效用模型，而在模型（2）和模型（4）中建立固定效用模型[①]。

① 1999 年欧元的诞生使得德国马克、法国法郎等国际货币被取代，使得本研究的数据失去了连贯性，因此，有必要在方程的基础上引入虚拟变量以检验欧元的出现是否会导致国际储备中各币种结构的影响因素会发生显著性变化。

在加入虚拟变量的模型（3）和模型（4）中，虚拟变量 year＞1998 不显著，这表明 1999 年欧元的出现并没有引起国际储备币种结构的影响因素的显著性变化。

表 9-5 显示的 4 个模型中，由 GDP ratio 所测度的经济规模的系数均显著，该结果与我们的假设相一致，即一国货币的国际化必须建立在强大的经济实力基础之上；同时在模型（2）中 GDP ratio 系数最大，在（1）、（3）、（4）模型中仅次于贸易因素的系数，这表明一国经济规模的大小是支撑其货币国际化的决定性因素之一。另一方面，一国的贸易水平与储备货币占比显著正相关，这也符合我们的假设，这里是用一国的进出口总额占世界贸易总额的比重来作为衡量贸易水平的变量。这隐含着一国要么拥有强大的实体经济，如德国、日本表现为顺差，要么拥有发达的虚拟经济，如美国表现为贸易逆差。更进一步我们还发现，贸易因素系数在模型（1）、（3）、（4）中均大于其他影响因素的系数，这表明一国的贸易水平也是支撑其货币国际化的决定性因素之一，这也与 Ray 的观点相一致。

在模型中，变量△Inflation 与变量 Exchvar 的系数均为负且显著，这表明一国货币越不稳定则越会导致其在国际储备中比重的降低，因为它不满足投资者对币值稳定性的要求。变量 Finance market 为正且显著，这表明一国的金融市场越发达，越有利于提高该国货币在国际储备中的比重。外汇一般以债券的形式持有，一国的虚拟资本市场越发达才越能保证债券的流动性与安全性，进而促进该国货币的国际需求。变量 GDP per capital 系数为正且显著，这也符合我们前文的假设，在一定程度上体现了货币发行国的资信水平，但我们进一步发现该变量的系数非常小，因此我们也可以认为人均 GDP 对于提高货币在国际储备中占比的作用不是很大。

通过上述对国际储备货币占比影响因素的实证分析，我们可得出如下结论：首先，国际货币发行国在全球产出、贸易及金融方面必须占有较大份额，这是保证货币国际化的基础因素；其次，国内物价稳定和币种升值潜力也将有助于提高货币在国际储备中的份额；最后，人均 GDP 对于提高本国货币占比的作用不大。

表 5 储备货币占比的面板数据回归结果

变量	模型（1）	模型（2）	变量	模型（1）	模型（2）
GDP ratio	1.462*** （0.0000）	1.528*** (0.0000)	GDP ratio	1.2725*** (0.0000)	1.3286*** (0.0000)
△Inflation	-0.6134** （0.0188）	-	△Inflation	-0.7709** (0.0307)	-
△Exchlevel	-0.0188 （0.8347）	-	△Exchlevel	-0.0479 (0.596)	-
Exchvar	-1.949*** （0.0000）	-1.906*** (0.0000)	Exchvar	-2.229*** (0.0000)	-2.257*** (0.0000)
Intertrade	1.569*** （0.0007）	1.4024*** (0.0023)	Intertrade	2.074*** (0.0001)	1.949*** (0.0004)
Finance market	0.00323* （0.0534）	0.00337** (0.0464)	Finance market	0.0034** (0.0334)	0.0035** (0.0397)
GDP per capital	0.000224** （0.0225）	0.000104 0.2097	GDP per capital	0.00053*** (0.0021)	0.00044** (0.0123)
			GDP ratio *Dum-year>1998	1.358339 (0.1071)	-0.844264 (0.2115)
			Inflation *Dum-year>1998	7.1162*** (0.0007)	-
			Exchlevel *Dum-year>1998	0.137646 (0.6202)	-
			Exchvar *Dum-year>1998	1.6686 (0.17451)	1.799662 (0.1574)
			Intertrade *Dum-year>1998	-3.446852 (0.1142)	2.982428* (0.0571)
			Finance market *Dum-year>1998	-0.000268 (0.3869)	-0.081332 (0.4104)
			GDP per capital *Dum-year>1998	-0.006861 (0.9425)	0.000369 (0.2049)
N	114	114	N	154	154
R^2	0.893	0.887	R^2	0.935	0.923428
Hausman Test	Chi-sq	Chi-sq	Hausman Test	Chi-sq	Chi-sq
	10.127 (0.1815)	11.149 (0.048)		15.3979 (0.3515)	26.457973 (0.0032)

注：*、**、***分别表示变量系数在 1%、5%、10%的水平上显著。

七、人民币国际化的好处

人民币国际化的好处绝不是所谓“铸币税”，这仅仅是蝇头小利，仅仅是一时沾点便宜，最后要付巨大代价的。人民币国际化的最大好处是摆脱小货币的附庸地位，争得货币金融上的主导权。我们已经看到了美元的货币主导权：一方面体现在美元资金配置的决定权上，另一方面体现在其世界范围内价值标准的主导权上。

所谓资金配置主导权就是美国通过美元资产的买卖和美元资金的借贷，在世界范围内配置着美元资金，美元可以在世界上买到任何资源，美元资金的配置权实际上就是在世界范围内配置资源的权利。所谓价值标准的主导权，就是美元的国内计价功能延伸到国外，全世界各国国内的价格系统都要通过其本币与美元的汇率来与世界对接。美元既然是价值标准，美国的价格系统也就成了整个世界价格系统的基准：一方面各国都与美国对接，以便确定自己的价格系统在世界经济中的地位；另一方面各国都要受到美国货币政策调节的强烈影响，这个影响大小取决于它们参与世界经济的深度和广度。这次美国金融危机就是一个鲜明的例子。美国感冒全世界“发烧”，其他国家参与全球化越深就越是烧得厉害。所谓中国争取货币主导权也就是首先摆脱小货币的从属地位，其次是更进一步争取货币金融上的话语权。这个话语权不是空的，它实际上是世界重大事务的决定权或分享这种决定权。欧元就是欧洲长期谋求货币话语权的结果，2002 年前以前美元一币独大，欧洲的话语权极其有限，美联储的货币政策不必考虑欧洲的反应，或者说，美国人在采取可能影响世界的货币政策时不必考虑欧洲货币的反应。而 2002 年欧元出现后就不同了，欧元在短时间里已经从占世界外汇总储备的大约 18%迅速上升到 28%，美元不能忽视欧元的存在。无论欧元是膨胀还是紧缩都会直接影响到美元，并通过影响美元汇价影响到美国金融，从而影响其核心经济。美国人过去自己说了算，现在是美元和欧元相互影响，美国不能一家说了算。我们认为人民币国际化谋求的是：世界货币体系不能欧洲和美国两家说了算，中国代表发展中国家要有至少 1/3 的话语权，也就是不论哪国只要是对世界有重大影响的政策或事件，中国都要有 1/3 的决定权，或采取应对措施的权利。

如果再具体一点，人民币国际化的好处还有很多，前文已经说明目前人民币国际化的主渠道不是通过人民币的贸易结算逆差，而是通过金融项目的国际收支逆差，通过对外人民币贷款、人民币援助和为境外机构发行人民币债券来输出人民币；境外政府、企业和个人拿到人民币之后，其中大部分会形成对中国出口产品的需求，小部分会成为对中国金融资产的需求。这就是当年美国在 20 世纪 50～60 年代，以及西德在 20 世纪 60～70 年代的情况。这就是说，通过金融项目国际收支逆差的人民币国际化可以增大国际市场对我国产品的外需，从而加强中国实体经济发展。此外，人民币国际化将真正使得我国金融业国际化，规范化，逐渐规范化的金融业会使我国在世界范围内的资源配置上有一定的支配权，资源的获得也要比现在更方便，人民币国际化还有一些好处，如大宗商品定价权也不再忽视中国等。人民币国际化是个逆水行舟的问题，不想要人民币国际化的好处可以，但问题是我们必须接受所有小货币的坏处。

八、人民币国际化的具体可行性分析

人民币国际化的具体空间可以大致根据中国外汇储备占世界总储备的比例和中国与美国 GDP 占世界比例的发展变化中大致框定。

（一）从外汇储备的支撑力看人民币国际化具体空间

2008 年底，世界各国的外汇储备总额大约为 7 万亿美元，而中国有 1.9 万亿美元，占世界总储备的 27%，这是人民币国际化的最大支撑。它意味着如果政策对路，措施得力，中国有资格、有能力将人民币推向国际化的水平应该是占世界总储备的 1/4 到 1/3。也就是人民币将是美元、欧元之后的第三大货币。人民币有潜力超过英镑和日元的地位。所以外汇储备的最佳用途就是做本币国际化的汇率平准基金，而不是用来买任何产品和资源。

（二）从 GDP 消长关系看人民币国际化具体空间

根据世界银行的数据，20 世纪 50 年代，美国 GDP 占世界 GDP 的比例大约为 40%以上，到 60 年代大约为 36%～38%，2000 年下降到 30%，2007 年下降到 25%。按照世界银行公布的数据，中国名义 GDP 占世界名义 GDP 的比例已经从 80 年代初的 1.71%增加到了 2007 年的 5.98%，按实际购买力计算的这个比例是大约 10%。本章的第四部分已经分析过，中国经济的名义 GDP 与按购买力计算的 GDP 相比是大大缩小了的，100 美元所买到的任何实际产品和劳务都不可能是 100 元人民币所能买到同类产品数量的 6～7 倍。日元在此方面是一个相反的案例，日元汇率夸大了日本经济在世界经济中的比重，使得其名义值远远高于实际值；而中国则由于人民币汇率偏低，大大缩小了其经济在世界经济中的比重。从 GDP 的消长关系中至少可以肯定，美国经济在世界经济中的比例正在缩小，而中国经济在世界经济中的比例则在增大。按照美国学者康纳的说法，美国 2008 年 GDP 占世界 GDP 的比例是 22%，欧盟是 20%，中国是 15%。中国无论是 6%，是 10%，还是 15%，可以肯定的是它正在迅速增大，而其他发展中国家都不具备这样的规模。所以，我们认为人民币完全有条件超过英镑，成为美元、欧元之后的第三大货币。

如果能在 5 年内将人民币推动成为国际储备货币，占全球外汇总储备的 10%以上，中国就具备了控制外部冲击的能力，也可以安全地迈过人民币货币地位的门槛，此后一个新兴的负责任的大国将给世界带来稳定和持续繁荣。

九、本书结语

本书研究至此主要内容结束。本书的主要特点是从经济虚拟化这一视角出发研究了此次发生金融危机国家背后的深层次经济结构问题，即虚拟经济的过度膨胀问题。在研究一步一步深入过程中我们进而发现虚拟经济的过度膨胀是和黄金非货币化以及国际货币体系的变革密切联系在一起的，故又从国际货币体系演变的历史规律以及发展趋势进行了一番研究。本书在写作过程中从虚拟经济视角研究问题的色彩非常鲜明，是虚拟经济研究团队在目前金融危机研究方面的既有研究成果的一个初步总结。当然还有很多需要仔细分析和深入研究的问题，我们将在后续研究中继续探索。

参考文献

[1] [加] 蒙代尔. 向松祚译. 蒙代尔经济学文集（第二卷）——一般货币与宏观经济理论[M]. 北京：中国金融出版社，2003.

[2] [加] 蒙代尔. 向松祚译. 蒙代尔经济学文集（第三卷）——国际宏观经济模型[M]. 北京：中国金融出版社，2003.

[3] [加] 蒙代尔. 向松祚译. 蒙代尔经济学文集（第四卷）——宏观经济学与国际货币史[M]. 北京：中国金融出版社，2003.

[4] [加] 蒙代尔. 向松祚译. 蒙代尔经济学文集（第五卷）——汇率与最优货币区[M]. 北京：中国金融出版社，2003.

[5] [加] 蒙代尔. 向松祚译. 蒙代尔经济学文集（第六卷）——国际货币：过去、现在和未来[M]. 北京：中国金融出版社，2003.

[6] [美] 巴里·艾肯格林. 彭兴韵译. 资本全球化——国际货币体系史[M]. 上海：上海人民出版社，2009.

[7] [美] 赫德森. 嵇飞等译. 金融帝国——美国金融霸权的来源和基础[M]. 北京：中央编译出版社，2008.

[8] [美] 金德尔伯格. 宋承先，洪文达译. 1929～1939 年世界经济萧条[M]. 上海：上海译文出版社，1986.

[9] [美] 查理斯·P. 金德尔伯格. 朱隽，叶翔译. 经济过热、经济恐慌及经济崩溃——金融危机史（第三版）[M]. 北京：北京大学出版社，2000.

[10] [英] 麦迪逊（Angus Maddison）. 伍晓鹰，施发启译. 世界经济千年统计[M]. 北京：北京大学出版社，2009.

[11] 陈彪如. 国际货币体系[M]. 上海：华东师范大学出版社，1990.

[12] 陈彪如. 国际货币体系的回顾与前瞻[J]. 世界经济，1984(09).

[13] 黄梅波. 货币国际化及其决定因素——欧元与美元的比较

[J]. 厦门大学学报（哲学社会科学版），2001（02）.

[14] 黄益平. 国际货币体系变迁与人民币国际化[J]. 国际经济评论，2009（5-6）.

[15] 姜波克. 国际金融新编[M]. 上海：复旦大学出版社，1994.

[16] 姜凌. 经济全球化趋势下的国际本位货币[J]. 经济学家，2003（04）.

[17] 李扬，黄金老. 金融全球化研究[M]. 上海：上海远东出版社，1999.

[18] 李扬. 国际货币体系改革及中国的机遇[J]. 中国金融，2008（13）.

[19] 李扬. 推动国际货币体系多元化的冷思考[J]. 南方金融，2010（4）.

[20] 李若谷. 国际货币体系改革与人民币国际化[M]. 北京：中国金融出版社，2009.

[21] 李若谷. 全球金融危机与国际货币体系重构[N]. 中国经济时报，2008-11-24.

[22] 刘骏民. 从虚拟资本到虚拟经济[M]. 山东人民出版社，1998.

[23] 刘骏民. 虚拟经济的经济学[J]. 开放导报，2008（6）；新华文摘[J]，2009（06）.

[24] 刘骏民. 理解流动性膨胀：美元与国际货币体系的危与机[N]. 2007年8月15日；新华文摘[J]，2007（20）.

[25] 刘骏民. 中国外汇储备的最佳用途是支撑人民币国际化[J]. 开放导报，2010（02）.

[26] 刘骏民，张云. 金融危机、美元危机和国际货币体系. 天津：第七届全国虚拟经济研讨会，2010

[27] 王立中. 国际货币发展的趋势与对策[M]. 北京：中国经济出版社，1995.

[28] 吴晓灵，唐欣语. 对未来金融改革的建议[J]. 国际金融研究，2009（5）.

[29] 中共中央马克思恩格斯，列宁斯大林著作编译局编译. 马克思

恩格斯全集（第四十六卷）[M]．北京：人民出版社，1976.

[30] 中共中央马克思恩格斯，列宁斯大林著作编译局编译．资本论（第一卷）[M]．北京：人民出版社，2004.

[31] 中共中央马克思恩格斯，列宁斯大林著作编译局编译．资本论（第二卷）[M]．北京：人民出版社，2004.

[32] 中共中央马克思恩格斯，列宁斯大林著作编译局编译．资本论（第三卷）[M]．北京：人民出版社，2004.

[33] 李宝伟．经济虚拟化与政府对金融市场的干预．天津：南开大学出版社，2005 年。

[34] 李宝伟．现代金融危机的演进与政府干预深化．经济学家，2009（7）.

[35] 迈克尔·赫德森．金融帝国．中央编译出版社，2008.

[36] 麦金农．麦金农经济学文集（第六卷）．中国金融出版社，2006.

[37] 卢卡斯·门克霍夫等．金融市场的变迁——金融部门与实体经济分离了吗．中译本．中国人民大学出版社，2005.

[38] 易纲，王召．货币政策与金融资产价格．经济研究，2002（3）.

[39] 让·梯诺尔．金融危机、流动性与国际货币体系．中国人民大学出版社，2004.

[40] 朱民．改变未来的金融危机．中国金融出版社，2009.

[41] 张忠军．金融业务融合与监管制度创新．北京大学出版社，2007.

[42] 奥村洋彦．日本"泡沫经济"与金融改革．中国金融出版社，2000.

[43] 张宇燕．人民币国际化，是赞成还是反对[J]．国际经济评论，2010（10）.

[44] 何国华．西方货币国际化理论综述[J]．经济评论，2007（4）.

[45] 南开大学虚拟经济与管理研究中心课题组．人民币国际化研究报告．深圳：第六届全国虚拟经济研讨会，2008.

[46] Bond Stephen R. and Michael P. Devereux. Financial Instability and the Stock Market Crash and Corporate Investment.Fiscal Studies,1998,9: 2,72-80.

[47] Bryan,Cecchtti and Sullivan. Asset Prices in the Measurement of Inflation. NBER,Working Paper No. 8700，2002.

[48] Charles Bean. Asset Price,Financial Imbalances and Monetary Policy: Are Inflation Targets Enough?BIS working paper No.140,2003.

[49] Ben Benanke and Mark Gertler. Should central banks respond to movements in asset prices? American Economic Review，May 2000.

[50] Cecchetti, Stephen G. Crisis and Response: The Federal Reserve and the Financial Crisis of 2007-2008[DB]. NBER Working Paper No.14134, June, 2008.

[51] Eichengreen B. Three generations of crises，three generations of crisis models. Journal of International Money and Finance,2003,22: 1089-1094.

[52] Rüffer and Stracca. What is global excess liquidity,and does it matter? ECB Working Paper No. 696,2006.

[53] Eichengreen，B.，Rose，A.，and Wyplosz，C. Contagious Currency Crises. NBER Working Paper No. 5681，July，1996.

[54] Eichengreen，B.，Rose，A.，and Wyplosz，C. Speculative Attacks on Pegged Exchange Rates：An Empirical Exploration with Special Reference to the European Monetary System. Transatlantic Economic Issues. Cambridge University Press，Cambridge，UK. 1996.

[55] Flood，R. P.，and Nancy P. Marion. Perspectives on the Recent Currency Crisis Literature. NBER Working Paper No.6380，December 1997.

[56] Flood，R. P.，and Nancy P. Marion. Self-fulfilling Risk Predictions：An Application to Speculative Attacks. Working Paper，Dartmouth College,1998.

[57] Frenkel，J.，and Rose A. Currency Crashes in Emerging Markets：An Empirical Treatment，International Finance Discussion Paper No.534，Washington：Board of Governors of the Federal Reserve，January

[58] Kenneth，W. Bubbles，Fads and Stock Price Volatility Tests：A Partial Evaluation. Journal of Finance,1988,43：639-656

[59] Krugman, P. Currency Crises. Chicago: The University of Chicago Press,2000.

[60] Mathieson, D. J. and Rojas-Suarez, L. Liberalization of the Capital Account—Experience and Issues. IMF Working Paper No.103.

[61] Obstfeld, M. The Logic of Currency Crises. Cahiers Economiques et Monetaires,1994,43: 189-213.

[62] Taval, Georege S. International of Currencies: The Case of the US Dollar and its Challenger Euro.

[63] Hartmann.P. The International Role of Euro. Journal of Policy Modeling. Vol.24: 365.

[64] Chinn Frankel Jeffrey. Will the Euro Eventually Surpass the Dollar as Leading International Reserve Currency? NBER Conference on G7 Current Account, 2005.

[65] Heyek. Denationalization of Money London: Institute of Economics Affairs,1978.

[66] Eichengreen Barry. The Euro as a Reserve Currency. Journal of Japanese and International Economics,1998.

[67] Eichengreen & Flandreau. The Rise and Fall of the Dollar, or When did the Dollar Replace Sterling as the Leading Reserve Currency?NBER Working Paper, No.14154, July 2008.

[68] Eichengreen & Hausmann. Exchange Rate and Financial Fragility. NBER Working Paper, No.7418, November 1996.

[69] Eichengreen. Global Imbalance and the Lessons of Bretton Woods. NBER Working Paper, No.10497, May 2004.

[70] Eichengreen. Golden Fetters: The Gold Standard and the Great Depression, 1919-1939. Oxford: Oxford University Press, 1992.

[71] Eichengreen. Hegemonic Stability Theories of the International Monetary System. NBER Working Paper, No.2193, Apr. 1987.

[72] Eichengreen.Sterling's Past, Dollar's Future: Historical Perspectives on Reserve Currency Competition. NBER Working Paper,

No.11336, May 2005.

[73] Eichengreen. The Dollar and the New Bretton Woods System. The Henry Thornton Lecture Delivered at the Cass School of Business, December15,2004.

[74] Eichengreen. The Euro as a Reserve Currency. Journal of the Japanese and International Economies, 1998(12), Vol 12(04).

[75] Eichengreen. Globalizing Capital: A History of the International Monetary System. Princeton: Princeton University Press, 1996.

[76] Eichengreen. Golden Fetters. Oxford: Oxford University Press, 1998.

[77] Elias, Portes & Gregorios. Optimal Currency Shares in International Reserves: The Impact of the Euro and the Prospects for the Dollar. CEPR Discussion Paper，No.5734,2006.

[78] Frankel & Rose. The Endogeneity of The Optimumcurrency Area Criteria. The Economic Journal, 1998（108）.

[79] Frankel. No Single Currency Regime Is Right for All Countries or at All Times. Essays in International Finance. Princeton University, August 1999.

南开大学出版社网址：http://www.nkup.com.cn

投稿电话及邮箱：022-23504636　QQ：1760493289
QQ：2046170045(对外合作)

邮购部：022-23507092
发行部：022-23508339　Fax：022-23508542